目录

捞虾记

我是在长江边长大的，便痴痴地眷恋着长江。每天一放学，常常家也不回，就撒着脚丫子奔到江边去玩耍。凉津津的沙滩冰着脚板，自然格外地惬意；但我又生就兔子胆，不敢像小伙伴那样跃入江心玩水，到运载西瓜、香瓜的船上去偷瓜，于是便爱看人在江边搬罾。

搬罾人中，有不少是“撮短水”的。傍晚，天色尚明，便扛着网来，向大江讨一碗鱼虾去下酒。下网也快，拉网也快，暮色四合时，便收兵回营。我盯住的，是一老汉，成天默默地蹲在江边，悠悠地下着大网，静静地守候着，嘴角叼一根香烟，眯缝着眼，毫无表情地望着江面。有时，连我们这些旁观者也等得不耐烦了，嚷道：“搬呀，快搬呀！”他才悠悠地收着网，每一网，总有些银色的小生物在大网里跳动。是大鱼，他用网捞子捞起来；是小鱼小虾，他看一眼，又不屑一顾地下网，放它们回家。每当这种时候，我们便嚷着，求他将小鱼小虾给我们。老汉不理睬，斜着眼瞟我们一眼，嘴角漾一丝嘲讽的笑，又正襟危坐，悠悠地等候着。

也许是忍受不了他那一丝嘲讽的笑罢，我便赌气决定自己去捕鱼捞虾。网是没有的，便用长竹竿吊着竹筲箕，将裤腿卷得高高的，俨然渔翁，站在水中捞虾。

刚开始，还有一点儿兴致，可捞着捞着，便受不了了。有无鱼虾倒是次要的，主要的是耐不住希望与失望交替的折磨。一“网”没捞着，又一“网”没捞着，那失望便像野火一样燎着，恨不得一脚将那箩箕踩扁了。扭头再看老汉，嘴角边依然漾着一丝淡淡的、冷冷的、嘲讽的笑。

当然，大江也有可怜我的时候，也有小鱼苗小虾被我捞着。忽听“扑通”一声，扭头一看，那怪老汉将一条大鱼甩进江心，用眼角瞟了我一眼，笑着。

我再也忍不住了，便将箩箕一脚踩扁，连同小鱼小虾一起甩进江心，悻悻地走了。

走上江堤，回头一看，老汉如礁石，默默地蹲在江边。

有一片羞愧暮色般悄悄沁进心中。

以后，我又用破竹篮系上纱布，做了一张网，远远地避开怪老汉，再次捞起虾来。学会了一点儿耐心，果然有小鱼小虾送上门来，有时居然浅浅地有一小碗，便高兴自得，兴冲冲跑回家，大叫道：“妈！我捕了一碗鱼呢！”

妈自然夸我能干。至于虾呢，大概是喂了猫吧。

从此以后，我不再走近老汉的身边，只是在江堤上远远地望着他浓黑的背影，奇怪的是，却非常想看看他那冷冷的嘲讽的笑。

然而我没有勇气。

至今，我仍在捞着小鱼小虾。假如当初我有勇气走近他的身旁，有勇气直面那嘲讽的笑，也许能捕上大鱼吧？

白蛇娘娘

我的童年是在山区度过的。我对大山，对山里的父老乡亲，对森林，对森林里的一草一木，都怀有深深的情感。我的老家藏在鄂南山区中，我还记得，那是一个依山而建的大宅院，一进大门，就是一层层的天井，一层层的台阶，天井和台阶的两边，是一排排依山而建的房子，用我们今天习惯的词汇来说，这样的大宅院，其实就是一个建筑群，一个“小区”，一个“组团”，或者一个什么“花园”。这样的大宅院里，几乎都是一个姓氏，一个家族。那所大宅院给我的印象，是阴森森的，我唯一的温暖和希望，就是母亲的怀抱，就是母亲在房间里燃起的金色的火塘：

一声鸡鸣，又一声鸡鸣。火塘里，干柴、竹筒噼噼啪啪地响。微薄的晨曦，已经悄悄沁进这所依山而建的大宅院里，东西两边一排排的厢房里，闪起煤油灯晕黄的光圈……

这是我在小说《深情》里对大宅院的印象。那时候乡村里没有电灯，当然也没有路灯。山区里天黑得特别的早，阳光在大宅院里停留的时间特别的短暂，一擦黑，家家户户就亮起了煤油灯。有的人家连煤油灯也不点，就靠着火塘里的火光照明，或者在墙上插一只火把，或是松树，或是竹子，一边烧着，一边滋滋地滴油。一到晚上，整个大宅院里烟雾弥漫，火光闪闪，到处飘散着木柴燃烧时的芳香。

我现在还依稀地记得，我们一家住在这个大宅院的最后也是最高的一层。屋后，便是后山，是青青的竹林和苍翠的松林。那个时候，森林还没有遭到毁灭性的破坏，山里的林子非常的深，野生动物包括老虎等猛兽经常在大宅院周围出没。常常会听说这样的事情：谁谁谁家把柜子一打开，发现柜子里赫然躺着一条大蟒蛇；谁谁谁家的屋顶上，突然爬上了一只老虎，咆哮着不肯离去。山民们便拆房去打老虎，结果老虎一巴掌将一个人的半边脸给抓没了。

更有甚者，说是有一支军队，黑夜行军穿过山林，发现有一座滑溜溜的小山丘挡住了去路，翻过小山丘，好费劲好费劲，行军的速度就慢了下来。天亮的时候，前进的军队才发现，那座小山丘，原来是一条横卧在山林中的大蟒蛇！

山里有蛇、有虎，倒是真的，我就曾经见过。

有一天，小姐姐带着我到后山去捡柴火，猛然就看见山下梯田的角落里有一个斑斓大物在走动，小姐姐吓坏了，说了声“老虎”，拉着我的手就跑。小姐姐怕老虎追过来，就叫我在前面跑，她在后面挡着。噢，我的善良的小姐姐，如果老虎真的跑过来了，你是否还要和老虎打架来掩护你的弟弟呢？

至于蛇，在山中到处可见，在我家的菜园里就常常发现彩色的蛇蛋。刚开始，我还以为是鸟蛋，想拿回家去孵着玩。母亲就笑着说，要是孵出一条青蛇，一条白蛇，你就可以当“许仙”了。

“许仙”是谁呢？我就缠着母亲问个不休。母亲就告诉我，说许仙是古时候的一个秀才，许仙小的时候，救了两条小蛇，一条白蛇，一条青蛇。白蛇和青蛇都是蛇精，她们见许仙心肠好，就喜欢了他。待到许仙长大成人后，白蛇和青蛇就变成了美丽的姑娘，找到了许仙。白蛇娘娘爱上了许仙，做了他的妻子。结婚后，夫妻相亲相爱，日子过得挺好的。谁知后来出了个法海和尚，无事生非，他看出了白蛇娘娘是蛇精，就偷偷地唆使许仙在端午节的时候，给白蛇娘娘喝了他的雄黄酒。白蛇娘娘已经怀了许仙的孩子，对许仙深信不疑，结果喝了雄黄酒后，白蛇娘娘就现了原形。许仙一看，竟然吓死了。白蛇娘娘酒醒了，马上冒着生命危险，到仙山盗回了仙草，救活了许仙。许仙上了法海和尚的当，就糊里糊涂跟着法海跑，白蛇娘娘和青蛇就水漫金山，拼死反抗法海和尚。后来许仙知道自己上了当时，法海和尚竟然下毒手，将白蛇娘娘镇压在雷峰塔下。

母亲给我讲这个故事时，当然是同情白蛇娘娘的。后来长大了，读了《白蛇传》的故事，自然也同情白蛇娘娘，痛恨镇压白蛇娘娘的法海和尚了。不过，母亲没有想到的是，《白蛇传》的神话故事在我幼小的心灵里从此播下了一颗这样的种子：即使是看起来可怕的蛇吧，也是美丽的生命，甚至是正义的渴望自由的美丽生命。倒是那些道貌岸然的人，才是最可怕的。当然，这些道理，幼小的我是不可能明白的，我只是好奇并偷偷地幻想，在我们家后山的林子里，会不会也有白蛇娘娘和青蛇姐姐呢？

在山乡，我还经常在晚上看见滚动的磷火，也就是所谓的“鬼火”。“鬼火”出没的地方，是大宅院对面的一座坟山，董家的祖坟就在坟山上。那时候，我常常跟着哥哥和姐姐到小学去上夜课。那所小学据说是我的父亲修建的，上学的路上必须要经过坟山。经常是在放学回家的时候，我看见对面的坟山上突然滚动出一团团银色的火球来，像车轮一样滚动得飞快。一个火球消失了，又一个火球又滚动而来。那时，我丝毫不觉得害怕，一来是人多，二来呢，是我觉得那火球很好玩。我没有想到“鬼火”竟然是这样的漂亮。有时晚上没有看见“鬼火”，我甚者觉得有几分惆怅。

我印象深刻的神秘事件，还有大宅院面前的一棵大树。那棵大树好高好高，树上有好几个鸟窝。一个夏天的晚上，电闪雷鸣，大雨倾盆，突然一个惊天动地的炸雷轰隆隆地炸响了，雷电竟然将大树一下子劈断了，大树里竟然流淌出鲜血来。在瓢泼大雨中，大树像一支巨大的火炬，熊熊地燃烧，一连烧了三天。大树就在门口燃烧，母亲把我关在屋里叫我不要随便出去。母亲说，那棵大树里藏了精怪，可能是蛇精，天上的菩萨要收它，就叫雷神劈了它。

母亲当然是关不住我的，我仍然跑到大门口，看那半截大树在雨中吐着火苗，冒着青烟。我没有看见什么精怪，我甚至非常同情那个蛇精。我想，那个蛇精会不会是白蛇娘娘啊？那个在天上打雷的，会不会是那个讨厌的法海和尚呢？你看人家白蛇娘娘在树中住得好好的，为什么就要劈人家呢？我真希望那蛇精或者是白蛇娘娘、青蛇姐姐是侥幸地躲藏了，而且还要躲好啊，千万不要让雷神看见了，不要让法海和尚看见了啊。

现代孤独

住宅小区是城市人现代化的聚居地，也是城市人孤独而封闭的聚居地。

和过去的街、巷、胡同相比，小区人彼此陌生而缺乏情感，缺乏和邻里琐碎而水乳融合的交往，缺乏夏夜在屋外乘凉时，一家餐桌上的香油拌豆腐香了一条小巷的文化韵味。

小区为每一个聚居者提供了相对自由、随意、舒适的空间，付出的代价便是孤独、封闭以及同时产生的冷漠与自私。过去，看见有人挨了打、挨了撞，一看是自己的邻居，是从小在一个屋檐下一个胡同里长大的伙伴，血一热，就冲上去了。现在呢？防盗门对防盗门，“猫眼”对“猫眼”。电视之声相闻，老死不相往来。张爱玲孤独地死在公寓里，死了好多天了，可又有谁知道呢？

值得玩味的是，小区人居住空间与封闭意识是成正比的。居住面积越大，封闭意识便越强。去沿海地区或者是深圳看看吧，别说是稍有头面的人物，即使是一般的白领，门窗都用金属封闭着，犹如牢笼。过去说，农民曾过着“自给自足”的自然经济生活；现在呢，轮到城里人在金属封闭的牢笼里过着自给自足、自娱自乐的现代生活了。关上门窗，屋里便是世界：电话、电视、电脑、宽带网、收音机、传真机……都与世界紧紧相连。紧闭与开放，又这么奇妙地连接在一起。

小区给现代人提供的最大利益，是隐私安全感。关在自己的家里，想干什么就可以干什么。不过，人类发明了红外线安全防卫系统的同时，也发明了微型的秘密的针孔式摄像机，发明了高明的窃听器，发明了用卫星监视想监视的对象的高科技手段。台湾的一位政治明星小姐，不就是在自己的家中被人安装了摄像机，将最私密的事情拍了个淋漓尽致吗？俄罗斯车臣反政府武装的一个头目，刚刚用手机通话，导弹就迅速地从天而降，砸在他的头上了。

迁居小区几年，自行车每年都要被盗好几辆。孤独、封闭、冷漠的小区人，又是最不安全、最容易遭到盗窃与攻击的。这难道是一种报应么？

烧卖

“小吃”一词，见于宋代吴曾的《能改斋漫录》：“世俗例，以早晨小吃为点心。”武汉的小吃丰富多彩，亦在于武汉人有在街头巷尾“过早”的世俗，不像上海人，爱在家里吃泡饭。宋代吴自牧在其《梦粱录》中，也曾描写过早晨经营小吃之盛况：“每日交四更，诸山寺观已鸣钟，御街铺店闻钟而起，卖早市点心。”由此可见，品味小吃之佳期，当然以早晨为最。其时夜色将褪，街灯尚明，人影幢幢，市声初浮。而以热腾腾的亲切温暖着你的，自然是熟食店摊的各色小吃，可谓蒸气与香味齐飞，炉火共朝霞一色。其时品味的不仅仅是小吃，而是与小吃融为一体的民俗风情。

这些年来，我没有为过早而起早床，唯一的一次，却是为了吃烧卖。

武汉的烧卖，最著名的当为汉口花楼街顺香居所出。顺香居创建于1940年，其重油烧卖为糯米肉馅，拌以皮冻、虾、蛋、葱花、味精、胡椒等配料，皮薄馅鲜，绵软融润，煞是好吃。我曾多次拜访，但更多的，是于街头的随意中，一见烧卖就双眼发亮，定要来一二两品尝。我老家附近的延寿巷口，有一小店的烧卖颇佳，每当出差归来，第一件大事便是去小店吃烧卖。坐在油腻腻的方桌前，听食客与厨娘打情骂俏，有一种旧友重逢的亲切感。友谊路的铁桥畔，有一熟食摊，也卖烧卖。

偶尔遇之，遂有情焉。常常于清晨上班之际，弯路专睹其芳容。后搬家至市郊，虽少市嚣之声，然而遗憾的，便是离烧卖远了。

六渡桥的福庆居，向以糊米酒闻名，其烧卖亦不错。后闻其推出小吃甚多，欣然前往，却失望于其小吃“小”得孤独，“小”得可怜。便向往从前一盘烧卖一碗糊酒，甜咸备至，其乐融融。花楼街一烧卖铺，靠近民生路前轮船码头，生意也不错。从前家住长堤街，上班却在花桥，得穿越三个城区。花楼街是每天必经之路，便早早于烧卖铺中报到。老通城酒楼，以“豆皮大王”驰名中外，其早点中，亦有烧卖，然而须赶早。记得我在市二医院住院时，馋虫渐出，曾早起赶到老通城，却没吃到烧卖。原来其烧卖不多，早上6时半前便卖完。曾叹喟曰：“鸡鸣洞庭月，人迹鄱阳霜，赶到老通城，烧卖全卖光。”洞庭、鄱阳，皆必经之街名也。

随着城市建设的发展，汉口唐家墩、三眼桥、西马路一带，新区渐多，烧卖亦有人经营。曾一一拜访，却恨其弄虚作假，肉馅掺有碎米，嚼之如同嚼沙，玷污了烧卖之美名。曾多次抗议，未见改观。烧卖如有性灵，亦知我之情也，非仅馋其味美，实爱其所代表的家乡文化也。

是不是喜欢吃烧卖的人越来越多了呢？如今，专营烧卖的小店倒是越来越多的。最有名的，是汉口车站路口的范记烧卖。带我前去的，是武汉的评书表演艺术家何祚欢先生。何先生也是一个“烧卖迷”，按照现在流行的说法，是“烧卖粉丝”。有一次在市里开会，我和何祚欢先生恰恰坐在一起。会议乏味，于是两人便在纸上绘制武汉的“烧卖地图”。何先生画道，江岸区二中的附近，有一家烧卖铺子，不错。我接着画，六中附近也有一家烧卖铺，也不错。于是，文化俱乐部斜对面的烧卖铺，澳门路上的烧卖铺，都一一标出。有电视台的新闻记者看我们这么认真的“记笔记”，忙将镜头对准“笔记本”，没想到竟是一张“烧卖地图”，不禁莞尔。

何先生最推崇的，是车站路口的范记烧卖。他专程约我，打的前往。那是星期天的早晨，小小的烧卖铺门前，已经排起了长队。我已经好多年没有为武汉的小吃排队了，今天倒是第一次。排队的顾客中，不少人认出了何祚欢，纷纷表示让他先买。何先生笑着谦让，硬是排了半天，一人要了三两，又要了一斤速冻的。然后，挤进小店，看八十高龄的范先生，带着自己的儿孙辈，水流星般地做烧卖。何先生说，范老先生原来是老通城著名的烧卖师傅，他的烧卖，倒是武汉烧卖的真传。

热腾腾的烧卖来了，好大的烧卖，形状果然像盛开的梅花，皮薄，馅鲜，一个个直往口里跑。我已经好多年没有吃到这么好的烧卖了。何先生笑着说，这烧卖才贵来，三两烧卖，打的花了三十多块钱，算起来，十块钱一两啊。我一边狼吞虎咽，一边说，值得！值得！然后大喊：“范师傅，再来二两！”

这些年过去了。我们家要来客人，总是要女儿绕道去车站路买烧卖待客。如今，市面上推出了速冻烧卖。昨日买回两袋，不知解冻后清香如何。

春卷

要说春卷是武汉的特色小吃，外地的朋友一定不服气的。福建的女诗人舒婷就曾在一篇散文中说："春卷的普及范围是这样狭小，只有闽南人心领神会。"当然，这只是诗人的偏爱之词，上海人毫不犹豫地将春卷纳入上海风味小吃，四川人也将春卷揽入川味小吃的怀抱。大家都这么较着劲儿争春，足见春卷是多么逗人喜爱了。

客观地说来，大家都爱着的春卷，形式相同，内容却各异。各地的特色，均体现在春卷皮包着的馅儿中。当然，馅儿的主角一定要有春天的蔬菜。福建的"春"在豌豆角；上海"春"在黄芽菜；四川"春"在韭黄，而武汉的春卷，则"春"在地米菜。

地米菜，学名为荠菜。十字花科，一二年生的草本植物。春天开花时，花小白色，如米粒，故俗称"地米菜"。地米菜不但清香嫩脆，而且可入药，因此自古以来，每年的农历三月初三，许多地方的妇女有戴荠菜花的习俗。明朝田汝成《晒湖游览志》云："三月三日，男女皆戴荠菜花。"宋朝赞宁的《物类相感志》则记载："三月三日收荠菜花，置灯檠上，则飞蛾蚊虫不投。"看来荠菜花可以驱虫。武汉的三月三，则时兴用地米菜煮鸡蛋。清朝叶调元的《汉口竹枝词》云："三三令节重厨房，口味新调又一桩。地米菜和鸡蛋煮，十分耐饱十分香。"我们家每年的三月三，妻都是要买地米菜煮鸡蛋的。而且十分的虔诚。武汉民谣曰："三月三，荠菜当灵丹。"看来，武汉人早就懂得了荠菜的药用功能。事实证明，荠菜的蛋白质含量在蔬菜中属上等，胡萝卜素近于胡萝卜本身，抗坏血酸高于西红柿，同时氨基酸、磷、钾、钙、铁、锰的含量都较高，且较均匀，因此《素食说略》称"荠菜为野蔌上品"。由于荠菜含有多种化学成分，自古以来，我国民间常用它止内出血，降血压，以及治疗泌尿系统，消化系统方面的疾病：唐代的《药性本草》称它可治痢疾；梁代《名医别录》称其可治眼病。因此，用它来做春卷馅儿，当然是一向崇巫的楚人的最佳选择了，如同五月五涂雄黄，九月九佩茱萸一样。

我之所以爱武汉的荠菜春卷，还因为荠菜与诗人作家结下了不解之缘。早在3000年前，《诗经》中便有了对它的赞誉："谁谓荼苦，其甘如荠。"郑樵《通志》曰："其甘如荠，谓此菜之美也。"由于荠菜耐寒，晋人夏侯湛便写《荠赋》，将其比于岁寒三友："钻重冰而挺茂，蒙严霜以发鲜。"唐人朱庆余也赞曰："迎寒荠叶稠"，这就将荠菜人格化了。到了宋代，喜爱荠菜的诗人就更多了。陆游不但写了4首专咏荠菜的诗，而且散见于其他诗句中赞荠的也比比皆是，真个是"春来荠美忽忘归"。苏东坡也爱荠，不但"时绕麦田求野荠"，而且发明了一种荠菜粥，向他那患疮的朋友徐十二推荐。还有传说，谓荠菜春卷亦为苏东坡首创。而我所喜欢的则是抗金名将辛弃疾词《鹧鸪天》中的名句："城中桃李愁风雨，春在溪头荠菜花。"于是，每当我品尝荠菜春卷时，不但品味了浓郁的诗意，而且领略了明媚的春光。

荠菜至今仍是野生，也许是专为穷人度春荒而生于山野的吧？女作家张洁的《挖荠菜》，就记录了她童年挖荠充饥的经历。我小的时候，也挖过荠菜，不过那只是好玩，是为了包春卷。那时挖荠菜，均到“铁路外”，即现在的解放大道以北。当年的荒野，如今已成闹市，星罗棋布的湖塘，也被消灭得所剩无几了，倘若要挖荠菜，到哪儿去挖呢？

洪湖记游

平生第一次到洪湖，自然是要去游湖的。朋友们怕我失望，便先给我打预防针，说今年夏季发大水，满湖的荷叶莲花都没有了，只剩下茫茫的一片湖水，说不定会感到遗憾。

荷叶与莲花，自然是想看的。荡一叶扁舟，穿行于连天接地的碧叶红莲之中，任那满世界的清香丝丝缕缕地沁人心脾，人便恍恍然醉去，幻化为荷，为花，或者一粒莲籽，自然是极雅的快事。然而我不是为着湖上的叶与花而来的。我是为了看洪湖而来的。这就像爱上一个姑娘，爱的是她这个人，而不是她的满头的珠翠，满脸的脂粉，以及漂亮的时装。

朋友们喝声好，便租一只游船，"突突突"地朝湖上奔去。

果然是茫茫的一片水面，没有了叶与花的点缀，却质朴得浩渺而旷远，袒露着湖的本色。湖水绿得深沉，放眼望去，茫茫无边无际，与天相接处，分明是一片海蓝，使人恍若置身大海之上。没有渔歌轻悠，没有水鸟的喧哗，更没有将湖变成游乐场的嘈杂与喧嚣。洪湖深处有的只是静，一种因辽阔旷远而沁出的静，宛如莽莽苍苍的大草原。在高楼林立的大都市困久了，陡然置身于这水灵灵的宁静中，一颗蒙垢着都市尘埃的心，也被这湖水洗得净净的水灵灵的了，便恨不得变成一尾鱼儿，忘情于这湖水之中，自由自在地享受这大自然的澄静。

《湖北邮电报》的社长叶万青来了劲儿，兴致勃勃地回忆起小时候在洪湖猎野鸭的往事。准确地说，是跟着大人去看猎野鸭。那是没有月色的冬夜，小船伪装了，猎手们伏在船内，无声地划动着小桡板，悄悄地接近了鸭群……听洪湖的朋友讲，这些年，湖上的野鸭愈来愈少，打野鸭似乎渐渐地成为湖上的梦。有的地方，则尝试着驯化野鸭。野鸭果真能驯化，当然是极人道的善事。但我却以为，这种驯化未必符合“鸭道”。譬如眼前的洪湖吧，我们爱的不就是它的自然美么？比起人工湖来，它的全部的魅力，不就在它的“野”趣么？

这样一种“野”趣，我们不仅领略到了，而且品尝到了。

时近中午，游船靠近了“湖上餐厅”。这“湖上餐厅”实际是一艘铁趸船，停泊在湖中央。船为两层，摆了十几张方桌，桌面刻有棋盘。四周一片碧水，湖上清风徐来，如此对弈，好不快哉。船的一端为厨房，厨师正在捉鱼。老叶是个“鱼迷”，且有十几年的“钓龄”，脚板便发痒，也邀我上前观看。原来船头系有一网，鱼俱养在网中，活鲜鲜的捞起来，打了鳞，剖了肚，还在甲板上蹦跶，在油锅里扑腾。主人当即便点了一道“清蒸青鱼”，又点了一道“烧黄鳝”，笑道：“今天的菜，全是这湖里生的，湖里长的。”

沐着湖风，菜就上来了。第一道是“拉丝荷花瓣”，便令我大开眼界。想不到那娇嫩的荷花瓣，竟能做菜上席。花瓣儿粉红，糖荚儿金黄，犹如琥珀裹着花的娇羞，令人不忍动箸。如果说过第一道菜雅得可爱，那么第二道菜便俗得亲切了，那是湖区极普通的家常菜：“腌菱梗”。长长的菱梗，在湖上是同野草一样普通的，洗净了，切碎，再一腌，那味道竟比宴席上的冷碟可口得多，细细品味，竟品出许多亲切的回忆。

把酒临风，自然是此乐何及，没想到为我们伴酒的，竟是环绕这趸船的小鱼。小鱼皆为青脊，柳叶般大小，密密麻麻，如蚁群蜂阵，均不怕人。船上有人倒啤酒，鱼群便“嗖”地一下争吮那啤酒花儿。若朝水面一挥手，这小精灵便放电般一下散开，然后，又活泼泼地朝船边游来。望着这可爱的小生命在凉津津的水中喋食饮酒，心里便颤颤地担心它们喝醉，也不知这醉鱼是否会上醉翁之钩？老叶笑曰：放心，放心，洪湖的鱼儿，好酒量呢。

游船的“船长”是个有心人。早已备好一条机动小船，安排我们去采菱，以补未能采莲之憾。菱是家菱，绿色的菱叶密密匝匝地浮在水面上，湖面铺开了一匹巨大的绿绸。木船在绿色的“菱河”边熄了火，船工手执长篙，将船撑往“菱河”之中，便任船儿漂荡。家菱肥得可爱，随手提起一蔸，菱梗上都挂满了翘着尖尖角的菱角，不一会儿，就摘了一大堆。

船儿悠悠地荡，我们则悠悠地边采边吃。家菱水分重，又嫩又脆，格外清甜。湖上的风夹带着清新的水腥气迎面吹来，船儿浮在绿色的菱河上，也似一只菱角。老叶说，这湖上采菱，其实是个绝妙的旅游项目呢。此外，在那“湖上餐厅”上，备几只简易渔竿，“醉翁钓醉鱼”，也是一绝。我们一听，不禁拍膝叫好。我曾游过洞庭，洞庭湖实际以岳阳楼及君山闻名于世；我曾游过洱海，洱海靠的是苍山雪而相映生辉。那么洪湖呢？

除了《洪湖赤卫队》外，它是不是应该以它质朴的湖的本色以及浓郁的湖上风情，如湖上采菱、湖上垂钓、湖上野餐等，来吸引中外游客呢?

告别的时候，洪湖的朋友特意送了一件礼物给我，那是一朵惟妙惟肖的工艺荷花，至今仍然开放在我的书桌上，晶莹温润，翠绿欲滴，仿佛有清风吹过，携带着淡淡的清香，讲述着许多洪湖的故事。

植被

人们常常将森林称为“绿色的世界”，这种感觉是相当准确的。的确，森林是一个“世界”，是一个比人类社会更尊重生命的多样性，更尊重生命各自拥有的生存空间，更尊重生命发展个性的世界。

让我们随意走进这个星球上的任何一片森林吧。高大的乔木自由地向着蓝天生长，擎起了日月星辰，朝晕晚霞。这些高达三十米、四十米、五十米的红杉、铁杉、糖槭、银雀、椴木、黄桦，组成了这个森林城市的高层建筑。

在它们的林冠之下，则是稍矮一些的树木，例如木兰和冬青组成的中层公寓。在这些乔木之下的，是由杜鹃、美丽胡枝子等灌木组成的一层层小楼房了。

然后是高大的草本植物组成的商店；然后是低矮的草本植物组成的私人住宅；然后是森林地面的蕨类、苔藓、地衣组成的城市绿化区……

而在热带的雨林里，植被的层次更为丰富，有的竟达二十七层之多。

如此层次丰富的植物，全都和谐地生存在同一片森林同一个世界里，乔木不以其高大而自傲，苔藓不以其矮小而自卑，草本植物从不幻想变成参天大树与乔木一争高低，绚丽的春花辉煌了一季就默默地谢了从不再想去嫉妒秋菊的风采。每一种植物都有自己的生存空间，每一种植物都在自己的生存空间内力求健康地成长并达到同类植物成长史上的高峰与极致。正是这复杂而又丰富的植被组成了宏伟而和谐的森林交响曲，正是尊重各种生命的生存权利与生存空间的森林才具有强健而永恒的生命力。

只生长一种树木的林子是不能称为森林而且是没有生命力的，即使是高大的云杉吧，倘若发生病虫害哪怕是家蝇般大专门蛀食云杉的小蠹虫，那么这片纯而又纯的云杉林数年间就会全部死亡。

森林不仅给予每一种生命以生存空间，而且从不限制每一种生命展示其独特的个性。

加利福尼亚的红杉愿意长到八十一米就让它继续长好了。爪哇火山高峰上的蕨长成了高大的树蕨，就让它高擎着绿色的“罗伞”吧。榕树让它的根裸露并下垂，使一棵树看起来像一丛树。落羽松则让它的根只露出“膝盖”，在地面形成许多竹笋般的呼吸根。

而森林中的花儿，则更是争奇斗妍，绚丽多彩了。杜鹃红艳似火，就让它在春阳下熠熠燃烧吧。兰花清香自赏，就给它一片宁静的幽谷和温柔如水的月色。

森林尊重每一种个性的独特魅力，森林从不要求所有的花儿只散发紫罗兰的香味儿。森林默默地包容默默地爱但绝不糊涂，因为它清醒地知道一竿翠竹虽然是速生的禾草，却能长得比许多灌木或乔木高，但翠竹再怎么离奇，也绝不会开出金黄或粉红的鲜花，结出苹果或者梨来。

于是森林才显得神秘奇诡而魅力无穷。

于是森林才是这个星球上最博大最丰富的自然博物馆或美术馆。

森林是生命的百科全书，而人只不过是这百科全书中的一个词条。再美的姑娘也只是莽莽森林中一朵普通的鲜花，再俊的小伙子也只是茫茫林海中一株平凡的松杉。

森林永生

从最早的先锋植物脱离沿海沼泽地而开始向陆地进军，一直到21世纪的现在，四亿二千万年过去了。地球上的绿色植物以及森林历经了无数兴衰。其中，包括近几千年来人类疯狂地用冰冷的铁器和滚烫的火大规模无遏止地砍伐与毁灭。如今，森林仍然顽强地生存下来，仍然顽强地保持着自己的尊严，保持着维护生物多样性以及给每一种生命以生存空间的独立品格。

在寒冷的北极圈附近，覆盖着苔藓与地衣的冻原环绕着地球，穿过北美洲、欧洲、亚洲的北部。当夏季来临，冰雪融化时，耐寒的极地野花便以顽强的生命蓬勃开放。除了苔藓、地衣、草本植物之外，木本植物也以奇特的形式显示着顽强的生命力，赤杨、桦木和柳树紧贴着地面矮化生长，像英勇的士兵向着极地匍匐前进。

在冻原附近的严寒地区，从挪威的峡谷穿过俄罗斯到西伯利亚，然后跨过白令海峡，穿过加拿大，一直到大西洋沿岸，森林开始出现了。大片大片的针叶林带，像绿色的洪流一样环绕着整个地球。云杉、冷杉、铁杉、松树和侧柏，组成了这片辽阔的北方森林。

然后是环绕地球的第三条林带展现在我们眼前。那是栎树、山毛榉和槭树等阔叶树组成的温带落叶林带，这些郁郁葱葱的森林，分布在东亚、中欧、大不列颠群岛以及美国的东部，是人类滥伐最剧的森林地带。除了目前残存的原始森林已成为珍贵的遗产外，其余的森林连同其蕴含的诗意全部成为辛酸的回忆。

围绕地球赤道的第四大林带即热带森林，是目前地球上最为茂密当然也最吸引人类斧锯的森林了。其中，生长在美洲、非洲的中心，东南亚、印度、澳大利亚部分地区的热带雨林，是目前地球上保存生物最多最丰富的森林。仅仅在亚马孙河七百万平方公里的雨林中，就生长着十万余种植物和动物。在热带雨林里，所有关于森林的神话都变成了现实。不仅单株的树干极为巨大，就是悬挂在树枝上的藤本植物也与树干同样粗壮。许多在温带生长的矮小的草本植物，在雨林中长成了巨大的植株。成千上万种蝴蝶、甲虫、蚱蜢、蜘蛛，与美洲虎、南美鳄、大蟒蛇、水虎鱼一起，生存在这个复杂而和谐的世界里。

而居住在森林中的印第安人和俾格米人，虽然生活在一种原始社会中，但却保持着人的全部尊严。俾格米人自称是“森林的孩子”，他们高唱着“森林是好的，森林是和善的”；他们坚信“森林死亡时，它的孩子也会死亡”。

在我们这个星球上，森林不仅顽强地生存下来，不仅坚韧地战胜了大自然中的许多灾害——火灾、水灾、病害、地震以及飓风，而且将这些自然灾害纳入自己的生存系统之中。对于人类来说，这些自然灾害当然是灾难；然而对于森林来说，这些自然灾害竟成了森林的生存要素。森林里的天然火灾常常将积聚在林地上的枯死木、断枝落叶和其他易燃的干地植物及时地烧毁清除，其灰烬又被雨水分解，作为养分回到土壤里。森林就是这样来对付种种“灾难”的。森林在地球上的存在要比人类早好几百万年，在没有人类以前，森林倘若不能形成一整套对付“灾难”的生存机制，那么它或许在恐龙之前就灭绝了。

灾难一次又一次锻炼了森林。森林在灾难中不仅顽强地生存下来而且逐渐成熟起来。灾难是森林成长之母。灾难是生命最严酷的教师。灾难也许会摧毁一片森林，然而却毁灭不了这个星球上的整个森林。大自然不可避免的种种灾难也好，人类近几千年大规模毁灭性地砍伐焚烧蹂躏也好，都不能灭绝这绿色的生命之海。森林仍将顽强地生存下去，仍将顽强地保持着自己的尊严，仍将保持着维护生物多样性以及给每一种生命以生存空间的独立品格。

森林不死。

森林永生。

战争与和平

提起萨拉热窝，30 岁以上的中国人都会想起一部前南斯拉夫影片:《瓦尔特保卫萨拉热窝》，想起那座不屈的城市，教堂、白鸽、钟声，以及抗击德国纳粹的游击队战士。近年来，萨拉热窝又一次成为世界关注的热点，无休无止的战争将它一次次推向地球上的每一面电视屏幕前。当我们靠在舒适的沙发上，边进晚餐边看新闻联播中关于波黑战火的消息时，我们无法想象，波黑的孩子们此事此刻在黑暗和枪炮声中如何度过漫漫长夜。

现在，兹拉塔告诉了我们。《兹拉塔日记——一个萨拉热窝少女的生活》这本书告诉了我们。波黑战争爆发时，兹拉塔 · 菲利波维奇才 13 岁，她“做梦也没有想到”，会有枪声撕毁和平、宁静的生活，会有炮弹落在校园、商店、居民区和公园里，会有亲人、朋友、小伙伴们背井离乡的逃命和鲜血淋漓的死亡。“萨拉热窝不知有多少成年人和儿童已不在人世了。战争夺走了他们的生命。他们全都是无辜的。他们是这场战争的无辜的牺牲品。”13 岁的兹拉塔用她的日记真实地记录了这场灾难:“我要给你写关于战争、死亡、伤残、炸弹、哀怨和悲伤。”兹拉塔的日记使我们想起了第二次世界大战中另一个少女的日记，她的名字叫安妮 · 弗兰克。如果说《安妮日记》和最近出版的《拉贝日记》记载的是历史，是法西斯的暴行，是全世界人民尤其是中国人民永远不能忘记的历史创痛，那么，《兹拉塔日记》则在今天和平的年代告诉我们，什么是“战争”。有人仅仅只是打算平静地过一座桥，但是却被打死了。那是一个医学院的女学生，“她的鲜血溅在大桥上。”“她临死前说的最后一句话是：‘这是萨拉热窝吗？’可怕，可怕，真可怕！”

《兹拉塔日记》有一天也会成为历史，成为20世纪末一个国家解体、民族冲突乃至发动战争互相残杀的历史见证。但我更希望今天的中国孩子好好读一读这本书。不仅仅因为可以此作为我们和平生活的对比，我知道，要一个习惯于全家人都宠着自己伺候自己的独生子女去关注世界，关心生活在战争与饥饿之中的同龄人，确实是困难的。但我仍然相信，会有中国孩子（也许是他们的家长和老师）看了这篇书评后，去寻找这本书，去和那个美丽的波黑姑娘交朋友的。因为他们将是这个世界的主人，是世界和平的卫士。当一个孩子学会了爱，他们关心的便不再是“今天你喝了没有？”而是比什么奶更珍贵的东西。

温暖的春风

蒋风先生的文坛回忆录即将出版，嘱我作序，深感荣幸之余，又有些许的忐忑与惶恐。蒋风先生不但是中国儿童文学界德高望重的前辈，是著名的儿童文学理论家，而且，是浙江师范大学的老校长，著名的教育家。众所周知，浙江师范大学的儿童文学研究机构，是中国儿童文学理论研究的重镇，当代许多著名的儿童文学理论家，都曾经是浙大的硕士和博士，其中，有许多大家都曾经是蒋风先生的弟子。用“桃李满天下，栋梁遍寰宇”来颂扬蒋风先生的师德，是恰如其分的。而我虽毕业于师范大学，但不是在浙江；虽然一直勤勤恳恳的在儿童文学的田野上耕耘，但常常因杂务而耽误了许多宝贵的创作时光，而愧对先生。因此，提起笔来，竟有奥运会火炬接力时，接过火炬时的神圣与激动了。

但我的确又有许多的话想说。

20世纪的90年代，我的长篇梦幻体小说《一百个中国孩子的梦》刚刚出版。一位日本的翻译家正在浙大访问，想翻译中国儿童文学作家的作品，求教于蒋风先生。先生马上就向他推荐了《一百个中国孩子的梦》。这位日本朋友，就是后来成为我的忘年之交的家野四郎先生。蒋风先生不仅热情地推荐了我的作品，而且，还亲自给我写信，不久，又在《文艺报》上发表了为《一百个中国孩子的梦》的日译版所写的序言，对《一百个中国孩子的梦》进行了高度的评价。在此之前，除了在开会的时候见过蒋风先生，景仰先生高大而儒雅的学者风范，我和先生没有其他的私交。接到先生的信，看到先生主动为我写的序，我的激动与感动，是可想而知的。《一百个中国孩子的梦》飞扶桑，又跨海峡，在台湾出版，并获奖，与先生的奖掖与评论推荐是分不开的。向国外的翻译家推荐一个尚不知名的青年作家的作品，不但热情牵线搭桥，而且主动写序，还在《文艺报》上发表，这是何等博大的胸襟与爱心！抚今追昔，先生唯才是举的崇高品格，更闪耀着金子般的光辉。

我知道，像我这样的幸运，在蒋风先生的教学生涯中，其实是一种常态。他喜爱他的学生，喜爱年轻人，喜爱在他看来是优秀的或者是具有潜质的作品。这样的常态之于蒋风先生，如同阳光之于大地，春雨之于禾苗，是一件极其自然的事情。然而正唯其自然，正唯其常态，便更彰显了自然与常态的伟大。很多年前，我曾经读过先生的皇皇巨著《中国现代儿童文学史》与《中国当代儿童文学史》，得知先生在20世纪50年代便立志为中国儿童文学立史。20世纪60年代初，完成《简史》的初稿；正当修改稿即将发排的时候，“文化大革命”爆发，他多年辛辛苦苦积累的资料卡片书籍等全部被抄被毁，他的书稿，也遭受同样的厄运，荡然无存。直到1978年，蒋风先生才重新肩负起这历史使命，含辛茹苦，又是十载，终于主编完成《中国现代儿童文学史》。泱泱数千年之文明古国，始有了自己的儿童文学史。一部史书，二十七万字，竟然耗尽一个人三十年的心血，先生的执着与追求，以及锲而不舍的学术品格，真的是令人钦佩。蒋风先生后来又主遍了《中国当代儿童文学史》，在此书的后记中，先生感慨地说："中国虽已有两千年的文明史，但是直到1987年，从未出版过儿童文学史。"这真是一个令人震惊且发人深省的现实。中国的文学史，始于清末宣统二年林传甲所著之《中国文学史》；而在此之前，中国的文学史是由外国人来写的，例如日本人的《中国历朝文学史》，1903年由上海中西书局翻译成汉文出版。林传甲之后，各种文学史便如雨后春笋般出版了。不但有各种各样的分类史，而且，其他领域的史书也层出不穷，例如中国的娼妓史。但是，唯独没有儿童文学史。泱泱我中华文明古国，轻视儿童，轻视儿童文学，轻视人之本，竟然到如此地步，这样的文明，便要打很大的折扣。在这样的背景下，先生及其同志们的辛勤努力，实在是具有开创性的，具有历史意义的。它填补的，不仅仅是文学分类史的一个空白，而是中华文明的一个空白。

现在，蒋风先生又将他的文坛回忆录，一本温馨的散文集，呈献给渴望读到他的新著的读者，实在是可喜可贺的事情。蒋风先生所写的文坛的师长，都是著名的大师，由先生儒雅地深情说来，渐渐地就不知不觉地进入了那个时代，仿佛陪伴着先生，穿越了时空隧道，与各位大师品茗论道，促膝交谈。那些过去的岁月，变得那么的生动形象，触手可感。先生看似随意的回忆，其实便是一部生动的历史。我尤为感动的，就是先生的深情。我不禁想起了李白的诗句"桃花潭水深千尺，不及汪伦送我情”“相看两不厌，唯有敬亭山”。这部深情的优美的作品，让我们看到了作为严谨的学者的蒋风先生的另外一个侧面，那就是温馨的温暖的春风。我曾经沐浴过这样的春风，现在，将会有更多的读者如沐春风，感受君子之交的中国之风的洗礼。去年秋天，我在武汉再次见到先生，看到先生 80 高龄，仍然是那样神采奕奕，风采依然，还在为儿童文学的事业奔走呼唤，真的是既感动又高兴。现在，看到这本回忆录，再次为先生的身健笔健感到由衷的欢喜。借此机会，我要感谢蒋风先生的提携之恩，同时，也祝福先生健康长寿，永葆学术与创作之青春。

清澈的山溪

我非常愿意为徐诗杭小朋友的书写几句话，也就是序言的意思。为什么呢？因为这个点子是我出的，可不能让其他的人抢跑了。

我很早就认识了徐诗杭的外婆，她的外婆和我的妻子都是先锋中学的老师；然后，我认识了徐诗杭的舅舅，那时她的舅舅还是一个中学生，高高的，瘦瘦的，我们经常在一起打篮球；然后，我又认识了徐诗杭的妈妈，那时她的妈妈还是一个大大眼睛漂漂亮亮的女孩子，在一家报社当编辑；再然后呢，我就认识了徐诗杭，还有他的爸爸。

那天我应邀给学生讲课，徐诗杭也来听课了。诗杭的妈妈说，诗杭特别爱看书，爱写作。我问道，她平时都写些什么呢？她的妈妈说，没写什么，除了作文，就是日记，日记诗杭可写了不少。我又问道，你现在不以妈妈的身份，而以一个编辑的眼光客观地看，这些日记写得怎么样呢？诗杭的妈妈笑了，我看……还有点意思吧？于是，我就说了，为什么不将这些日记或作文汇集整理出来呢？不要小看这些日记和作文，它们恰恰是一个孩子最真实的前进足迹啊，虽然还踉踉跄跄的，虽然还显得非常的稚嫩，但是，就像春水中的小蝌蚪，终究有一天会甩掉尾巴，变成美丽的青蛙的。

我对诗杭的妈妈说，你当了许多年的青少年报纸的编辑了，这次，给自己的孩子当一回编辑，好不好呢？诗杭将来长大了，再看看爸爸妈妈为自己编作品集，一定会感谢你们的。

半年过去了，这本小书真的要整理付印了。我第一次看见了徐诗杭的作品，看见了她日记的精选。我的眼前，真的出现了一条清澈的山溪，在绿色的森林里自由地流淌；我看见许许多多可爱的小蝌蚪，在溪水中活泼泼地嬉戏游动，那么自然，那么天真，那么充满童心与童稚，抒发着一个孩子对世界的看法。这是徐诗杭的文章给予我的强烈的印象。在她的日记里，在流畅的叙事之中，我们没有看到“作文”或者是“作业”的痕迹——而许多家长和老师，是将日记当作作业和作文向孩子们布置的，这样的“日记”，往往写成了“好人好事记载薄”“检讨书”“思想汇报”，变成了“假日记”或者“伪日记”，孩子们也学会了在日记中按照“作文的套路”编一些故事，说一些大话，我们仿佛看见一只无形的手，在导演着孩子们。在这样的导演中，孩子失去了最可贵的天真与童贞。他们也许会写一些“大人”喜欢看的文章，但是，他们将过早地失去了自己。

这是徐诗杭的第一本作品集，是她童年最宝贵的纪念。有了第一步，就会有第二步，乃至一往无前的脚步。我们祝贺徐诗杭，也期待着更多的徐诗杭坚实地成长起来。

也谈作文热

不知从什么时候起，作文悄然成为一个热门话题了。

不仅老师关心，家长关心，整个社会也非常关注。每年高考时节，传媒就闻风而动了，不仅要组织名师评点作文，而且，还常常请作家或者成人，与考生们同一时间同题竞技。各个地区的作文题，也成为报纸、网络乃至街谈巷议关注的热点。我常常会在这样的时节，收到方方面面去评点作文的邀请。我常常就感叹，从我师范大学毕业后，到中学教语文、教作文开始，几十年过去了，我还在讲作文，评点作文，甚至卖得最好的一本书，居然是一本与作文有关的小说。看来，我这辈子，是与作文结下不解之缘了。

作文越过校园，而成为社会话题；作文图书形成市场，形成产业，说明了这样几个问题：

其一，作文成为中国传统文化的独特延续。在中国的传统教育中，“文以载道”是一个重要的核心。在中国几千年的封建社会中，包括选拔人才的科举制度中，文章是一种重要的甚至是唯一的选拔手段。金榜题名需要好评文章，执政奏章需要好文章。一篇文章可以改变一个人的命运，甚至一个历史事件的命运，一个王朝的命运。今天，在一个十余亿人口的大国，作为选拔人才的手段，考试仍然是目前公开和公平的选择。学生在校园里考试，作文所占的分数比例越来越大；走上社会后，要考公务员，要考各级官员，仍然需要扎实的作文基础。在一个社会保障系统和高教资源还有待健全完善的国度，应试教育一旦和人生命运紧紧联系在一起，便具有魔法般的力量。

其二，中国的中小学作文教学存在着结构性缺陷。迄今为止，中小学的语文教材中，没有独立的作文教材；师范院校里，也没有独立的写作或者作文教学的教材或者选修课程。作文仍然附庸在语文课的练习中，矮化为工具性的综合练习题。那就是说，中小学的语文教师们，当学生的时候，没有学习如何教作文；当先生以后，便凭着自己的感悟去教作文。因此，中国的中小学作文教学，基本上是属于“脚踩西瓜皮，滑到哪里是哪里”，任凭老师们“八仙过海，各显神通”。一个学生的作文水平，与他的语文老师有着密切的联系。于是，这样一种结构性的缺陷，便为校外的培训产业和教辅产业留下了巨大的空间。

其三，作文的诸多功能有待重新认识定位，重新开发。作文作为语文知识的综合能力的检验，它的工具性自不待说了。在今天，作文教学作为中小学生的人文教育的功能，创新思维能力培养的功能，人格和品德教育的功能，运用母语维护民族文化的功能，还远远没有很好的得到认识和开发。教育部门长年累月忙的是大火炒栗，丢到锅里就是菜。至于“采菊东篱下，悠然见南山”的人生意趣，“黄河之水天上来，奔流到海不复回”的幻想与胸襟，“语不惊人死不休”的独特追求，“金戈铁马入梦来”的理想与抱负，似乎是“远水”，解不了“近渴”了。

其四，当今世界，已然成为“地球村”。当今中国，正崛起于信息时代，网络时代。汉语热正悄然在全球兴起。无数的外国人，正在为了未来而刻苦地学习汉语，学习用汉语写作文。作为一个中国人，一个将来要到国际大舞台去施展身手的中国人，难道不应该更好地学习自己的母语，更好地学习用母语写作、表达吗？

当然，“作文热”的原因还有很多，我以为重要的这几点，就足够诠释当前的社会关注了。虽然社会关注的，还局限在我所说的前两点。有鉴于此，许多有志于作文教学改革的先生们，针对现在作文教辅市场浩如烟海的书籍，让学生和家长无从选择的现象，以包揽万象于一书的雄心，精心编撰了一套“作文博览丛书”。我感兴趣的，是他们这样的一种自信，这样的一种责任感：让孩子们一书在手，多年不愁。要知道，这样的一种目标和责任，是需要付出艰辛的代价和劳动的。因为他们的目标，是词典般的体例。而众所周知，词典是最方便的工具书，同时也是最难编撰的。但是，我在丛书中看到了词典似的检索系统，而且，还不止一种，甚至有五笔字体的检索法。这样的创造性的劳动，是值得尊敬的。我相信，不仅孩子们会喜欢，家长、老师们会喜欢，华语世界和世界上正在学习汉语的学生们，也会喜欢的。“桃李无言，下自成蹊”，因为沉甸甸的果实，是美丽而芬芳的。

货币与流氓

不知从什么时候起，能够驱使鬼推磨的货币，一到武汉就变得格外地谦虚了。在具有悠久码头文化的武汉，货币乖乖地贬了值，明明是一块钱，却非得说是“一角”；那么十块钱呢，自然就变成“一块”了。

你到菜场去买菜，看上了活鲜鲜的喜头鱼，一问价，鱼贩子张开五指：“五角。”你简直不相信自己的耳朵，普通的小菜也要五六角呢，何况这活喜头鱼？

你疑惑地问道：“真的五角么？”

鱼贩子叼着烟，一脸的侠肝义胆：“真的五角，明码实价。”

你放心了，于是兴冲冲地挑了好几条，等到付钱时，你顿时傻眼了：“五角”一下就变成了“五块”。

你怯生生地问道：“师傅，刚才不是说五角么？”

鱼贩子顿时从菩萨变成了地痞流氓，一脸的鄙夷与讥讽：“你像个乡巴佬？！在武汉，‘一角’就是‘一块’，连这都不懂么？”

在武汉，伤一个小市民的自尊心，最妙的办法就是怀疑他是“乡里人”。你当然不愿意丢失“城里人”的尊严了。于是“哑巴吃黄连，有苦说不出”，乖乖地掏出钱来，买了一肚子的不舒服。然后悄悄地骂了一声，然后感叹如今“雷锋”也变成了“擂钱”，然后在心里暗暗地盘算，如何在妻子面前报假账，以维护“城里人”的尊严，不至于挨骂。

这样设局骗人的计算方法并不是每个武汉人都清楚的，许多年前，我就曾经被这样不痛不痒地“宰”了一回。出差回汉，已是半夜，走出老汉口火车站，一群“麻木”就围了上来。问到唐家墩多少钱，一个“麻木”说了声：“一块。”于是兴高采烈地上了车，心里暗暗地感动，一下想起了鲁迅先生《一件小事》里的车夫，决心到家后再加他一点钱。

谁知走了一半路，“麻木”停了下来，转身问我：“师傅，你是哪里人？”

我怔了：“汉口人沙！”

“汉口人？晓得汉口规矩么？”

我迷惑不解：“么规矩？”

他鄙夷地一笑，仿佛一个贵族不屑一顾地鄙视一个乡下人：“‘一块’就是‘十块’，你晓不晓得？”

此时夜静地僻，四下无人，我带着几个旅行包，每个都不止十块钱的，于是打肿了脸装潇洒，挥了挥手。价钱谈妥了，气氛自然就轻松了。和他一聊天，才知道他是黄陂人，到汉口踩三轮车，才刚刚一年。这个“贵族”原来是个地地道道的“乡里人”。

像我这样在武汉土生土长四十余年的正宗武汉人都被这“谦虚的货币”狠狠地宰了，那些“水货武汉人”，那些外地客人，就更不用说了。玩这套把戏的，多是载客的司机、三轮车夫以及形形色色的个体户。用“一块”说成“一角”的骗局骗了你，宰了你，还不让你有半点讨价还价的余地，轻则讥笑你是“乡里人”，重则连骂带打，完完全全的流氓地痞。

记得一位青年学者说过，武汉人兼有南方人与北方人的特点。优者，为南方人的精明与北方人的豪爽；劣性，如南方人的狡诈与北方人的蛮横。而在卖东西或谈价钱时装潇洒，玩弄“一角”就是“一块”的骗局宰消费者，则是狡诈与蛮横的最好注解。而我一向认为，武汉的文化是“码头文化”，码头文化最丑恶的积淀，便是欺善怕恶、蛮不讲理的流氓习气，“一拍二诈三丢手”的地痞式经商，“鸭子死了嘴巴硬”的光棍行为，自己穷得只剩下破裆裤还瞧不起乡下人、自己吃了亏便巴不得全世界的人都吃亏的小市民心态。过去的封建码头，还标榜一个“义”字，现代的码头文化，则连“义”字也不讲了，又融汇了资本主义原始积累阶段为了赚钱不顾一切的疯狂。

“一块”说成“一角”，“十块”说成“一块”，本来是江湖上的“黑话”，又称为“切口”，将它偶尔作为一种幽默与调侃，也未尝不可。但是用它来作做生意计价时的骗局，则实在可憎可恶。

你吓我

当今的武汉，流行着一句时髦的口头禅，那便是“你吓我”。

这句口头禅，首先是从孩子中流传开来的。后来，“你吓我”便在社会上流行，成为一种约定俗成的惊叹，一种具有武汉地方特色的惊叹。

一个新鲜的词汇的流行，并且在极短的时间里被大众认可，是有着深刻的社会背景的。细细品来，“你吓我”之所以流行，是因为我们所处的时代，是一个“你吓我”的时代，亦即历史发生巨变或突变的时代。许许多多令人不可思议的事情，不敢想象的事情，不可预测的事情，竟然一股脑儿地挤在一起，争先恐后地变成了现实，怎不令人眼花缭乱、瞠目结舌，只能用一句“你吓我”来表示不可言传的复杂情感。

一个昔日的渔村，眨眼间变成世人瞩目的深圳新城，成为中国改革开放的样板；一条古老的汉正街，一夜间变成全国小商品集散之地、万元户密聚之乡；一个进城捡破烂的农民，不但捡起了楼房，而且捡到了媳妇，令那些同村的种粮大户羡慕不已……这样一些如今已不算稀奇的事情，对于计划经济体制下的中国老百姓来说，对于已经习惯于“一切行动听指挥”的广大干部来说，岂不是“你吓我”么？至于那些形形色色骇人听闻的腐败、那些长期作为“旧社会”“资本主义”象征的卖淫、嫖娼、贩毒、走私、绑票、车匪、路霸、巨赌、贩卖妇女儿童等等丑恶凶残，无不在光天化日之下此起彼伏，屡禁不止，更是不折不扣的“你吓我”了。

“你吓我”的时代是一个机遇与挑战并存的时代，是一个充满痛苦的嬗变，同时也是充满活力与希望的时代，是中国走向现代化不可逾越的时代。生活在“你吓我”时代，是一种幸运，关键在于抓住机遇，使自己成为“你吓我”的主人。当然，这一声“你吓我”应该是一声赞叹，而不要让你的姓名变成铅字，出现在法院公布张贴的“布告”里，让你的亲友惊叫一声：“你吓我！”

震撼人心的《黑镜头》

我很早就有着收藏老照片的癖好，确切地说，是喜欢那些真实地记载了历史和人生的瞬间的新闻图片，例如《目击世界》系列，例如美国著名新闻摄影家约翰 · 菲利普斯的图文并茂的回忆录《此生见闻》。近年以来，随着老照片的问世，书市上出现了一股“老照片热”，《老相册》呵，《知青老照片》呵，《红镜头》呵，纷纷搭车上路。但是，我应该承认，《黑镜头》给我的震撼是巨大的。《黑镜头》的副标题是“西方摄影记者眼中的世界风云”，实际上，它是世界著名的“普利策新闻摄影奖”“世界新闻摄影大奖”获奖作品的精华汇编。在这本书中，我们不仅看到了战争、暴力、仇杀、贪婪、疾病、饥荒和苦难，而且也看到了和平、正义、人道、博爱，看到了伟大的科学实验和普通人的日常生活。

一辆波黑战场的运尸车正在倒卸塞尔维亚士兵的尸体，这些曾经是活生生的人的士兵，如今像垃圾一样成车成车地随意装卸。一只冲锋手枪对准了一个塞族狙击手的后脑勺，即将被处决的狙击手怕冷似的缩起了头。最使我感到毛骨悚然的，是这样一副画面：在尼加拉瓜风景如画的山林里，一个被秘密杀害的反政府者的尸体，已经被野兽剥食得只剩下两条残缺的大腿和一条完整的脊柱。只有依稀可辨的牛仔裤，才标志着这堆“食物”曾经是个“人”，是个有过亲人和爱情，有过思想和行动的人。使我震撼的当然不仅仅是战争和残杀。艾滋病和环境污染给人类带来的痛苦，以及那些怀着人道和爱心照护濒临死亡的艾滋病人的护理人员，同样凸现了生命的脆弱和人性的崇高。

与生命被侮辱、被戕害形成鲜明对比的，是生命的诞生。瑞典的摄影家伦纳特·尼尔森花费十年心血拍摄的人类胚胎发育过程，便是科学和摄影的大成功。我们难以置信地看到了精子进入卵子的一瞬间，看到了生长八天的受精卵，看到了子宫中三个月的人类胎儿，看到了生命是怎样像种子一样发芽、生长。

值得称道的是《黑镜头》的编排和文字说明。它将这么多的照片以“故事”的形式进行了有机的编排，每一辑故事后面还附有一页空白的“读书心得”，给了读者一个沉思和遐想的间隔和空间：这就是20世纪人类的历史，这就是世界上最难忘的瞬间。

怎样读董桥

读董桥的小品，应该在一个清清爽爽的下午，客厅的百叶窗外，是静静的绿肥红瘦。靠椅的弧度科学得让你惬意而放松。茶几上有一杯红茶或者咖啡，但是糖不要加得太多。茶杯是景德镇的白瓷，凝脂一般的温润；若要银勺，当然是英国的为好。或许要一点淡淡的背景音乐，最好是《烛影摇红》，或者是 Three vayiations of pium biossom（梅花三弄）。手边杂放着董桥的随笔集和小品集，然后信手翻来，便如同漫步在三阴道中，湖光山色，花荫鸟语，清风明月，处处皆情景，令人流连忘返也。

或者是大雪纷飞的雪夜，乾坤皆白，万籁俱寂，室内则温暖如春，使人有一丝温馨的慵倦。金橘应该结果了，水仙正在吐露清香。暖暖地躺在床上了，床头的灯光柔和如梦。床头柜上自然有一杯热茶，最好是洞庭湖的碧螺春。这时读董桥，便如友人夜访，围炉品酒，海阔天空，畅然夜谈，人微醺时，夜亦微醺，酣然睡去，不知东方之既白也。

或者是公园的长椅上，左边是一对中年夫妇，右边是一对年轻的恋人。中年夫妇正在家庭危机的钢索上行走，妻子指责丈夫有了外遇，采了野花，要丈夫老实交代；丈夫则抱怨妻子捕风捉影，狭窄唠叨，俩人蛇一般地纠缠。右边的恋人们呢，则如胶似漆，山盟海誓，拥抱亲吻，蝶一般地缱绻。而你置身其中，则充耳不闻，视而不见，时而会心微笑，时而拍“腿”叫绝，两对男女以为怪，悄然离去，却不知你正在读董桥也。

而我读董桥，常常是在孤身长旅之中。或走或涉，或飞或跑，在陌生的人群中，在无人的大山里，却永远有家园的感觉，永远有阅读的愉悦。

偶然之花

淘书的乐趣，其实就在于偶然。得也好，失也罢，其实都在于偶然之间。

几年前，我到浙江讲课。中午，路过绍兴，自然就去了咸亨酒店。问候了站在门口的孔乙己（不知怎么的，觉得这个落魄的先生，比肯德基门口的洋胖子，亲切了许多），品了绍兴的黄酒，微醺之间，便端了相机，去老街闲逛。路过一家烧饼店，无意中，瞥见柜台上有一摞旧书，老板正撕了那旧书，包烧饼。撕书的声音，哧的一下，非常的微小，但我的心却像被针尖刺了一下似的，有了疼的感觉。便走了过去，看那旧书。

这一看，就呆住了。

烧饼旁，正等候被撕的，是上海的著名儿童文学作家任大霖、任大星先生的书，而且，是上海少年儿童出版社五十年代的版本。任大霖、任大星两位先生是亲兄弟，都写儿童文学，都在上海少儿社工作，都是我的老师；大霖先生生前还担任过少儿社的社长，他的公子任哥舒长期在《少年文艺》当编辑，是我很好的朋友。他们五十年代出版的书籍，已经很珍贵了。倘若被撕了包烧饼，真的是太可惜了。

我便喊了老板。

老板以为我要买烧饼，走了过来。

我说，不要你的烧饼，要这些书。

老板愣住了，呆呆地望着我，以为我的脑子进了水。

你买这些纸啊？那我拿什么包烧饼嘛？

包烧饼的纸到处都有嘛，这不是纸，是书嘛！

老板好半天才缓过劲来。噢，那你给多少钱嘛？

你要多少钱嘛？

他伸出五个手指。

我以为是五十元，正在掏钱，他瞪大眼睛说："五块！"

噢！我马上给了他十元钱。

他看了看票子，指着堂屋的墙角说："那里还有一些书，你要嘛，就都拿走。"

我立即冲进堂屋，在墙角蹲了下来。果然有一摞旧书，有民国年间的儿童读物，也有 20 世纪 50 年代的文学书籍。这些，都是准备包烧饼的。

我问老板，怎么卖？

老板说，你要喜欢，就都拿走，你的钱，我就不找（零钱）了。

就这样，我在鲁迅的故乡，用十元钱，买了一摞准备用来包烧饼的旧书。

有一年四月，我在上海淘到了林纾翻译的《块肉余生述》。《块肉余生述》，即英国 19 世纪作家狄更斯的著名小说《大卫·科波菲尔》。写的是一个孤儿幼年至成年的悲欢遭遇。"块肉"者，孤儿也，《块肉余生述》是林纾根据小说内容所撰的译名。淘书的经过，我在"江南淘书记之六"《烟云安在》中曾经说过。无独有偶，仅仅两个小时后，我冒雨寻访瑞金二路的新文化服务社，居然在书架上淘到了另一种翻译版本的《大卫·科波菲尔》。此版为董秋斯先生翻译，三联书店一九五〇年五月第一版。董秋斯先生是我国的著名翻译家，年轻的时候，参加过北伐。1929年，结识了美国女作家史沫特莱，并陪她会见了鲁迅先生。当年十月，为揭露日本侵略中国的野心，董秋斯在《世界月刊》上首次将日本首相田中义一呈给天皇的秘密奏议《田中奏议》公布于世。田中妄想灭亡中国、独霸亚洲、征服世界的野心计划被披露后，在海内外引起了极大的震动。后来，在左联主编《国际》月刊期间，翻译了苏联作家革拉特珂夫的长篇小说《士敏土》，鲁迅先生为此书作序，并将自己珍藏的德国革命画家梅斐尔德的10幅版画复印，作为书中的插图。《大卫·科波菲尔》是他1947年翻译出版的，除此以外，他还翻译了托尔斯泰的《战争与和平》，均引起很大反响。

我拿到的这一本，厚厚的，仔细看，发现是上册，便问，有下册吗？服务社的先生马上回答，有的。不一会，就找出了下册。咦，这个下册好像版本不一样啊？再仔细一看，原来这本下册，居然是董秋斯先生翻译的《大卫·科波菲尔》的初版本！也就是说，是骆驼书店民国三十六年六月的初版本，印数只有1500册。在此书的扉页上，还盖有骆驼书店的印章。这两个不同出版社、不同版本的上下册，被后来的收藏者，比如说某图书室，从1951年起，就配在了一起。扉页上的印章显示的是："上海师范大学图书室藏书章"。

就在同一天，就在上海，我一下淘到了狄更斯的《大卫·科波菲尔》的三个版本：从清末民初，一直到中华人民共和国成立之初。偶然之间，我便收藏了一本外国名著在中国翻译出版的轨迹与实证。

上海是民国期间鸳鸯蝴蝶派文人的大本营。穿行在上海的老街弄堂里，情不自禁就想起了宜昌的张永久先生的新著：《摩登已成往事：鸳鸯蝴蝶派文人浮世绘》。永久以诗名世。中年后，转向历史钩沉，著作颇丰，而我最喜欢的，便是这本“浮世绘”。其中，印象最深的，是鸳鸯蝴蝶派的代表人物徐枕亚。

他在无锡一乡绅家担任塾师的时候，曾与一年轻的寡妇有过一段恋情。后来，据此创作了骈体长篇小说《玉梨魂》，情节曲折，哀艳动人，一时风行海内外，一鸣惊人。因《玉梨魂》太受欢迎，徐枕亚遂将其改为日记体，取名《雪鸿泪史》。

《雪鸿泪史》为中国小说史上第一篇日记体艳情小说，是公认的鸳鸯蝴蝶派小说最著名的代表作，在小说形式的发展上有重要地位。

这部作品的成功，徐枕亚的继室刘氏功不可没。刘氏可不是一般人家的女儿，她是清代最后一科状元刘春霖的千金。刘氏在北京的深闺中读到《玉梨魂》，极慕徐之文采，得知他妻子病亡不久，竟托父亲的朋友做媒，下嫁徐为继室。徐枕亚做了状元公的女婿后，伉俪情深，红袖添香，情思喷涌，写成《玉梨魂》之续本《雪鸿泪史》。

遗憾的是，徐枕亚的母亲是个古板凶暴的婆婆，经常虐待刘氏，徐枕亚常年在上海工作，无法调和婆媳关系，致使刘氏郁郁病死。从此，徐枕亚借酒浇愁，写作不再。1934年，上海民兴舞台排演《玉梨魂》，徐枕亚观后，含泪题诗："不是著书空造孽，误人误己自疑猜，忽然再见如花影，泪眼双枯不敢开。"

未曾想到，这次在上海淘书，竟然淘到了徐枕亚的《雪鸿泪史》，而且，是大通书局一九三一年一月的初版本，品相上佳，异常珍贵。徐枕亚写有自序，其后，有其兄徐天啸等十人写了十篇序言，又有二十余人题诗，集体捧场；甚至有人对其书逐章评点，这些评点也一一放在书前，如同导读。如此形式的华丽出版，我还是第一次见到。回汉后，每每翻阅，眼前就会浮现许许多多的故事。

嗟乎！淘书之乐，便在这偶然之遇也。偶然之花，其实是生长在必然之蔓上的。偶遇，缘也；其后的故事，那就不知道了。

开拓与首创

——读肖继石《老武汉风情》有感

说起来是去年的事情了。《武汉文史资料》的朋友们为我开了一个“武汉小吃”的专栏，还专门请了一位漫画家，为每期的文章配画。责编殷小英说：“肖继石先生画老武汉，非常传神，你一定会喜欢的。”

刊物出来了，果然有肖继石先生的插图。说是漫画，其实并不夸张，说是插图，其实可以独立成篇，其流畅的线条，传神的细节，一看便是画水墨人物画和连环画的高手。反复品赏，真的好生喜欢。

我从小就喜欢看连环画，尤其喜欢收藏线描的水墨风俗画。老北京的风俗图，戴敦邦先生的《三百六十行》等，都是我的喜爱。四大册精装的《点石斋画报》，更是在20世纪的80年代，用微薄的工资豪买的。这些画册，这些风俗，要么是北京，要么是上海，让我等出生在武汉老街古巷中的“汉人”，十分的心痒。我是在汉正街和长堤街这片老武汉的发源地长大的，是在老武汉的风俗和风情中长大的。这样的风俗和风情，曾经是我生活的全部，是我生命不可缺少的一部分。

武汉的小吃丰富多彩，亦在于武汉人有在街头巷尾“过早”的世俗。其时夜色将褪，街灯尚明，人影幢幢，市声初浮。而以热腾腾的亲切温暖着你的，自然是熟食店摊的各色小吃，可谓蒸气与香味齐飞，炉火共朝霞一色。其时品味的不仅仅是小吃，而是与小吃融为一体的民俗风情。

武汉的豆腐脑，一般是由小贩挑着游动叫卖的。那担子一头是木桶，盛着热腾腾的豆腐脑，另一头则放着碗、勺、白糖罐，以及洗碗的清水。碗是那种细瓷金边描花的小碗了，舀豆腐脑的瓢呢，则是黄灿灿的又扁又薄的铜瓢。我儿时最爱看小贩舀豆腐脑了。那么一个精壮壮的中年汉子，用骨结筋络凸现的大手，握一利刀般的铜瓢，在白白嫩嫩的豆腐脑面柔柔地划过；另一只手托着两个小碗，粗糙的大手与细腻精致的瓷碗亦形成鲜明对比。又白又嫩的豆腐脑，撒上白糖，滑润可口，且使一颗心也颤颤地对那豆腐脑儿顿生怜爱之情。多少年后，当我撞到“柔若无骨”以及“娇柔”之类的词句时，都情不自禁地想起了豆腐脑。而充满阳刚之气的壮汉挑一担颤颤嫩嫩的豆腐脑，又使我想起了霸王与他的虞姬，以及一个关东大汉，手持铜板，唱的不是“大江东去”，而是“杨柳岸，晓风残月”。

请原谅我过多地引用了有关武汉小吃的拙文。因为这些文章的插图，后来均收录进继石先生的《老武汉风情》之中了。这样一本图文并茂的《老武汉风情》，从尊重历史的角度，非常逼真，非常细节，还原了历史，还原了老武汉的风俗，填补了武汉风俗画的历史空白。自清道光三十年 (1850 年) 叶调元刊行《汉口竹枝词》以来，凡一百六十年，未有系统的武汉风俗图文出版；而继石先生，为武汉有史以来系统创作武汉风俗画之第一人也。从来没有一个人像他这样，五年如一日，不厌其烦地创作了110幅风俗画，并配以精练简短的文字，对老武汉进行全方位多侧面多层次的扫描，把老武汉的方方面面巨细不遗地刻意描绘。与叶氏同时代的汪绶埙和施之醇曾这样评价叶氏的《汉口竹枝词》：“腕底有言皆妙谛，眼前无字不传神。”“忽笑忽讪锋似剑，是诗是史笔如椽。”这样一些公允的评价，同样适用于肖继石的《老武汉风情》。因此，继石先生的开拓与首创，功莫大焉。

继石的风俗画，以线描立骨，加敷彩渲染，诸多人物，有漫画的幽默趣味，但无变形与夸张，骨子里透出的，仍然是中国人物画的水墨神韵，古朴而雅致。其实，民族风格，中国气派，是肖继石风俗画的灵魂。点石斋画师中的灵魂人物吴友如，虽然吸收了西洋画的许多元素，但是，其底色仍然是中国水墨的精髓，是其在上海豫园张臣记笺扇庄内开始作画时打的中国传统年画或者版画的底子。值得指出的是，肖继石的原画比书上印刷的更有冲击力。而我有幸看了几张原画，这样的印象当然就更加的深刻了。

《老武汉风情》是开拓。既然如此，那么，我们完全有这样的期待和希望：继石兄，继续沉潜下来，将老武汉的风俗画发挥到极致，将老武汉甚至新武汉的风情进行到底。

水晶世界

雨后的大森林，是一个清新迷人的水晶世界。

高大的阔叶树上，每一片绿叶都滚动着亮晶晶的水珠。

挺拔的针叶树上，每一根松针都挂满了亮晶晶的水珠。

每一朵野花的花瓣上，都饱含着亮晶晶的水珠。

每一根小草的叶片上，都高举着亮晶晶的水珠。

我站在森林里，一动也不敢动。我怕一不小心把那些水晶撞碎了。

然后，我的发梢上，我的眉毛上，渐渐都缀满了水晶。

妈妈，那是森林送给我的礼物吗？

哥哥与革命

哥哥张国荣辞世以后，举世震惊。忧郁的哥哥绝对没有想到，在他决意要离去的世界上，竟然有那么多的影迷和歌迷，为他而伤心落泪。

哥哥生前演绎过许许多多的恋人，最具争议的，便是《红色恋人》。

哥哥扮演的，是一个职业革命家，一个共产党员，一个共产党早期的地下领袖，一个经历了长征考验的红军高级将领。

这样一个角色，与哥哥曾经塑造的许多角色，形成了鲜明的反差。

一个香港的“哥哥”，能完成这样一个角色的塑造吗？能对“革命加爱情”的传统模式带来新的突破吗？

这样一个本来不是问题的问题，竟然引起这么大的争议，由此而暴露的问题，其意义已超越了影片本身的评论。

耗资三千万元，由中美联合演绎的《红色恋人》，是从一个美国医生佩恩的回忆开始的。

年轻的佩恩在上海悄悄地钟情了一个中国女孩秋。秋的“丈夫”——实际上是假扮的“丈夫”靳，是一个共产党的早期领袖，在长征中受了枪伤，被秘密地送到上海来治疗。靳是一个知识分子出身的职业革命者，秋在冒着生命危险照料靳的过程中，与靳相爱，成为一对“红色恋人”。最后，靳和秋相继被捕，英勇不屈，壮烈牺牲。他们的孩子终于迎来了上海解放的那一天。

影片是通过佩恩的回忆和主观镜头展开的。一个美国医生的视点，便决定了影片不可能正面叙述传统的革命斗争。但是，作为局外人，哦，不对，应该是一个恋人，佩恩的主观镜头不仅具有感情色彩，更具有客观性，更便于从一个独特的视角，展现上海当年的白色恐怖，展现靳与秋作为革命者所过的漂泊不定、充满危险的生活，以及当年共产党人对信仰的执着和置生死于度外的崇高境界。当然，也更感人地展现了当年“红色恋人”们的独特恋情，让我们形象地品味了当年非常流行的匈牙利诗人裴多菲的名诗：“生命诚可贵，爱情价更高。若为自由故，两者皆可抛。”

敢于为信仰而抛弃生命的人，应该是敢爱敢恨的人。因为纯真的忠贞不渝的爱情，同样也是一种信仰。

选择具有知识分子浪漫气质的张国荣来饰演共产党员，选择形象粗犷而且演过许多英雄形象的陶泽如来扮演叛徒，其实是导演的创新。而哥哥果然不负众望，他的演出，应该是成功的。他的创新，是塑造了一个具有深厚文化修养的知识分子出身的共产党人的形象。实际上，许多早期共产党的领袖，都是大知识分子。靳的经历，颇具共性：出身殷实家庭，出国留学，充满浪漫气质的文学青年，留学时爱上学音乐的安霞，然后投身革命。著名演员张瑞芳说：“我是1938年入党的老党员，张国荣演的靳，我能接受。”曾在《永不消逝的电波》中演地下党员李侠的孙道临说："张国荣演的靳与我演的不一样，但同样是地下党人的形象。"哥哥的成功，不仅仅在于创新了一个革命者的形象，而且也创新了一个恋人的形象。对于我们来说，对于哥哥来说，"红色恋人"的形象都是独一无二的了。

而用一个美国人的视角，来追忆那段惊心动魄的历史，使我们感到了强烈的现代气息。

当然，梅婷的那双大眼睛，也使我们难忘。

青蛇

在中国，谁不知道白蛇传的民间传说呢？痴情的白蛇娘娘，迂腐的书生许仙，凶狠的法海和尚，仗义的青蛇……很小很小的时候，外婆就讲过他们的故事。所有的故事和传说里，白蛇都是绝对的主角，而在徐克执导的《青蛇》中，一反千年的民间传说，主角成了常常是配角的青蛇。

《青蛇》是根据香港作家李碧华的同名小说改编的。在这样一个全新的故事中，青蛇（张曼玉饰演）不再是白蛇（王祖贤饰演）的丫鬟，而是同在西湖底修行的蛇精，白蛇曾义救青蛇，二人遂结拜为姐妹。令我们感兴趣的是，当白蛇爱上了许仙时，青蛇也动了情。只不过白蛇的爱在先，青蛇碍于姐妹情，而将自己对许仙的感情雪藏在心中。

刁钻率性的青蛇，成了一个“第三者”。

姐妹俩同时爱上一个男人的故事，我们常常听到。两个蛇精姐妹同时爱上一个男人的故事，我们却是第一次听到。人也好，妖也好，这样的“第三者”，感情是最复杂的，也是最有戏的。演技日臻成熟的张曼玉，为我们塑造了一个全新的青蛇，全新的“第三者”。先是碍于姐妹情，而默默相让。继而对白蛇与许仙的缠绵缱绻又羡又妒，情不自禁地以媚态取悦勾引许仙。这时的“第三者”，已经不完全是为了爱了，而是开始了与另一个女人的战争，不管这个女人是谁。许仙开始懵懂，后来也对青蛇动了心。三人的关系日渐微妙。

就在这时，法海（赵文卓饰演）出现了。端午节时，白蛇喝了雄黄酒而现身，许仙被吓死。白蛇青蛇在这危难之际，为了同爱的男人，联手到昆仑山盗取灵芝仙草。法海无情阻拦，白蛇挺身抵抗，叫青蛇快去救人。青蛇救活了许仙，却在昏昏沉沉之中，真情迸发，不能自持，“偷”了白蛇的男人。姐妹俩遂反目为仇，势不两立。这是三人游戏中的必然结果。

但是，青蛇毕竟是个重情义的侠女。她见白蛇决意为了爱而放弃修行，当一个平凡的妻子，震惊而感动，于是悄然隐退，去成全姐姐。

但是，故事又发生了大逆转：许仙在法海的劫持和诱惑下，出家当了和尚。白蛇久劝不回，万念俱灰，遂一剑刺死了心不专一的许仙。在与法海的战斗中，生下了许仙的孩子，托孤于青蛇。然后，自愿被镇于雷峰塔下。最后，青蛇孑然一身，回西湖去了。

张曼玉饰演的青蛇，是个敢爱敢恨的青蛇，有情有义的青蛇，既有风情万种，又有铮铮侠骨。既是不甘寂寞的“第三者”，又是知进知退、情义双重的姊妹花。她将一个本来尴尬难堪的角色，演绎得有血有肉，活灵活现，既将“第三者”的内心世界表现得淋漓尽致，又将侠骨柔肠的青蛇演绎得光彩照人。

青蛇之“青”，是“青涩”之“青”，“青春”之“青”，也是“青出于蓝而胜于蓝”之“青”。

徐克的特技，张曼玉的演技，不可不看。

我们这个城市的清洁与泉眼

——怀念周代先生

时间过得真快，一晃眼，周代先生离开我们已经一年多了。

一年多了。武汉的空气中少了周代先生的呼吸，周代先生窗前的鲜花，少了先生殷勤的顾盼。在我的生命中，少了周代先生的警醒和教诲。但是，在我和许许多多的朋友的心中，多了一份永恒的感激与怀念。

从 1980 年到周代先生去世，整整二十三年了，我们已经习惯了周代先生的住院，病重，乃至病危，习惯了他总是顽强地奇迹般地出院，好转，然后就接到他的电话，看到他的文章，看到他恬淡的睿智的笑容，语速缓慢然而幽默的湖南乡音。整整二十三年了，我们已经习惯地将他生命的奇迹视为了常态，我们甚至淡忘了这样的奇迹曾经历了多少生与死的搏斗，希望与绝望的拼争，以及这样的搏斗与拼争所带来的痛苦与折磨，我们习惯了他窗台上的鲜花总是那么生气勃勃地开放，习惯了他坐在鲁慕迅先生的大画松树和红日下恬淡而幽默的谈笑。包括去世前的住院，我们以为他还和往常一样，住一阵子就会回来。因此，当噩耗传来的时候，我简直不相信这是真的。周代先生，这是真的吗？！

我认识周代先生已有三十多年了。那是 20 世纪 70 年代的中期，周代先生是《芳草》文学月刊的前身《武汉文艺》的实际负责人。他给我的第一印象，是一个严谨而认真的人，一个正直而坦诚的人，没有架子，也没有城府，是一个书卷气很浓的温情的布尔什维克，一个个性鲜明的理想主义的“湖南辣椒”。那时的《武汉文艺》，名流荟萃，而周代显然是刊物的泉眼。默默的，低调的，淡泊的，但却是充满活力与生命力的，充满热情与热爱的。这样的泉眼，常常是以自身的道德操守、自身的人格魅力，影响着、滋润着周围的生命。这样的印象，到了他身患重病以后，到了他渐进老年以后，到了他足不能出户、却在膝盖上搁块木板顽强地读书写作以后，愈发的强烈。这个一身正气的湖南辣椒，上大学时就加入了中国共产党的地下组织，1952 年就在《长江日报》开始了新闻生涯。却在 27 岁的时候，仅仅因为在年轻的时候认识了诗人曾卓和牛汉，便受到“胡风事件”的牵连，被抄家，受审，撤销了党内外一切职务，从此，便在历次政治运动中屡受磨难。我认识他的时候，他其实刚从五七干校出来不久，但是，从那时到现在，我很少听他诉说自己的苦难与不公，很少听他抱怨命运，怨天尤人。他的眼界总是前瞻的，他的关爱总是他人的，他似乎是为了关心着朋友、关心着他人而活着。哪怕是他从未谋面的朋友，哪怕是刚刚出山的年轻作者，他一看到好文章，总是高兴地推荐、评介，他总是为他人的成绩与进步由衷地高兴，总是为他人的病痛与挫折真诚地担忧。他从来就不是喷泉，不是瀑布，不是惊涛骇浪，不是大河奔流，他只是汩汩的永不干涸的泉眼，以博爱的人性的利他的清洁的泉水滋润着这个世界。

当然，如果周代先生仅仅只是个关爱他人的老师长辈，那么，他便只是一个老好人，只是一股温泉。有时，我还想，如果先生不生病，健康地忙碌在报社，那么，他很可能只是一个受人尊敬的老编辑，或者老领导。先生中年开始患病，历经生死磨难，长年在家读书思考，他的思想，他的思考，他对知识分子人格立场的坚守，便有了质的飞跃。这么多年来，有多少知识分子迷失了本性，扭曲了灵魂，或随波逐流，或拍卖良知。而先生愈到晚年，虽一身瘦骨，却是硬骨铮铮。我曾在数年前说过，先生是这座城市的文化泉眼，精神泉眼，是精神家园的守护者。和先生聊天，听他知人论事、洞察世事，常常有如饮甘泉之感。这便是为什么武汉的老中青几代作家和文化人都那么尊敬他、爱戴他的缘故。先生生命的奇迹，以及奇迹的价值，也正在这里。

先生一直是爱护着我的，包括我的家人，冷冷暖暖，都在先生的惦念中。先生的爱护，当然包括了对我的警醒与批评，而恰恰是这些警醒与批评，如同泉水清洁着我的灵魂。周代先生去了，但是，他用生命与精神开掘的泉眼，却仍然汩汩地滋润着他所热爱的世界。先生的整个生命都化着了泉水，而他也永远活在充满活力充满大爱的流淌与滋润之中。

永远清香的栀子花

栀子花飘香的季节，我正在一所郊区中学当乡村男教师。那时我刚走出大学校门，正是二十多岁的青春年华。中学就在长江边，周围是星罗棋布的湖泊和池塘。春天，江畔的青草绿了，湖畔的桃花红了，漫山遍野的栀子花也幽幽地香了。农村的孩子，尤其是女孩子，爱将栀子花大朵大朵地戴在头上，藏在书包里，搁在抽屉里。于是，当春雨迷蒙了远山，润湿了校园，教室里便弥漫着栀子花的清香。

那时我住在学校里，宿舍隔壁就是学生寝室。学生们爱到我的宿舍里来玩，问作业呀，借书刊呀，听我拉小提琴呀，讲“福尔摩斯”破案的故事呀，一来就是一大群。她们把栀子花放在我的枕头边，挂在我的帐钩上，用玻璃瓶盛水泡了，说花儿的香气能避蚊子。于是，我的宿舍便沉浸在洁白与清香之中。

《清香清香的栀子花》这篇小说，便诞生在这样的校园之中，诞生在一个乡村男教师与乡村孩子的友谊与爱之中。20世纪70年代末80年代初，乡村的生活还不是很富裕，许多孩子在下雨天还打着赤脚戴着大斗笠。那时农村还很少“万元户”，农村干部的子女还有着很大甚至是绝对的优越感，春铃和凤娇之间的差距还很大。但是友谊和信任从来就不是权力和金钱的奴隶。凤娇等农民的孩子虽然贫穷，但她们从来就不缺少自尊，更不缺少栀子花一样洁白的爱心。我至今还记得凤娇的原型，记得那个每天清晨最早来到教室打扫清洁的“清洁委员”。她总是穿着打补丁的衣裳，雨天总是打着赤脚，但同学们非常喜欢她。春铃的原型是班上的学习委员，她是公社干部的女儿，有点儿娇气，有一些优越感，不大和同学们合群，同学们也不冷不热地和她保持着距离。女孩子之间总是会闹些小矛盾的，但是，我从一些小矛盾中，感受到了孩子们纯洁的童心，感受到了我们民族最宝贵的传统美德，那就是“友谊和爱从来就不是权力和金钱的奴隶”。

1982 年的夏天，我第一次到北京参加《儿童文学》举办的创作学习班。那时我刚刚在《儿童文学》上发表了第一篇儿童小说，想不到就获了奖，紧接着就获得了一次极好的学习机会。我们住在中央团校（即现在的中国青年政治学院），我还记得校园里的苹果树挂满了青苹果，竟然没有人乱摘乱吃。《儿童文学》请来了许多德高望重的老作家，著名的学者冰心、严文井、叶君健，中青年作家王蒙、王愿坚、刘心武等为我们讲课，鼓励我们为中国的儿童文学耐得寂寞默默耕耘。参加那次学习班的，有杨福庆、沈石溪、方国荣等青年作家，有曾任国务院港澳事务办公室副主任的陈佐洱，著名的儿童文学作家金近先生还没有去世，《儿童文学》的王一地、康文信、刘滢等老师正年富力强。那时北京还没有立交桥，中央团校还是偏远的郊区，进一次城不是很容易。我平时写作都是在改完作业备完课的深夜和凌晨，现在有这么好的创作环境，当然要拼命用功啦。我的两个姐姐就在北京和天津，但我宁愿铆在房间里，认真读书，认真写作。《清香清香的栀子花》就是在学习班上写的，发表在当年的《儿童文学》上。紧接着，《儿童文学选刊》就予以转载。后来，又获得了武汉作家协会“中青年作家优秀作品奖”，武汉电视台将它改编成电视剧，并在中央电视台播放。

一晃眼十几年过去了。当年的“凤娇”和“春铃”，早已成为妈妈了。但“凤娇”和“春铃”的故事并没有结束，栀子花依然年年飘香。“情义无价”这句朴素的真理流传了几千年，看来还要流传下去，一直到天荒地老。今天的孩子们，仍然面临着这样一个人生课题：在这个物欲横流的世界上，如何面对金钱、权力与友谊、爱心，如何培养高尚而健全的人格。那么，《清香清香的栀子花》便不是枯萎的明日黄花，她依然是一个时代的真实记录，可供后来者品味，并且沉思。

清洁而美丽的灵魂

新年伊始。东湖梅香。《情系非洲》大型公益摄影展览带着强劲的勃勃生气，与大家见面了。

此时此刻，我们的头顶或许是蓝天，或许是雾霾，这些都不重要了。重要的是，雾霾已经成为我们生活中的新常态。我们，以及我们的子孙后代，不得不在有生之年去直面它，研究它，想方设法去清除它，让蓝天白云、空气清新成为我们生活与生命中的常态。

毋庸置疑，建设生态文明，已经成为“中国梦”的重要内涵。保护地球生态，已经成为全世界有识之士的共识。

今天，人类的生态耗竭已经超过 50%。长此以往，到了 2030 年，人类将需要两个地球的资源，来满足人类一年的需求。人类赖以生存的地球的生命力指数，正在急速地下降。有的地区，已经接近崩溃的边缘。

正是在这样的历史时刻，湖北的摄影家们开始行动了。

他们将镜头对准了非洲。将天眼与慧眼，投向了人类的发源地，投向了世界上野生动物最后的伊甸园。他们认为，目前非洲的野生动物及其生态环境，对于呼唤生态文明，建设生态文化，具有标杆性的意义。铁肩担道义，镜头聚丹心。长江之滨的血性汉子们，义无反顾地走进了非洲，走进了自己创作生涯中难忘的华章。

这一走，就是三年。

走进非洲。热恋非洲。情系非洲。一而再，再而三，三生万物。“万物皆得其宜，六畜皆得其长，群生皆得其命”（荀子）。在中国传统的文化观中，“天人合一”“道法自然”，几千年来，一直是中国文化具有超越性智慧的精髓。尊重生命，敬畏自然，热爱与尊重天地万物，达到天人合一的最高境界，也是我们今天需要继承与发扬的。对于摄影家来说，今天的地球，更是圆的。镜头无国界，审美无国界。用光影与画面记录非洲人与野生动物的生命镜像，以无声的呼唤与呐喊，救赎的不仅仅是非洲，不仅仅是野生动物，不仅仅是那些威风凛凛的狮子、大象、雪豹，美丽的斑马、角马、瞪羚，而是整个世界，是我们自己。

三年征程。三十位摄影家。一百五十幅作品。水平或有参差，但心中燃烧的，是对这个世界所有生命的尊重与大爱。作为艺术家，救赎的不仅仅是自我的肉身，而是清洁而美丽的灵魂。

一棵树也是风景

董宏猷的22堂文学课

董宏猷——著
张年军——点评

长江出版传媒 崇文书局

图书在版编目（CIP）数据

一棵树也是风景 ： 董宏猷的 22 堂文学课 / 董宏猷著．
—武汉 ： 崇文书局， 2017.9
（作家走进校园．第二辑）
ISBN 978-7-5403-4533-4
Ⅰ．①一…
Ⅱ．①董…
Ⅲ．①语文课－中小学－课外读物
Ⅳ．① G634.303

中国版本图书馆 CIP 数据核字（2017）第 136536 号

一棵树也是风景——董宏猷的 22 堂文学课

责任编辑　高　娟　李利霞
出版发行　长江出版传媒｜崇文书局
地　　址　武汉市雄楚大街 268 号 C 座 11 层
电　　话　(027)87293001　邮政编码　430070
印　　刷　荆州市翔羚印刷有限公司
开　　本　680mm×900mm　1/16
印　　张　19.5
字　　数　228 千字
版　　次　2017 年 9 月第 1 版
印　　次　2017 年 9 月第 1 次印刷
定　　价　29.80 元

（如发现印装质量问题，影响阅读，请与承印厂调换）

序

爱的文学，我们写作的范本

张年军

我们来说说董宏猷，因为这本书中的散文篇章，是他曾经播下的种子，现在又绽放出新的花朵，还是那么绚丽多姿，那么姹紫嫣红。

为什么？因为他是一位诗人？因为他有作家的情怀？

如果你是少年，你会觉得他其实就是一位诗人，因为他的创作是从诗歌起步，他的作品极具煽动力，字里行间甚至流淌着如歌的节奏、如诗的韵律，如梦的欢快，如幻的朦胧。阅读他的作品，你会于恍然间遁入梦幻般的空间，后来你渐渐呼吸着一种舒适感和享受感，那种感觉在你不经意间穿越你的血脉，最后抵达你的内心。

如果你是孩子家长，你会觉得他有一种作家特具的情怀。情怀是什么，是一种信仰，一种激情，一种信念。《一百个中国孩子的梦》《一百个孩子的中国梦》，写出了孩子们对生活的憧憬，彰显了作家悲悯的内心，也透视出作为历经生活磨难、写作磨难的胡子哥高尚的情操。

本书是董宏猷诗人气质与作家情怀的延伸，当然也会是我们每一位同学文学远足的拐杖。

形式上，本书全部为散文与随笔；编排上，既可以成为孩子们写作时的范文，又隐含了一个作家的成长的历程；结构上，采用的是辞典式、百科全书的范式。那么，我们应该怎样从本书中获取营养呢？怎样从依赖拐杖到甩掉拐杖独立前行呢？

这 22 堂课会给你答案，会给你带来如饮甘霖般的滋润、如沐春风般的激情。我们来梳理一下 22 堂课的主要内容，以便知晓董宏猷老师为同学们订制的文学大餐都有哪些特色，哪些引人注目的地方。

第 1 堂课《童年》。董老师写童年，不是直接铺叙童年故事，而是借助那些如花儿一般曾经开放的背景，来表达浸润于这个背景之中的生命跌宕，以及这种跌宕如何以细节的美丽绽放来做点滴呈现。

第 2 堂课《故乡》。写的是关于呼唤的情感表达，由此道出写作真谛：如果你想揭示一种心理距离，最好把物理距离拉远一点，我们学到了物理距离与心理距离之间的微妙关系，如果破解了这个奥秘，我们的写作将会产生飞跃。

第 3 堂课《城市》。这一堂课有两个重点需要掌握，一个是《我与归元》中被放生的乌龟的首尾相顾，另一个是《一个人的解放》中描写的摄影作品《战争与和平》，前者告诉我们文章的呼应关系，后者教我们认识烘托与渲染的实际意义。

第 4 堂课《成长》。《一棵树也是一片风景》强调的是抒情散文的切入角度；叙事散文《红烧肉的感觉》则通过细节描写刻画人物性格特征。它们之间的区别，因为有了文本的实证而显现深入透彻的特点。

第 5 堂课《小吃》。是一些饶有趣味的美食随笔，作家的潜力，就在这些小文章中渐次凸显。表层上看，文章的确是在写小吃，但作者更注重的是人物命运的穿插与真实史料的层层丰富，使一般性美食随笔多了一些内在的、躁动不安的灵魂。

第 6 堂课《山水》。这一课主要学习《进山》与《生命的湖》，前者我们可以学到的是，如何层层递进逐步提升对大山的情感高度，然后以卒章显志的表现手法，完成赞美母亲的颂歌；后者我们可以学习它语言上的优势：骈散结合，错落有致，抑扬顿挫，悦耳和谐，具有音乐美感。

第 7 堂课《森林》。我们写文章，最忌抽象表达，如果你想传达某一种情感，最好借用某一种客观物象来承载，这就是化抽象为形象，通过这堂课的学习，那些关于“故事写得干巴巴”的困惑，将会迎刃而解。

第8堂课《世界》。这一堂课的重点是《亚洲的黎明》，本篇散文不同之处在于，它的人文色彩非常隆重，烘托渲染与虚实相生手法更接近于文学性构想。

第9堂课《旅行》。细读油轮夜过西陵峡的惊险历程，我们可以从中学会文学性想象之奇特与修辞手法的灵活运用是怎样写活了作家眼中无生命物体。

第10堂课《园丁》。那些专注于细节的同学，可以从这一堂课中发掘细节的魅力以及细节在谋篇布局、增强文章艺术感染力等方面的重要作用。

第11堂课《作文》。老师常常会说你的文章很单薄。单薄在哪里？究竟如何解决？这一堂课主要是弄清楚文章的单薄与丰富这两个概念，然后通过实例来挖掘它的真实缘由，以便摒弃单薄，迈向丰富。

第12堂课《品读》。这堂课中有两篇文章分别评介小说大师汪曾祺与沈从文，文章虽短，但分析之透彻，实属鲜见。大师的作品究竟藏着什么奥妙，读一读《永远的晚饭花》与《十分温暖的爱》，你自然就会明了。

第13堂课《书缘》。有句话说，凡是讲述人物命运的故事，都能打动读者的心弦。这堂课中的《书之梦》，讲述的就是作者少年时代与图书的纠缠不休的传奇，故事中的每一个细节，都绽放出情感的浪花，都写得那么惊心动魄。我们可以从中明了，细节是怎样累叠起一篇文章的情感架构。

第14堂课《收藏》。这一课以形象化的语言和曲径通幽的故事，详细讲述虚境与实景在文章中的作用以及虚实相生的艺术化解读。

第15堂课《艺术》。这一课讲艺术是什么，文章中艺术的分量表现在哪些方面，也讲如何刻画人物性格，以及智慧谋篇的价值所在。

第16堂课《童心》。在孩子眼里，万物皆有思维，万物皆有生命及童心；散文诗不仅要有美和想象，还需要非凡的艺术表现力。

第17堂课《情爱》。这一堂课我们要搞清楚的是，如何以人性的视角来扫描细节与人物，并由此获得悲悯的关怀与向善崇美的洗涤，而这正是我们所需的写作要素。

第 18 堂课《世相》。文学所关注的，是人的生活、心灵、性格、命运、情感等人性所涉及的种种因素，人性并不抽象，它往往现身于具体而微的细节当中，期待着我们去捕捉。

第 19 堂课《男子汉》。在阅读过程中，我们的心会时不时地颤动一下，或者目光倏忽间停顿一下，因为我们的心和阅读的文字产生共振了，产生共鸣了。《钢铁是怎样炼成的》就如此这般地拨动了我们心灵的琴弦。

第 20 堂课《人生》。主要讲的是生活中的细节如何以散点透视的方式熔铸在人物的活动点滴当中，从而启示我们摒弃抽象讲述，凸显形象化表达。

第 21 堂课《写作》。因《一百个中国孩子的梦》的情感驱使，我们意识到它那独特的审美意蕴，我们不再考虑道德至上，而是将审美价值置于第一时间，从而在悲悯的氛围中开放出超越实用价值的人性之花。

第 22 堂课《生命》。这一堂课我们必须明白，在作品中注入美的成分，必须要有文学技巧，必须要摒弃直白，必须要有优美规划，必须要有艺术家的独创精神和新颖性，必须要告别模仿与按部就班。

我常常阅读董宏猷作品，他的作品文体多样，题材多样，但无论如何，无论哪一部哪一篇，都没有离开爱这个主题。收入本书中的散文作品亦如是。这就给了我们非常宽容非常轻松自由的学习空间。我们不必背负着沉重的十字架去浅唱低吟，我们也不必高喊道德至上的口号去含蓄地贬抑他人，我们只需留存着一颗爱心、一种爱的情怀，以儿童的视角去扫描人间世相，就能收获文章经纬，理解技巧法则，知晓在这个世界上，什么都不重要，唯有爱是应该放在第一位的。

因为爱，他的作品就能衍生出或者说流淌出悲悯的情怀、审美的意蕴、人性的闪光、人文的慰藉、创新的价值，还有如流水的包容、如山峰的坚毅、如海洋的深情、如山谷的谦逊。

所以，董宏猷的文学，应该称为爱的文学。

目录

第5堂课　小吃

第6堂课　山水

第7堂课　森林

第8堂课　世界

第9堂课　旅行

第 10 堂课　园丁

第 11 堂课　作文

第 12 堂课　品读

第 13 堂课　书缘

第 14 堂课　收藏

第 15 堂课　艺术

第 16 堂课　童心

第 17 堂课　情爱

第 18 堂课　世相

第19堂课 男子汉

第20堂课 人生

第21堂课 写作

第22堂课 生命

第1堂课

童　年

回家

走进汉口最古老的街道长堤街，离家就不远了。长堤街原来是汉口防御洪水的一道堤坝，修筑于清朝，后来就成为汉口最早最繁华的一条商业街。长堤街原来是青石板铺筑的路面，沿街是密密麻麻的铺面。铺面一般是两层楼，楼下是商铺，楼上是住家的木板屋，一排雕花的木窗，黑潮潮的布瓦，瓦楞间长着陈年的艾蒿，或者铁线一般的狗尾草。走过了酱坊、锣铺、布铺、香坊和杂货铺，迎面就是十字街头的茶馆了。茶馆的门口，常年卖香喷喷的锅贴饺子。那些弯弯月亮一样的锅贴饺子，一排排地摆在油锅里，油汪汪的焦黄。起锅的时候，老板用铁铲当当地敲击着锅沿，大声地吆喝着："哎，锅贴饺子哪！"这样的敲击声和吆喝声清晰地传到我童年的梦里，随着飘逸的蒸汽拐一个弯，我的家就在眼前了。

依旧是光滑的青石板路，两边却是一个个住家的里弄了。这是长堤街的一条干流，名叫药帮大巷，过去是经营药材的商贾聚居的地方，汉口著名的药王庙就在我家的斜对面。药王庙的隔壁，就是著名的关帝庙，相传太平天国攻占武汉后，这里曾作过洪秀全的天王府。小时候，我和小伙伴们常常到药王庙和关帝庙里去捉迷藏，汉口俗称"官兵捉强盗"。两座庙里有无数迷宫式的门和小径，还有颓废而阴森的殿堂，只有胆子大的男孩才敢在夜里躲进庙里去当"强盗"。常常是"官兵"走到庙门口，就怯怯地腿软了，望着黑洞洞的混沌，"官兵"就喊道："快出来吧，我投降啦！"

最令人沮丧的事情，就是妈妈找到庙门口来了。那是我们玩得最酣畅的时候，妈妈在庙门口呼唤着我了：“猷猷啊，回来啊！”妈妈的呼唤声总是柔柔的，软软的，带着焦虑，带着忧伤。妈妈的呼唤声总是锲而不舍的，她的宝贝儿子不回家，她是彻夜不能入眠的。于是我总是垂头丧气地退出了游戏，将满腔的怨气发泄到妈妈的身上。妈妈便不再言语了。她总是微笑着，像做错了什么事情一样，任凭我发火和抱怨，她总是小心而歉疚地微笑着，但是，却用温热的大手，将我的手握得紧紧的，握得紧紧的。

妈妈握着我的小手，走进了守根里。推开两扇黑沉沉的大门，就回到我的家了。这是民国初期典型的公馆式建筑。进门就是天井，然后是木地板的堂屋。堂屋后面又是一个小小的天井，天井旁便是厨房。楼上楼下各有两间房，落地的百叶窗，窗外是镂花的铁栏杆。我就出生在一楼的大厢房里。后来，堂屋隔成了一间小房，虽然只有10个平方，却是我结婚的新房，我的女儿又出生在这间小房里。厢房与小房只有一步之遥，但是，在厢房里出生的那个男孩，却成为小房里出生的那个女孩的父亲。

在堂屋还是堂屋的时候，外婆常常在堂屋里敬菩萨。堂屋里设有神龛，外婆敬的是观世音菩萨。外婆跪在蒲团上敬香的时候，我们是不敢大声喧哗的。外婆说，菩萨什么事情都知道的，包括我们心里想什么，菩萨都是知道的。于是，我幼小的心灵里，就对菩萨充满了敬畏。有时，我又爱胡思乱想。我想吃锅贴饺子，菩萨知道吗？我想吃洋糖发糕，菩萨知道吗？我想把弟弟的存钱罐偷走，去看“娃娃书”，就是“连环画”，菩萨知道吗？冬天的早晨，窗外下着大雪，我们偎在被子里，外婆却给我们带回了洋糖发糕了。白白胖胖、松松软软的洋糖发糕啊。外婆像给雏鸟喂食一样，一口一口地喂我们吃发糕。外婆总是慈祥地笑着，像菩萨一样笑着。于是我就想，是菩萨变成了外婆呢，还是外婆变成了菩萨呢？

武汉的夏天是酷热的。夏天的晚上，整个江城就变成了一个闷热的大蒸笼。太阳快要落山的时候，妈妈和外婆就早早地在天井里泼水降温，泼了一遍又一遍，泼了地面，又泼墙上。那时降温没有电扇，更没有空调，唯一的降温用品，便是外婆和妈妈手中的芭蕉扇。而唯一的冷饮，是外婆泡的花红茶。花红茶用瓷缸装着，瓷缸则泡在脚盆的凉水里。几乎是祖传的竹床，也被凉水抹得凉津津的了。外婆或者是妈妈就给我们摇着芭蕉扇，给我们讲故事，或者是轻轻地唱歌。夏夜深了。天井将夜空切割成一个坠着银星的方块。外婆常常讲的是“野人婆婆”的故事。外婆说，“野人婆婆”喜欢吃小孩的手指头，就像吃枯蚕豆一样，嘣得叭贡叭贡地响。我们听了，只觉得浑身发冷，毛骨悚然。而妈妈则爱给我们唱催眠曲。妈妈年轻的时候，是个电影迷。妈妈唱的催眠曲，常常是三四十年代的电影插曲。《渔光曲》和《秋水依人》，是妈妈最爱唱的两首歌。“云儿飘在海空，鱼儿藏在水中，早晨太阳里撒渔网，迎面吹来了大海风……”妈妈轻轻地吟唱着，妈妈的歌声里充满了忧伤。我常常就在妈妈忧伤的吟唱中睡着了。许多年后，当我在电子琴和电吉他的伴奏下唱这两首歌时，在KTV包房里唱这两首歌时，我的眼中常常就情不自禁地盈满了泪水。哦，妈妈，您听见您的儿子在为您吟唱了吗？哦，还有外婆，您看见您的外孙在神农架的深山老林里寻找“野人婆婆”的身影了吗？您看见了您的猷猷写的寻找野人的科幻小说了吗？

我就在汉口古老而幽深的里弄里长大了，在妈妈和外婆深情而忧伤的爱中长大了。在我的心中，家就是妈妈深情而温馨的呼唤和凝视，是外婆菩萨般慈祥的笑容。

我第一次离开家出远门，是16岁的夏天。“文革”爆发了，我和同学一道，满世界的乘火车大串联，打着绑腿背着背包冒着风雪“长征”到湖南的韶山。世界是你们的，也是我们的。但是，那时一个心眼而“革命”的我，压根儿也没有想到，这个世界也是妈妈和外婆的。压根儿也没有想到，在那些疯狂而骚动的日子里，妈妈和外婆是怎样地为我提心吊胆，度日如年。

那个时候，家对于我来说，只是休憩的旅舍，补充给养的驿站。我第一次从北京回家的时候，火车停在汉口了，我却故意躲在火车的厕所里不出来，然后又一口气坐到了广州。由于我已经写信给家里，说我要回家，妈妈早早就为我准备了我最爱吃的排骨煨藕汤。我不知道妈妈是怎样地焦急地盼望我，因为我已经出去了两个月了。我只知道到广州去看看《三家巷》里欧桃牺牲的地方，去看看黄埔军校。然后，又转道湛江，看了大海，才想到回家。但是，我又一次让家里的妈妈失望了。就在火车即将转道到京广线时，我又一次偷偷地下了车，偷偷地跑到开往重庆的列车上。然后，从重庆坐船顺江而下，终于在年底回到了家。

一进门，看见了妈妈，我吃了一惊：离家才几个月，妈妈明显地老了。妈妈的头发白了好多好多，妈妈的眼睛红肿得像水蜜桃。妈妈见了我，红肿的眼睛含着泪，笑了。她的嘴唇翕动着，好像要说什么，但是，什么也没有说，只是望着我，笑着，笑着，任凭眼泪从眼角滴落了下来，然后，好像害羞似的，赶紧用手背揩着眼泪，解释道：“这几天，害眼……”

哦，妈妈，您哪里是害眼呢？您是日日夜夜为您的儿子担惊受怕，常常彻夜失眠，常常偷偷垂泪，以致哭红了眼睛，哭坏了眼睛。跑了大半个中国回来，我的衣服全长了虱子。妈妈只好将我的衣服全都烧了，我听见衣服上的虱子被烧得噼噼啵啵的响。妈妈含着泪说：“我的猷儿哪，这么多虱子，你是怎样过的哟！”妈妈又恨恨地问我：“还跑不跑了？”我只好乖乖地回答：“不跑了……”

但是，还没过半个月，我又从家中跑了。这一次，更让妈妈操心了：

我又组织了“长征队”，在寒冷的冬天，在连行走的路线也没有弄清楚的情况下，就向湖南韶山进发了。第一天，我们就走错了路。后来，顶风冒雪，日夜兼程，整整走了一个月，才到达了韶山。后来，又开始了我浪漫的旅程，乘火车跑到上海，幻想着到上海的工厂劳动，与产业工人打成一片。一直到春节的前夕，我才从上海回到家中。

我生性好动，尤其喜爱浪漫的探险，孤身长旅。外婆曾经恨恨地说，我是家里的“灾星”，是专门脱胎来折磨我的妈妈的。这样一种“折磨”的感觉，只有当我也成了家，也有了孩子之后，才慢慢地品尝到的。那样一种牵肠挂肚的担心，那样一种坐立不安的想念，一颗心像断线的风筝在空中悠悠荡荡无所依的无奈，不是“折磨”，又是什么呢？可是，当我开始顿悟的时候，当我开始依恋着老家的时候，妈妈和外婆却离我而去了。老家留给我的，是永远的思恋，是终身的遗憾。

于是，我开始了回家的心路历程。在相当长的岁月里，我几乎每个星期都要回一次老家。那是一次次的返璞归真，一次次的人生顿悟，一次次的生命地升华。

……我牵着女儿的小手，走进了长堤街，走进了药帮大巷，走进了守根里，推开了黑沉沉的大门。天井的墙壁已经斑驳如酥皮了，阴暗而潮湿的角落里，长出了不知名的瓜秧。我看见外婆坐在堂屋里菩萨般地笑着，妈妈红肿的眼睛里含着泪，呆呆地望着我，笑着，嘴唇翕动着，想说什么，却什么也没有说。哦，妈妈，外婆，我回来了。我来看你们了。哦，妈妈，您听我唱一曲《渔光曲》，唱一曲《秋水依人》，好吗？

“几时你回来哟，妈妈哟，几时你会回到故乡的家园？……”

母亲的歌谣

常常想起小时候生病。一生病就闹得全家不安宁。一般地说来，我不生小病，要病就病得波澜壮阔。这时外祖母就跪在蒲团上，求观音菩萨保佑；然后按照一种古老的风俗，乒里嘭啷地摔碗，为我祈祷平安。而我的母亲，在我整个生病期间，便不吃不喝，整夜整夜地不睡，坐在床边守护着我。即使是寒冷的冬天，她也不肯上床，拿一本书，披一件袄子，迷迷糊糊地边看书边打瞌睡。可只要我一翻身，她立刻就惊醒了，马上用唇吻着我的额头。母亲的唇，就是温度计呵。然后轻轻地唤着我："猷儿，猷儿，喝不喝水呀？"

水，我自然是要喝的。但我更喜欢听母亲唱歌，或者念童谣。

母亲的歌大多是电影插曲。母亲爱看电影。当她年老以后，仍然独自一人步履蹒跚地去看电影，倘若是悲剧，常常是一路流泪回来。母亲最爱唱的，是《渔光曲》，那幽幽怨怨的旋律，成为我的摇篮曲，浸透了我的童年。"云儿飘在海空，鱼儿藏在水中，早晨太阳里撒渔网，迎面吹来了海风……"母亲不是金嗓子，但她唱得那么投入，那么富有情感。在寒冷的冬夜，刺骨的北风从小屋的板壁缝里一丝一丝地沁了进来。母亲的歌谣便像海浪一样，一起，一伏，将病中的我摇进梦乡。

《秋火伊人》是母亲常唱的另一首歌。这也是一首忧伤而凄婉的歌。现在品味起来，它的歌词流淌着李后主或者李清照的古典感伤，只不过少了那些凝眉愁雾，多了一份人间的凄凉和沧桑。"望断秋水，不是伊人的倩影。更残漏尽，孤雁两三声。往日的温情，只留得眼前的凄清……"童年的我听不懂歌词里说的是什么，但我听懂了母亲沉甸甸的忧伤。

许多年后我才知道了一个属于母亲的故事。一个十九岁的爱看电影爱唱歌的姑娘，与一个美专毕业的小伙子相爱了。他们双双私奔，跑到了上海，用三十年代流行的方式反抗父母之命媒妁之言。我想那一定是母亲一生中最自由最幸福的时光，她一辈子只出过一次远门，而且是上海，而且是私奔。她一定与自己的心上人进电影院看过电影，也许电影的插曲恰恰就是《秋水伊人》。母亲的幸福之花绽开得太灿烂，但凋谢得太急促。当双方的父母终于妥协同意他们结合后，年轻的美术家却过早地离她而去。也许他的姓名就蕴藏了命运的悲剧么？他的名字就叫“悲秋”。

于是我理解了母亲的《秋水伊人》。于是每次到上海，我便想起了母亲，想起了她十九岁的辉煌与浪漫，以及离开上海后永恒的思念与忧伤。于是在豪华的歌舞厅里，在萨克斯与电吉他的伴奏下，我常常爱唱《渔光曲》和《秋火伊人》。我的眼前便浮现出汉口古老的长堤街，青石板铺就的幽深小巷，墙上长满青苔的天井，老宅堂屋改建的小屋，寒冷的冬夜，以及母亲温热的唇，滚烫滚烫的泪。我知道，那泪水很苦，很咸，和大海的海水一样。

有时我睡不着，母亲便不唱歌了。她会许多的童谣，一段一段地念给我听，逗着我笑。

乡里伢，穿红鞋，
摇摇摆摆上箩筐，
先生先生莫打我，
我回去吃口妈妈来。

武汉的方言中，“吃奶”就是“吃妈妈”。母亲鼓着腮，噘着嘴，装着小伢吃奶的样子，我便咯咯地笑了起来。

然后母亲和我拍手做游戏："张打铁，李打铁，打把剪子送姐姐。姐姐说，我不歇，拿你回去包茶叶……"念到最后，母亲突然搔我的痒痒，母子俩便抱着笑成一团。

如果说母亲的歌给了我最早的艺术熏陶，那么母亲的童谣便给了我最早的韵律教育。那些朗朗上口的童谣，有的有完整的叙事内容，如"月亮走，我也走，我跟月亮背笆篓"；有的则无内在的联系，只是一种韵律，如"铜角铜角牵素素，扁担划子接哥哥"，"甩，甩，铁笼子拐。铁，铁，包老爷。包，包，红大椒"。母亲的歌谣滋润了她的孩子们的艺术萌芽，她有两个儿子于清贫中成为诗人、作家。即使在艰辛与逆境中，她的儿子也从未停止过歌唱。

最后一次听母亲的歌谣，是母亲病危之中。那时母亲因脑溢血已昏迷不醒了，但她在昏迷中喃喃呼唤得最多的，是我的名字。母亲是如此放心不下她的爱子。也许是我遭受的许多打击与磨难使得她挣扎着不愿离我而去。那天深夜，轮到我值班守护，我突然听见母亲在喃喃地梦呓，仔细一听，原来母亲是在念童谣："先生先生莫打我，我回去吃口妈妈来……"在月色与灯影中，我分明看见母亲的脸上露出了慈爱的笑。在生命的最后一刻，她梦见的，仍然是用母爱护卫着受伤的孩儿么？

那夜月色很好。母亲睡得很香。

青皮爹爹

我对书籍的热爱，应该追溯到小时候在茶馆里听戏、听说书、看皮影戏了。尤其是皮影戏，有画面，有人物，有情节，有说有唱，非常吸引人。什么“孙悟空大闹天宫”啊，什么“杨家将”啊，什么“薛仁贵征东、征西”啊，什么“七侠五义”啊，都使我如醉如痴。我甚至能唱很多的唱词，例如《杨家将》中的“金沙滩激战”：

大郎替主把命丧，
二郎挡箭命也丧，
三郎马踏如泥烂，
四郎被捉到番邦，
五郎出家当和尚……

唱着唱着我常常就泪流满面，《杨家将》满门忠烈的壮烈悲剧曾经深深震撼了我。我常常想再知道他们的命运，可是，皮影戏的班子往往没有演完，就走了。

于是我就迫不及待地去看“娃娃书”。

“娃娃书”就是“小人书”，就是“连环画”，类似于今天的卡通。茶馆的对面就有一个娃娃书摊，我成了那儿的常客。

我看着看着就入了迷，常常看得不知道吃饭。

看书是要钱的，一本书1分钱。可是，我每天的早点钱只有3分钱，即使不吃早点，也看不了几本书啊。

我便打起了理发钱的主意。

武汉人称理发为“剃头”。我的头发长长了，母亲和外婆或者大姐就要我去剃头。那时剃头是1毛5分钱，像我这样的男孩子，一般都剃个“瓦片头”，非常简单，不用花什么钱。我拿了钱，就偷偷地看书去了，然后，回家就撒谎说，剃头的钱不小心掉了。

母亲当然要骂我一顿，我就老老实实地低头站着，一声也不吭。

母亲就心软了。母亲就又给我1毛5分钱，叫我明天一定去剃头。

第二天，剃头的钱当然“又掉了”。

后来，母亲知道了我的鬼把戏，就再也不给我剃头的钱了。母亲将剃头的钱交给小姐姐，然后，叫小姐姐押着我去剃头。

唉，小姐姐是个特别认真的人。我曾经诱惑她，想和她一道将剃头的钱再次“掉了”，然后我们一块儿去看书。但是小姐姐坚决不答应。小姐姐说，哦，难怪你的钱总是在掉哇？原来是你故意不剃头，看娃娃书去了。小姐姐说，你趁早乖乖地去剃头，要是你再继续不老实，我就要向母亲告状了。

我从小就看惯了母亲的独自忧伤和独自焦躁，虽然我不明白母亲为什么这样的忧伤这样的焦躁，但是，我却非常的懂事，从小就尽量不惹母亲生气、伤心、烦恼。所以小姐姐一说要向母亲告状，我就赶紧老老实实地去剃头了。

不过，小姐姐的押送和看管也有失效的时候。

长堤街上剃头的是个青皮爹爹，“青皮”就是“光头”，青皮爹爹的光头不但寸草不长，而且油油地埕亮放光。

青皮爹爹是个随和的人，尤其喜欢小孩子。我就和他打商量，叫他少在我的头上费神，草草地剪两剪子算了，一个头只收我5分钱或者1毛钱。这样，小姐姐给了他1毛5分钱，等小姐姐走了，我就叫青皮爹爹再将多余的钱还给我。

青皮爹爹答应了我的要求。他是个非常幽默的人，一辈子没有结婚，非常喜欢讲笑话。他跟我剃头的时候，从来也不马虎，总是把我的“瓦片头”剪得整整齐齐。等小姐姐走了后，就给我5分钱。

我就不好意思了。我就去帮他做事。做得最多的，是帮他拉布扇。

20世纪50年代的初期，电扇还没有普及，一般的家庭，根本就没有电扇，只有那些大店铺里，在夏天，才看得见一个老式的吊扇。

武汉的夏天十分的炎热。如果要降温，怎么办呢？许多店铺里，就安装了中国自古以来使用的布扇。

布扇实际上是一块长方形的布帘子，悬挂在房屋当中，然后，用一根绳子牵动它，来回地摆动，这样就形成了微风。那个时候，许多商店里，都有专门拉布扇的人，这样的职业，现在的孩子们恐怕怎么也想不到吧？

青皮爹爹的剃头铺里，就有一个布扇。

拉布扇的，是青皮爹爹的徒弟。

为了感谢青皮爹爹，我有时也帮忙拉。

我用双手扯动着布扇，觉得很好玩。

我喜欢听青皮爹爹讲笑话，听他和一些老人讲老武汉的典故。他在汉口，在长堤街，剃了一辈子的头，对于这里的住户，根根底底、来龙去脉，他都了解。比如我家的隔壁，常年住的是戏剧界的名角，唱京剧的高百岁，唱汉剧的宋春山，他都十分的熟悉。他还说，中华人民共和国成立前，上海的胡蝶也在那儿住过。我那时不知道胡蝶是谁，还以为他说的是“蝴蝶”。我还一直纳闷，怎么有人叫“蝴蝶”呢？后来，我才知道，胡蝶是中国20世纪30年代非常著名的电影明星，相当于现在的什么巩俐啊、刘晓庆啊，这样的明星。

青皮爹爹就是这样一部活字典。

我一边听，一边拉，虽然拉长了双手都非常的酸痛，但是，我还是喜欢泡在剃头铺里。

不仅仅是为了讨青皮爹爹的赏钱。是喜欢听青皮爹爹的故事。

最后一次见到青皮爹爹，我已经读中学了。那时，理发店里已经安装了电扇了。青皮爹爹也老得步履蹒跚了。给我剪完头发，忽然，就将理发的转椅放下了。他笑着说，小毛头都开始长胡须了。他在我的下巴和鼻子下面涂上肥皂沫，然后，用热毛巾盖上，开始在理发椅旁边的皮子上刷刷地磨他那把锋利雪亮的剃刀。

刷刷刷！刷刷刷！青皮爹爹镗起剃刀仍然那么利索有力。

那是我第一次刮胡子。

那是我第一次享受青皮爹爹锋利的剃刀。

【读写提示】

怎样把文章写得新颖有可读性

（一）

描写童年生活，回想过往趣事，是很多写作者热衷的创作欲望使然，并非他们没有什么东西可写，而是，童年的生活造就了能够观照人的一生的性格特征，它就像一盏明灯，烛照生命的航程。

著名儿童文学作家金波说，儿童文学作家应该有一定的天赋——对孩子有天然的亲和力，对自己的童年有敏锐的记忆力。

董宏猷就是这样一位儿童文学作家。他的作品，正如金波老师所说，带着童年的感觉、带着写诗的感觉、带着写童话的感觉。

那么，在“童年”这一组散文中，我们究竟发现了多少金波老师所说的如诗如歌般的韵律呢？

我们先来看《回家》中的童年感觉。

也许你会说，写童年故事，不就是将那个时候的生活变成文字吗？其实事情并没有那么简单，变成文字不难，难就难在我们要让这种文字鲜活起来，具有艺术的感染力，它的字里行间，应该游走着甜甜的味道，就像小的时候你口中嚼着的青涩的橄榄，越嚼越有味道，他会通过你的口舌，将那种甘之如饴的韵味，传遍你的身心。

《回家》的开篇，有一大段关于作者老家周围环境的细腻描写，可不要小看这一段看似琐屑的描写，它浸透了作者流淌了多年的如海浪一般沸腾的情感，更为重要的是，它的画面感极强，强到你一旦闭上眼睛，那种古老长堤街上的民居，就会一一展现在你的面前。

（二）

我们尝试着来感受一下：读了前面的文字，我们是不是有一种沉浸在过往生活的氛围当中的感觉了呢？似乎，我们也成了那个小“猷猷”，我们在“飘逸的蒸汽中拐弯”，我们用视觉用触觉，去感受妈妈的嗔怨及温情，本文作者化用庄周故事，传达的是一种忘记自我，与万物融为一体的境界和精神。这种超功利的态度，正是儿童文学的精神实质，它贯穿于并游走在文章的字里行间，从文章开篇的环境描写，到外婆与菩萨的关系，其实就是从底层走向高层的一种认识的阶梯，什么样的认识呢？就是儿童超功利的、快乐至上的、意趣之上的价值观念。由于有了上述这些故土（姑且将长堤街当作故土）的情怀、母亲的情感、外婆为人的境界等等作为意蕴厚实的铺垫之基础，后文中关于“我”的炎热夏天的故事，以及16岁夏天的第一次出远门，就有了扎实的奠基和少年人从自在到独立意识倏忽间得到夯实的韵味。

（三）

文章后半部分，我们要关注这样几个细节：

一是外婆和母亲给“我”讲故事，外婆的“野人婆婆”、母亲的电影插曲。作者并没有静止地进行讲述，而是在文字的铺陈中让时间和空间获得延伸，让虚写在实写的过程中获得拓展，于是文章就变得厚重而丰富，而富有层次感，不是那么单薄，那样的单线条。例如KTV包房唱歌，例如多年后写科幻小说等等，无一不是浸润着童年时代情感的烙印。

二是关于16岁第一次出远门。我们阅读着这些文字，是不是也会跟随着作者的笔力，神游于祖国那些具有历史意义的圣地呢？但作者并非仅仅就事论事，而是，在讲述故事的过程中凸现人物细节，这些细节，都不是一次完成，是在时空延展的过程当中不断地用更为精微的细节点染母亲的情怀：妈妈和外婆为“我”提心吊胆——虚写她们的情怀；多少天以后“我”回到家，妈妈有泪却说害眼——这是实写；“妈妈您哪里是害眼呢”——再虚写；妈妈恨恨地问我：“还跑不跑”——再实写。文章就这样在虚实之间跌宕起伏，或轻或重地撞击读者脆弱的灵魂，它之所以脆弱，是因为有了爱。我们发现，爱这个主题，就像草蛇灰线，不时地游走在文章的字里行间，古人所谓“文似看山不喜平”在此处获得了最大限度的展现。

（四）

文章结尾不是那种司空见惯的幸福圆满的尾声，却是让读者深感遗憾的悲剧收束，之所以这样，表层上看似乎是传达了一种宿命观，实际上并非如此。我们的儿童文学，强调的是描写人生的情感历程，既然如此，生离死别，没有哪一篇好文章会远离这个规律，那么，当我们真实地反映这样的情感变化时，我们会更加珍视逝去的或者尚未远离的情感，更何况，作者选用妈妈的一首歌来结尾，具有了呼应前文歌声的效应，这就犹如音乐或诗歌旋律的复沓，让读者的灵魂感到一种深深的震撼，并且萦绕于心，久久不能忘怀。

另一篇《母亲的歌谣》，以歌谣为红线，贯穿故事始终，特别要注意上文提到的“草蛇灰线”，没有它的作用，故事就很难达到起伏的效果。再就是故事结尾，“那夜月色很好，母亲睡得很香”，含蓄地、很诗意地表达了母亲离世的情境，这样的描写，寥寥几笔，不仅观照并呼应到了前文歌声的韵味，还深刻地蕴蓄了母亲一生的辉煌、一生的魅力，一生的美丽。

建议同学们在阅读本组散文之后，再抽空阅读《瓦尔登湖》，相信会有双重收获。

第2堂课

故　乡

呼唤

故乡对于我，已是一个朦胧的梦了。可是我总忘却不了那雾气飘逸的竹林，缀着露珠的山茶，散发着红薯土香气的晒场，以及深山中叮当的悠悠的牛铃。

一辈子忘却不了的，当然是母亲低声的呼唤。

常常是天刚蒙蒙亮，天边还残留着一片即将融化的明月，我听见了母亲低声的呼唤："猷猷宝，起来呀，起来放牛哇……"

那是一头小牛。牛脖子上挂着一个铜铃。带我放牛的是群英嫂子，她是我的堂嫂。她的娘家在离董家不远的"黄志成"。她常常带我到后山去，站在山坡上，可以望见白壁黑瓦的黄家大院，以及宅前石砌的水塘。

放牛对于我来说，其实是游戏的。我没有想到放牛得起这么的早，我还没有睡够呢。可是，母亲却很认真的。母亲常常说，答应了人家的事情，就应该认真地去办。母亲知道我是贪睡的，母亲知道我一旦睡下，就睡得像块糍粑，粘在床上的。但是母亲仍然一遍又一遍地呼唤着我，直到我睡眼惺忪地走出了家门。

我就这么打着瞌睡迷迷糊糊地进山放牛了。牛脖子上挂着的铜铃叮当叮当地响着，那金属的撞击声清脆清脆的，在幽深的山谷里过滤，然后微醉般地散开。莽莽的青山也是睡意惺忪的，牛铃声此起彼伏，在清凉的晨曦里互相应和着。母亲便踏着露珠披着晨风上山给我送早点了。常常是我还在迷迷糊糊地打盹，母亲便将煨热的红薯送到了我的手中。山中该有多少牛铃在响呢？而母亲却准确无误地找到了我。我常望着那片薄薄的残月痴痴地出神，是不是它为母亲默默地指路呢？

我小的时候爱生病。每次病了，母亲便彻夜不眠，坐在床边守护着我。半夜里，我被母亲低声的呼唤唤醒了。母亲亲吻着我的额头，母亲常常是用亲吻来量孩儿的体温的啊。母亲端着一碗滚烫滚烫的姜汤，轻轻地呼唤着我："猷猷宝，猷猷宝，喝茶来！"我睡意正浓，嘟囔着，不愿喝。母亲便依了我，但仍将姜汤在火塘里煨着，静静地等候着我，等候着山中明月将残之时，再一次地轻轻呼唤。

母亲也有高声呼唤我的时候，也是在故乡的月明之夜。

有一次，我跟着一个猎人去放牛，猎人姓柳，只有一条腿，他的另一条腿在打猎时丢在深山里了。但他仍然爱着深山，他总爱带着我往深山里钻。据说那一次我们在山中遇到了野兽，而且是老虎。猎人和牛如何和老虎对峙的，我已经记不清具体的细节了，据说我一点也不害怕，因为我从未见过老虎，我也不知道害怕。回来以后，我就病了，发高烧。有人就说，猷猷宝的魂被山神爷捉走了，要赶快将魂招回来呀。于是母亲大哭起来，扎起松明子，就到山里去招我的魂。我还记得母亲一出门，便呼唤着我的小名哭喊起来："猷猷宝……回来呀……""猷猷宝……回来呀……"金色的火把像一颗闪耀着的星星在山路上蜿蜒而去了，母亲的声音也渐渐地沁进深山了，在那静静的山区之夜，母亲的呼唤充满着不安、虔诚和希望，随着月色在山中流淌。那是一个母亲的灵魂在焦急地寻找着自己儿子的灵魂啊。

也许是母亲的虔诚真的感动了山神吧，母亲为我喊魂以后，我的烧便渐渐地退了。母亲仍然不放心，仍然在夜里走进深山，一声一声地呼唤着我。我还记得那样一个夜晚，门前的天井里一片月色。母亲的呼唤声渐渐地近了，我从床上爬了起来，去迎接母亲。先是曲折的山路上闪出一团火光，随后是母亲踉跄着的身影。母亲的声音显然是嘶哑了啊，但仍然拖长了声调虔诚地呼唤着："猷猷宝……回来呀……"于是我便哭喊着，奔了过去："姆妈，我回来了哇……"

当我又一次回到故乡时，已是人近中年了。我是和哥哥、弟弟一起回乡的。我们又一次沉浸在故乡的月色中。而我那忠厚善良的母亲却早已离我们而去了。还是那青翠的竹林，还是那洁白的山茶，还是那清香四溢的桂花，还是那片永不会融化的明月。母亲的呼唤仿佛还在山谷中回响，可是，现在轮到我噙着泪，轻声地呼唤着母亲了。

母亲再也不会回答了，回答我的，是故乡的明月与青山。我想，人生不就是一连串的呼唤与被呼唤么？而故乡，则是这深情呼唤的回音壁。

哦，永远的故乡。

哦，永远的呼唤。

红苕

我对红苕的印象是深刻的。

红苕不仅仅是一种植物，一种中国山民或农民主要的食粮，而且，还是一种符号，一种人格的象征。

红苕在中国的南方和北方，在亚热带的土地里广泛地种植着，生存着，繁衍着，因此，它具有许许多多的名称：红薯、番薯、甘薯、白薯、山芋、地瓜，等等。“红苕”是它在湖北，在我的家乡的名称，

严格地说，它在我的家乡只有一个简称：那就是“苕”。

红苕属于旋花科，是一种有着沉甸甸的块根的草本植物。它的块根生长在土里，有红色的，白色的，以及黄色的。红苕的块根含有丰富的淀粉，当然就可以作为山民的粮食。此外，红苕还可以酿酒，可以制成粉条，我的乡亲们称之为“苕酒”，“苕粉”。

我从小就是吃苕长大的。山区水冷，虽然在向阳的山冲里可以种植水稻，但是，在不适宜种植水稻的山坡上，在一切适合于种植的星星点点的土壤里，红苕便默默地繁茂地生长起来。它的生命力格外的顽强，在我的印象中，没有看见谁去给旱地里的红苕浇水、施肥，甚至没有人愿意花费精力过多地眷顾它，好像它自己生长、自己成熟是天经地义的事情。在可以种植水稻的地方，农家将主要的精力放在伺候水稻上去了。我曾在江汉平原上种植过五年的水稻，我才知道水稻是一种多么难以伺候的粮食。那时我已经 18 岁了，正是身强力壮的年龄，从春耕到秋收，我们每天都为水稻而忙碌着。春天的时候，我们要为水稻准备秧田，水稻要先浸种，然后撒到秧田里，去育秧。秧苗长大了，是栽秧的季节了，

种植水稻的大田也犁好了，耙好了，用红花草或者是湖里的水草或者是其他的肥料打好底肥了，然后，在天还没有亮的时候，去秧田扯秧。坐在秧马上，将秧苗一把一把地扎好，挑到了大田里，一个一个地甩去。栽秧的都是妇女和女孩子，再有的就是男孩子和我们这样的知识青年。栽秧是一件多么辛苦的事情啊，从早晨一直到晚上，一直弯着腰，弯着腰，最后看天上的月亮，也是弯着腰，心想，月亮是不是也在栽秧啊？然后是大田护理了。灌溉啊，施肥啊，除草啊，除虫啊，一直忙到了秋天，又忙着收割，忙着将一捆一捆的水稻挑到稻场上，堆成谷垛，待水田全部收割完毕以后，再忙着打谷（将谷粒与稻秆分离）、脱粒（去掉谷壳将谷粒变成大米），最后，才是真正可以食用的大米了。我的这些叙述，还不包括天灾人祸。所以，我私下的认为，中国农民的辛苦，主要是稻农的辛苦，主要是稻农用最原始的农具，犁啊，耙啊，扁担啊，粪桶啊，镰刀啊，冲担啊，当然，还有耕牛啊，在一块一块布片似的水田里种植水稻的辛苦。主要是在一年要种植三季稻，最少是两季稻的地区，如此循环地辛苦三次或两次的辛苦。这样的辛苦，在风雨中，在烈日下，在泥水里，挥汗劳作的辛苦，是刻骨铭心的，比起那些什么都不用你去管的红苕，到了秋季你只管去扯掉苕藤，然后从土里挖出的红苕，水稻怎么不是最难伺候的粮食呢？

至于红苕，我真的不记得我曾经为它做了些什么。我唯一存在的记忆，就是挖红苕时的愉悦和欢欣。红苕藏在土壤里，藏在你一眼看不见的地方。然后你去挖掘，去发现，一个一个饱满的肥大的红苕，从土地里发掘出来，好像是在无意中挖掘到埋藏在土里的宝贝，好像是老天爷或者是大地慷慨的馈赠。那样一大堆结结实实的果实，像胖娃娃一样，从地下蹦了出来，那样一种发现的惊喜，那样一种收获的喜悦，结结实实的，沉甸甸的，也是刻骨铭心的啊。

红苕就这样在我的家乡，在茫茫的深山里，在贫瘠的坡地上，以不被人注意、不被人眷顾的方式，结结实实地生长着，默默无闻地繁衍着。就像那些山里的孩子，从来就不要大人去操心，大人也从来不去操心，他们被天照应着，被地照应着，被风照应着，被雨照应着，以最简单的生存方式，最自然的生长方式，结结实实地长大了。在这个广袤的世界上，城里的孩子更多像是农民精心伺候的水稻，用牛奶，用进口奶粉，用巧克力和麦当劳，用娃哈哈和健力宝，用蛋糕和饼干，用糖果和点心，用溺爱、迁就、放纵和温柔的管制，用填鸭和圈养的方式，娇娇地长大了。而农村的孩子，尤其是山里的孩子，则像山坡上的红苕，和山里的松杉一道，和竹林、山茶、桂花、杜鹃、茅草一道，和黄牛和水牛一道，和野兔、松鼠、猕猴、金钱豹一道，自然地长大了。我常常喜欢观察城里孩子和山里孩子的眼睛，即使他们穿着一样的衣裳，但是，我一眼就能将他们分辨出来。城里孩子的眼神是像水一样流动的，而山里孩子的眼神则是像山一样沉着的。城里孩子的心像莲藕一样，有好多好多的眼眼，而山里孩子的心则像红苕，用筷子也戳不出一个眼眼来。

在我的家乡，红苕不仅可以做粮食，而且，可以做逢年过节时送礼的礼物，春节时招待客人的点心。红苕晒干了，可以做苕干；切成片片了，用油一炸，可以做成苕片。讲究一点的人家，还在苕片上撒上芝麻，然后再下油锅。苕片枯枯的，脆脆的，十分爽口。在我的印象中，山里人过年互相走亲戚，苕干也好，苕片也好，都是用布袋子装的，不像城里人送礼，讲究的是包装，看起来金碧辉煌的盒子，打开来，也就是那么一点点月饼。山里人实在，要送就送一满满的实实在在的一袋子。那装苕干和苕片的布袋子，也就是苕干和苕片地方唯一包装，到时候还要带回家的。山里人恰恰不送包装。就像地里的红苕，用不着什么外壳。

城里人对于红苕的印象，也许是大街小巷里的烤红薯吧？北方人叫做烤红薯或者烤白薯，武汉人则叫“炕苕”。一个好大的炉子，里面烧的炭火，把红苕放进去，烤得绵绵的，粉粉的，香甜可口。常常是在冬天的早晨，赶着去上学，在街头，或者是学校的大门口，挑一个大大的炕苕，热乎乎的，还十分烫手，女孩子用手帕包了，先做一个暖手的“暖炉”；男孩子则用双手轮换颠簸着，暖暖冻僵了的手，再一点一点地当了早餐。

沉甸甸的红苕，实在是太实在了。于是，人们常常就用它来比喻那些实心眼的人，老实人，办事做人实实在在的人，不会要滑头、使心眼的人。在武汉，则更多的成为一个贬义词，成为“傻”“傻瓜”的符号和象征。老老实实的人，实心眼的人，被称为“苕”“苕货”。张三和李四上学迟到了，老师问：怎么迟到了啊？张三心眼多，马上就撒谎说，路上看见一个盲人，自己学雷锋做好事，把盲人送回家了。哦，老师不但不批评，相反还表扬张三。李四呢，老老实实说实话，说是家里的闹钟坏了，自己起床晚了。老师当然就狠狠地训了李四。李四不会撒谎，李四就是个“苕货”。乘车的时候，张三不想买票，撒谎说自己的月票掉了，或者说被小偷偷走了。李四则老老实实买票，李四就成了“苕货”。领导要大家给自己提意见，张三就说：我对领导有意见！你对工作太认真了！太不注意身体了！希望领导一定要注意身体哦！领导听了非常的开心，很诚恳地接受了张三的意见。李四呢？就实话实说，说去年大家提的意见，领导一点也没有改进，是不是先把去年大家提的意见落实了？领导口里说，那是那是，结果，张三被领导一再提拔，而李四始终还是个群众，那么，李四就成了“苕货”。

我从小就被人喊着“苕货”，至今仍然是一个“苕货”。我从来不忌讳别人称呼我为“苕货”，当然，也不会因为别人公开和暗地里称我“苕货”而生气。近年来，常常有人要我去题字，我就开玩笑地写上“苕货”

二字，没想到有许多的朋友，竟然都喜欢上了这样的题字，竟然托人来求我的“苕货”二字。看来，生长在土壤里的“苕货”，不只我一人呢；喜欢“苕货”的人，真是不少呢。因此，如果要我选择一种果实作为图腾，我还是会选择实实在在的红苕。果实不相信谎言和花招，果实也不相信口蜜腹剑的虚伪和钩心斗角的阴谋。果实相信的，都是实实在在的东西，实实在在的土壤，实实在在的种子，实实在在的阳光和雨露，实实在在的萌芽和生长。一个将实实在在视为美德的人，是会收获实实在在的果实的。而将实实在在当作“傻瓜”的，最终会成为最大的傻瓜。

其实，褒也好，贬也好，赞美也好，嘲笑也好，对于红苕来说，都是山林间匆匆来去的风。它依然按照自己的意愿在山里默默地生长着，依然愉快地自然而本色地结出一种叫红苕的沉甸甸的果实。

【读写提示】

物理距离与心理距离

（一）

我们现在来讲讲《回家》这篇文章。开篇，如果作者未能描绘家门口的画面，那么，后文中的重点情节就很难成立，至于画面感是清淡素雅，还是浓墨重彩，那要看文章情节发展的需要。现在看来，作者所用应该是浓墨重彩了，看上去就像一幅油画，故乡的景色和熟悉的人物深深地叠印在你的脑海。

这一堂课我们要认识的是关于听觉的作用及其美感。

我们先来看标题。可以这样说，文章标题本身已经给我们营造了听觉世界，我们或者可以以呼应的形式来架构一个故事，或者通篇并没有听觉的激情闪现，但你能从字里行间嗅闻到“呼唤”的味道。

（二）

故事中所有的呼唤是在情感被物理距离逐渐拉长的情况下出现的。什么是物理距离？就是实际产生的远近距离，而心理距离则是人与人之间在感情上或心理上的距离。

请看本文，作者是不是不断地拉开了“我”和母亲之间的物理距离呢？回答当然是肯定的。如果按照我们的常规写作套路，可能会制造一些物理距离，但往往一笔带过，或者即便是停留一下，也可能是轻描淡写。这样，不仅文章写不长，而且很可能没有重点，也缺乏情感的力度和温度。

作者在构思时已经注意到了这个问题，也就是说他一定要在物理距离上下点功夫，营造一种“我”和母亲的实际距离相对远一点的环境背景。牛铃声此起彼伏，在晨曦中应和，山中该有多少牛铃声在响，很多很多，母亲却准确无误地找到了我。此处并没有详写呼唤，却通过对牛铃的描写，表达了牛铃声音传达到母亲耳朵里的细节，也就是从侧面描写了这种呼唤。

另一方面，与这种表达相对应的，是正面描写母亲的呼唤。当“我”生病时，母亲轻轻地呼唤“我”，要“我”喝茶，“我”不愿喝，母亲就等候着，等了一段时间就再一次地呼唤。

前面写的是牛铃的呼唤，此处写的是母亲的呼唤，无论哪一种呼唤，都和母子之间的情感密切相关，一个是物理距离拉长使心理距离拉近，另一个是物理距离和心理距离都很近，但因为“我”的“抗拒”，而使心理距离变得遥远，于是情感的浪潮倏忽间掀起来，于是读者柔软的内心也被揪动，在感觉上，在情绪上，与母亲产生共鸣。

（三）

我们接下来感受到的是另外一种呼唤，是正面的激烈而高扬的描写。这和前面的描写相互呼应，相得益彰。

这一部分写的是作者母亲举着火把在山里为儿子招魂的情景。这段描写，从某种程度上说，考验了作家的艺术功夫。也就是说，我们作为读者，对作者的要求是，既不能轻描淡写，更不能浅尝辄止，必须不重蹈前述行走的车辙，还必须让故事高潮的到来富有惊涛骇浪般的激情，但一定不能空喊口号，而是让你笔走龙蛇般地游走在暗黑的、幽深的山中，让每一个细节凸显命运的跌宕，凸显情感的浪花。

“母亲的呼唤仿佛还在山谷中回响”——这段虚写承担了两个任务，其一是怀念母亲，二是呼应故事前面部分母亲的每一个呼唤，从而构成如下几个特色：画龙点睛；使故事前后圆润，浑然一体，结构严谨；表达有力，情感更加强烈。

用听觉营造真实的空间感，用母亲的呼唤声不断地呼应，一方面使空间感得以增强，另一方面能使故事圆润饱满，结构严谨。

第3堂课

城　市

一个人的解放

说起解放公园，应该是此生有缘了。从20世纪的80年代起，我就调到武汉市文联工作，单位的地址，就在解放公园路。那时，我还住在汉口的长堤街，每天上班下班，都要骑车经过解放公园。但路过的多，进去的少。岁月匆匆，我感觉深刻的，倒不是解放公园，而是它大门前的解放公园路。那是武汉市最美的一条马路。尤其是炎炎夏日，马路两边高大的法国梧桐，在高空相互携手，连接成拱形的林荫大道，遮蔽了酷暑火球的焦烤。一进解放公园路，便觉阴凉清爽，暑汗渐消，顿有心旷神怡之快。而进深秋，黄叶纷飞，风渐肥而雨渐瘦，空旷树廊，路湿人稀，漫步街头，便如同漫步在印象派的油画和《秋日的私语》的钢琴曲之中，那样一种宁静、疏朗、空寂的感觉，诗意而惆怅。那时我在文学月刊芳草当编辑，主编是作家杨书案，他的家就住在文联宿舍。他说，每天晚上，都要和妻子围着解放公园散步一圈。我想，那是多么幸福的事情啊。

也许是因为偏僻的缘故，解放公园给我的印象便是清静。中山公园地处闹市，多少年来，一直是武汉的窗口，是武汉公园的形象代表。因此，一到节假日，中山公园便像个大集市，热闹非凡。而凑热闹和跟风扎堆，恰恰是武汉市民的文化性格。相比之下，解放公园的名气和人气，都在中山公园之后，而且，它温和而宽容，自甘寂寞和宁静，全无“既生亮何生瑜”的焦虑和郁闷，于是，便赚得个清爽和宁静，给喜欢清爽宁静的游客一个怡情养心的空间，一个欣赏公园本色的样本。这是多么好的事情呢。

我对解放公园的喜爱，也恰恰是这样一个原因。我固执地认为，“公园”和“广场”“集市”，是有本质的区别的。公园之于城市，尤其是都市，不仅仅是绿化，不仅仅是休闲，而是一个城市生命的呼吸，生命的通道，是一个喧嚣的钢筋水泥的城市安妥灵魂的地方。这样的地方，自然是应该清静的，是属于清风明月，小桥流水的，是让人在清静的大自然中呼吸水气与花香，放松生命紧绷绷的弓弦的。热闹与喧嚣不是公园的本色，让公园变成集市和广场，不是城市和公园的骄傲，恰恰相反，是城市和公园的耻辱。

我去解放公园，便是选择它的自然与清静去的。公园里有多少景点，有哪些布局，都和我无关，或者说，不是我所关心的。我要的就是一整园的自然和朴素，一整园的清爽和宁静。我喜欢它弯弯的小河，河上的石桥，偶尔有一两只游船，缓缓从河岸的柳丝中滑过，而不是像下饺子似的，将一湖碧水煮成了糊汤。我喜欢它高高的笔直的俊朗的水杉林，包括成群结队的鸟儿晨跃晚归的灵动与兴奋。我喜欢它很少有人践踏和打滚的草地，很自由地快乐着，舒展着。我还喜欢在夏日的清晨或者傍晚，不知从哪里传来的蛙鸣，呱，呱，呱的，很节制，很寻觅的，晨雾和暮色被它的声音撞得一抖一抖的。此外，我还要说，我喜欢它最宁静的地方，苏联空军烈士墓。我常常无言地坐在那里，什么都不想，就只静静地坐着。我不知道这些烈士的名字，以及他们的家乡何处。解放公园名称的内涵，应该和他们的牺牲有关吧？很多年前，《武汉青年报》的摄影记者黎德利拍摄过一幅动人心魄的作品：苏军烈士墓前，一男一女相对的腿。德利没有展示青年男女的上半身，而是让女孩子的脚尖高高的踮起，给人无限想象的空间。他们是在拥抱吗？是在接吻吗？照片中都没有交代，而是命名为《战争与和平》。

是不是我的生命中注定要和解放公园有缘呢？ 1989 年，我因心脏病第一次住院。困扰我的是心律不齐，室性早搏。此后的八年中，我先后三次住院，我最美好最重要的生命时段，就消耗在因病而产生的困扰、折磨和痛苦之中。第三次出院后，我下决心在写作上“休耕”一年，摆脱一切杂务和干扰，潜心调理自己的身心。我的家虽然离解放公园尚有几站路，但仍然是我安妥灵魂的首选了。每天的黎明时分，天还没有亮透，我就骑车到了解放公园。现在的公园，早晨是属于老年人的，晚上是属于年轻人的，这真是个有趣的现象。我就这样融入了晨练的人群中，到公园来吸取生命的能量。我的目的地，是一棵大松树。在我的冥想中，我和树是彼此的前世今生。我不跑，不走，也不舞枪弄棒。我就在树下练功，静静的，进入纤尘不染的纯净世界，让灵魂从重负、压迫、束缚、创伤中解放出来，如野花一样在清风中自由地开放，如青草一样在原野上顽强地生长，与天地万物同呼吸共命运，让生命找回自己，找回本我，并且沿着它自己的轨道不受干扰地运行。

半年过去了。我和公园渐渐地有了感情。一天不去，就像少了什么似的，浑身上下就觉得不舒服。那些树，那些草，那些花和流水，那些阳光和月色，也熟悉了我，喜欢了我，将我视为了同类、朋友和亲人。我觉得自己渐渐的有力量了，渐渐的轻松了，渐渐地有了飞翔的欲望了。我将一个旧我，一个沉重的壳，留在解放公园了。一个新我黑土地上春笋般地长了出来。我有一种新生的愉悦与畅快，一种解放的安宁与温馨。

我在解放公园获得了一次解放。这是一个人的解放，一个生命的解放，一个灵魂的解放。

现在，我又很少去解放公园了。我又开始满世界的忙碌和奔波。如果说解放公园是一个窝，一个巢，一个摇篮，一个生命的起始点，那么，一只渴望飞翔的鹰是不可能成天待在鹰巢里的。而且，一个人对一个地方的喜爱和珍惜，是不能用简单的数量作为衡量标准的。就像故乡，故土，老屋傍晚的炊烟，远行时母亲送别儿女含泪的目光，以及在晨风中飘动的白发，是不可能日日复制的。它会成为生命的底色，永远地沉淀在我们的忆恋中。

择水而居

武汉又早早地陷入了高温之中了。还是大清早呢，天上地下就白晃晃的一片热光了。躲在钢筋水泥的笼子里，朝窗外望去，四周全是拥挤的钢筋水泥的笼子，眼前唯一的绿色，仅是对面高楼防盗网中一点点的盆景，那纤柔的叶片也被烈日晒得蔫蔫的了。

常常在这样的时刻，我便强烈地想起了江河，想起了湖泊，想起了绿莹莹的湖水，想起了清凉凉的湖风。

要是居住在水边，尤其是湖畔，那该有多好呢？是的，太阳还是照样的晒，高温还是照样的横，但是，眼前波动的，毕竟是水了，是绿了，是滋润着生命的水和绿了，是与生命融为一体的大自然了。而在一个人口密集、高楼林立的现代化大都市里，自然与湖泊，自然的湖泊，是比金子还要珍贵的啊！

是的，生命是离不开水的，严格地说来，我们赖以生存的地球，其实是一个水球。地球上所有的生命，都是从水中开始孕育的。因此，当人类走出了森林，走出了洞穴，开始建造最原始的房屋，他们唯一的选择，就是择水而居。现代考古学所发掘的人类最早的城市遗址，是中东地区的古耶律哥民居，这片万年以前的民居，就聚集在约旦河谷。中国新石器时期的村落遗址，是位于西安东郊的产河东侧的半坡村遗址，开阔的河滩台地，是我们的先祖农耕与渔猎的好处所。而与半坡村同时期的许许多多的古代民居遗址，基本上都分布在黄河与长江以及江河湖泊的两畔或周围，即使是古代干旱高原地区的生土建筑，例如距今四五千年的内蒙古凉城境内的原始社会土窑群落，其面对的，也是称为岱海的浩瀚湖泊。

一座座房屋，一片片民居，一个个城镇，全都选择在江之畔，河之畔，湖之畔，溪之畔，以及一切近水之地。择水而居，其实是生命繁衍的选择，是人类生存发展的选择啊。

我们的祖先就这样“在水一方”生活着，劳作着，爱恋着，争斗着。“关关雎鸠，在河之洲，窈窕淑女，君子好逑”，那是河边的相思吗？“君住江之头，我住江之尾”，哪怕相隔千万里，可是“共饮一江水”，水便传递了相思，成为古代的“伊妹儿”了呢。“窗含西岭千秋雪，门泊东吴万里船”，一江春水，给了一生颠沛流离的杜甫多少愉悦呢？“明月松间照，清泉石上流”，那是王维的宁静与闲情。柔情似水，心静如水，愁与仇又何尝不是如水呢？“问君能有许多愁？恰似一江春水向东流”，那是永远没有终点的愁绪；“风萧萧兮易水寒，壮士一去兮不复还”，那是舍生取义的悲壮的复仇。“大江东去，浪淘尽，千古风流人物”，那是东坡的豪放；“杨柳岸，晓风残月，”那是柳永的婉约……水不仅滋润着人类的生命，更滋润着人类的情感，滋润着人类的艺术创造，滋润着人类的文明。所以，新中国流传最广的一首歌，唱的就是“择水而居”：“我家就在岸上住，听惯了艄公的号子，看惯了船上的白帆”。

我这一辈子，也与水结了缘。生在江城，长在江城，就不用说了；我下乡是在湖区，大学毕业工作，也是在湖区。我的第一本小说集，叫《湖畔静悄悄》；第二本小说集，叫《长江的童话》；我的诗集，叫《帆影》；我现在居住的小区，叫“荷花苑”。遗憾的是，小区空有其名，而无其实：四周全是干巴巴的钢筋水泥笼子，连水沟也看不见，哪里来的荷花呢？

然而我仍然向往着，梦想着，有朝一日，能在湖畔结庐而居，在清凌凌的湖畔，安妥我的灵魂。那是一个小小的院落，坐落在绿莹莹的湖畔。在绿树与竹林的掩隐中，是一栋平房，或者两层楼的楼房。墙上也许有绿色的爬墙虎，但二楼一定要有落地的玻璃窗，面对着水天一色的湖面。那应该是我的书房，宽敞而明亮，坐在窗前，看落霞与孤鹜齐飞，秋水共长天一色，心中该有多少诗情涌动呢？有朋自远方来，或垂钓于湖边，或放舟于湖上，夕阳西下，明月初升，清风徐来，凉气沁心，或把酒，或抚萧，或笑谈，或放歌。有鱼泼刺跃起，由它去也；无心飘进荷丛，且留清香。一个浪漫的总是充满激情与梦想、充满勃勃生命力与创造力的善良而忠厚的生命，一个也因此总是遭受偏见、误解、打击、诬陷、嫉妒、压制的伤痕累累的生命，应该有一湖清水来洗涤跋涉的尘土以及暗箭洞穿的伤口了。经历了人生的坎坷与磨难，应该有一湖清香来慰藉疲惫的灵魂了。如此全身心地融入自然，回归自然，安妥的不仅仅是肉身，而是心灵啊。

那么，就让这样的梦去旅行、去寻觅好了。不用远行，就在武汉的湖畔飞翔好了。也许有一天，它会落下地来，然后萌芽，生长，长出一栋梦之居来，在清凌凌的水边，在绿莹莹的湖畔。

我与归元

对归元寺最初的印象，应该是我10周岁的时候。母亲带我到归元寺去数罗汉。我依稀地记得，那天穿了新衣，走了好远的路，进了寺院，便到放生池去放生。那是一只小乌龟，怯怯地伸出头来，又赶紧缩了回去。我已经跟它玩熟了，就有些舍不得。母亲说，它也有妈妈，它也要回家，就放了吧。母亲是善良了一辈子的，她除了给我生命，唯一给我的，就是善良。我说好吧。我就将小乌龟放了。我记得池水很绿，是那种深深的绿。小乌龟沉进水里，很快就不见了。就在我担心它的时候，它突然浮出了水面，伸出头来，母亲说，快看啊，快看啊，它在对你点头，向你致谢呢。

放了生，然后就是数罗汉。那是武汉的风俗，小孩过生日，尤其是做十岁，都要到归元寺数罗汉的，随意找一尊罗汉，然后顺着数过去，如果是10岁，就数10尊，再看第十尊是什么罗汉。这尊罗汉便预示了你的命运。那天我究竟数到了什么样的罗汉，已经记不清了。但是，归元寺的庄严与神秘，给我留下了深刻的印象。

以后的岁月里，我就经常去归元寺了。有时是节假日，有时是陪外地朋友来参观，也有的时候，是亲朋好友生病了，有麻烦了，我便到归元寺，为他们祈福，求菩萨保佑。我为亲友们祈福，并不是受了他们的委托，我甚至永远不会去告诉他们，我到归元寺来求菩萨保佑他们了。我的心中有了他们，惦记了他们，真心地希望他们健康、顺利、吉祥、如意，我就来归元寺了。因为我的心引导了我，我的情引导了我，我的善根引导了我，九九归元，是归元寺在冥冥之中引导了我。

在我的心目中，归元寺不仅仅只是一个旅游景点，也不仅仅是一座普通的寺庙。在它漫长的历史中，它始终与武汉同甘苦，共命运，它是武汉历史中不可分割的一部分，或者说，它是武汉生命中不可缺少的生命，是武汉人最可信赖的精神家园。它的佛光自然是恩泽四方，如同它身边的长江与汉水，养育了中华民族，以及灿烂的中华文明。但是，作为一个武汉人，我仍然感到归元寺有着家一样的亲切感。你的愿望与追求可以向它表达；你的烦恼与痛苦可以向它倾诉；你的心事与隐秘可以向它私语，你的悔恨与罪孽可以向它忏悔。是的，归元寺当然是佛家重镇，但是它敞开胸怀拥抱的，它遍撒甘露恩泽的，不仅仅是佛家弟子，而是普天下的芸芸众生。前来参观者，迹到也。前来祈福者，愿到也。有所敬畏者，人到也。有所顿悟者，心到也。觉悟而欢喜者，缘到也。觉悟而亲切，如归家者，归元到也。

20世纪的90年代中期，我大病初愈。出院后，决心“休耕”，静养身心。有朋友信佛，且是昌明大师的俗家弟子，第一次见我，就一愣，说见过见过，你不记得了？我和你五百年前是师兄弟啊。于是相谈甚洽，立即约我去拜见昌明大师。我和昌明大师都是政协委员，常在会议上见过，相互微笑致意，便过去了。但在归元寺，与昌明大师面对面的请教，尚属首次。昌明大师仍然那样的微笑，幽默，谈文学，谈创作，谈书法，谈佛经，令我有如沐春风之感。临别时，又送水果，又送书籍。朋友惊讶说，昌明大师从来没有谈这么长的时间的。我说时间长吗？我怎么没有感觉到呢？归元者，归真也，超生灭之界，还归于真寂本源也。聆听教诲而归真之际，又何有时间之羁绊耶？

如今的归元寺，又重新扩建了。九月十九，观音菩萨诞辰，归元寺举办盛大的金秋祈福节。新建的广场彩旗飘舞，梵乐环绕，海众云集，龙天欢喜。我应邀参加，十分高兴。我没有觉得我是客人，也没有觉得我是过客。我再次来到放生池，见到许许多多的龟正聚集在莲花瓣上，仰首晒背。我又想起我10岁的时候来这里放龟的情景。我不知道那只小龟哪里去了，但我相信，池中那只最大的石龟，还有佛家寺院里托碑的石龟，一定就是它变的。而那个10岁的男孩子，又何曾离开过？他的肉身在世上行走，而他的灵魂，则一直在慈航的途中。

【读写提示】

呼应的作用与点染的效果

（一）

怎样写一个游览景点？

很多同学都有过到某处游玩后写游记的经历，看上去写游记并不费力，有的同学甚至说，这有什么，不就是把你看到的景物写出来吗？如果那样写的话，文章会显得臃肿、肥厚，什么都说了，却走马观花，蜻蜓点水，这样的游记作文，既毫无创新意义可言，又落了俗套。

我们所需要的有阅读价值的游记作文，应该说具备如下特色：

它不是面面俱到，不是平铺直叙，不是烦琐到事无巨细，而是择其重点，细致描绘，详略得当，虚实相生。

这一组散文中的《我与归元寺》《一个人的解放》就符合上述原则。

先说《我与归元寺》。

既然文题中有“我”，那么故事中“我”的情感，就应该渗透进“我”的所见所闻中，而且，具体的佛家寺庙的描述，则就更应该从“我”的笔端流泻出一种虔敬的味道。由此我联想到，我们的写作，也应该有一种宗教般的情感和情怀，做到心无旁骛，凝神静气，全神贯注。

只有这样，你才能够遴选出你所认为的最值得一写的一些情感细节。

（二）

作者撰写本文的时间，应该是成年以后，但却为什么从童年时代开始写起呢？如果仅仅撰写彼时彼地，文本就会显得单薄，而通过想象与联想，故事就会生动起来，丰富起来，厚重起来，更为重要的是，文章因此富有了层次感，这个层次感很重要，它能让你的文章远离单薄和简陋，更接近于丰满。

从构思上分析，开篇，作者写了过往的放生经历，这是进入寺院的联想所致，这种联想，有地缘的关系，更重要的是，还有心灵体验的关系。应该关注的是母亲说乌龟在向“我”点头这一细节。这一段富有童趣的话语直接导致了“我”对于自己生命之外的物体的神通之意，以及向往、融合之情，因此也为后文中数罗汉的富有民俗风情游戏的活动奠定了情感基础。

以上两处人对于物（活的动物、静止的物体）的膜拜式情感倾注、层层递进式情感升华，极大地丰富了文章的情感描绘。这里的情感描绘，不是空口白说，而是抓住“精神家园”这几个字，拓展它的实际内涵，以及它所蕴含着的丰富的情感养分。

关于会见昌明大师，文章用墨不多，却富有深刻的、虔诚的敬畏的意味。这一小段，作者也采用了想象与联想，亦即由此刻的时空，与彼时的时空相互交织，从而达到了虚实相生的效果，回想当年是虚，摹写当下是实，形成强烈的对比效果，及其渲染烘托的作用，也就是说，通过两次相见及其细节描写，渲染和烘托了昌明大师在“我”的心目中的崇高地位，以及“我”的心灵可能会变得更加澄澈的终极原因。不仅如此，描写会见场景的文字的层次感也会更加被强化，从而具有了情感的重量、心灵感悟的质量。

（三）

《一个人的解放》也具有上述特色。

按理说，一个公园，有很多值得一写的东西。当然，老师会告诉我们，写你最为感兴趣的那一个景点。

但问题来了，哪一个景点更能让我心有所动呢？

作者并没有刻意描写某一个景点的特别之处，在作者笔下，似乎并没有什么具体的景色，似乎每一个景色都沉淀在作者笔下的字里行间，因此看上去关于景点的描写，并没有什么生动之处。

但是，当你跟着作者的笔触慢慢游走的时候，是不是渐渐地感觉到一种静谧的味道扑面而来，有一种身临其境的感觉呢？

本文中，作者以自身的体验和实地观察，以对比手法，营造了不同于另一种地方的氛围和情调，即以中山公园的热闹与人气，对比解放公园的僻静与清爽。

（四）

本文中最为让人心动的，是对摄影作品《战争与和平》的点染，作者用这幅摄影作品来点明一种情感，然后以对逝去的生命的祭奠、现实空间的祥和与温馨来烘托渲染生命存在的意义。这幅照片并不是孤立的存在，它的画面语言，拓展了我们对于“解放”两个字的想象空间，以及它的深厚内涵。如果我们抽去这幅摄影作品，那么，文章就会失却厚重感和历史的纵深感，所谓解放公园，就有可能只剩下它的自然景观和没有分量的外壳。

由此可见，当我们构思一个景观时，我们必须充分利用这个景观中的特色及其内涵，让文章所涉及的所有景色都氤氲着人文的色彩，而不仅仅停留于自然景观的生硬解读。

第4堂课

成 长

红麦田

我还记得第一次阅读安徒生童话时的情景。那是一个寒冷的冬夜，雪花无声地飘落在汉口古老而幽深的小巷里。一个中国小男孩被一个丹麦小女孩的故事深深地感动了，他的眼中盈满了无言的泪花。他真想问问那个姓“安”的叔叔，小女孩的火柴卖完了吗？那天晚上他做了一个梦，梦见一大片红色的麦田，他看见每一粒麦穗都是一粒金色的火星，他想，那是卖火柴的小女孩点燃的吧。

后来那个小男孩一天一天地长大了，长成了一个长着大胡子的大男孩。后来那粒红色的麦子在他的心田播种了，长出了一片一片红色的麦田。长胡子的大男孩成为麦田的耕耘者，麦田的守望者。他常常顶着烈日冒着风雨在原野上默默地劳作。麦田的劳作不是舞蹈，不是流行歌曲，没有人愿意在阳光下长久地注视一片滚动着汗珠的背脊。有时他累了，他坐在长着野草和蒲公英的田垄上，听见远处有锣鼓和唢呐声悠悠地飘来。他知道又有一个伙伴披着红，挂着彩，被掌声簇拥着，抬上戏台了。他情不自禁地站了起来，向那热闹处走去。是啊，守望着麦田毕竟是太寂寞了。青春的麦苗无语。它们饥渴时需要雨水，然后那雨水就来了，它们高兴地吸吮着，但它们没想到也记不住是哪一片云彩下的雨。守望者挥了挥自己强壮的胳膊，好像要和谁比试比试似的。这时他突然又听见一阵锣鼓和唢呐声，又一个伙伴披着红，挂着彩，被掌声簇拥着，抬上戏台了。戏台现在需要南瓜呢，那位种冬瓜的伙伴便被冷落了。他看见冬瓜愤愤地朝瓜田里走去，发誓要种一个更大的南瓜。

麦田的守望者这时站住了。他看见西瓜又像吹气球一般地长得浑圆。

又有目光移向绿皮黑纹的西瓜了。那么冬瓜是否又要愤愤地拔掉南瓜苗苗呢?

麦田的守望者转过身来。他看见许多滚动着汗珠的背脊，承载着阳光和风雨，在江南的稻田和棉田里，在北方的青纱帐和高粱大豆地里，在茫茫深山中那一小片一小片挂在白云间的坡地里，在湖的荡漾与海的咸涩里，无声地此起彼伏。在这个广漠的世界上，他并不孤独。如同浩瀚的苍穹，每一颗星星都在自己独特的轨道上运行、闪烁。披红与挂彩，包装与作秀，都不过是过眼烟云。只有这片红麦田是永恒的，只有阳光下的麦粒是永恒的。

麦田的守望者又弯下腰来。他闻到了泥土的气息与麦苗的清香。他又想起了那个姓“安”的叔叔，想起了那个卖火柴的小女孩，想起了那神圣的永不熄灭的火种。他再一次拷问自己的灵魂：当变幻不定的风与潮刮来涌去时，你心中的火种还会萌芽、生长，然后于寂寞中长成一片红麦田吗?

一棵树也是一片风景

我常常想起书桌旁的那棵小树。

那是一棵法国梧桐，长在我宿舍里的书桌旁。那时我正在一所中学当“乡村男教师”，我的宿舍阴暗而又潮湿。我的门前我的窗前都摇曳着树的倩影，其中有一株便是法国梧桐。

那棵小树便是它的孩子吧？风儿将树种吹进我的房间，竟然有粒种子从潮湿的砖缝里擎起一面绿色的旗帜。房间里缺少阳光缺少雨露缺少树与树之间亲昵或调皮的絮语，然而它却一天天长大，长得和书桌一般高，长成一片美丽的风景。

是的，一棵树也是一片风景。它具有风景最珍贵的内涵，那就是独立的品格，以及顽强的生命力。有时候，一棵树比一杂乱的丛林更具有审美价值，例如诗人曾卓笔下的“悬崖边的树”，虽然眼看就要坠进深渊，却又像鹰一样展翅飞翔。

我想起俄罗斯抒情诗人叶赛宁的《白桦》：“在我的窗下 / 有一棵白桦 / 银子般的白雪 / 盖满了枝丫。”“白桦挺立着 / 笼罩梦样的寂静 / 雪花燃烧着 / 在金色的火中。”

我想记了日本画家、散文家东山魁夷的《一片树叶》：“我注视着院子里的树木，更准确地说，是在凝望枝头上的一片树叶。而今，它泛着美丽的绿色，在夏日的阳光里闪耀着光辉。”在东山魁夷的眼里，不仅仅是一棵树，连一片树叶也是美丽的风景，也给予我们生命的启示。

是的，独生子女也是一棵树，应该是一片朝气蓬勃的风景。独生从来就不等于孤独或孤立，相反，他与独立天生结缘。独立地直面人生，独立地拥抱生活，独立地长成伟岸与高大，去擎起蓝天白云，让朝阳与明月在枝头开花结果。同时，一棵树也应拥有一片森林的胸怀与品格，对于一棵独立的树苗，孤僻、冷傲、自卑与唯我独尊从来就是致命的害虫。

好美的一棵树。好大一棵树。

画一圈属于自己的年轮

农历春节伴着雪花翩翩而至了。虽然还有寒风，虽然还有冷雨，但春天已像小鸡啄破蛋壳一般活泼泼地孵化出来了。

小草正在雪被下孕育着春的梦，小树又悄悄地增加了一圈年轮。那么你呢，少年朋友，你准备怎样和新的一年对话呢？你准备以什么为“圆心”，以什么为“半径”，画一圈属于自己的“年轮”呢？

也许你会说，我有属于自己的年轮吗？看看以前的年轮吧，哪一圈不是以家长为圆心，以老师为圆心，以做不完的作业、考不完的试为半径，画一圈疲惫与无奈的圆呢？

是的，你说的是心里话，你说的是大实话。曾经在很长很长的时间里，学校施行的是一种“应试教育”，就是说，“高考”“中考”成为整个教育的圆心，学校的教和学，都得围着考试这个指挥棒转；现在的家庭，大多只有一个孩子，爸爸妈妈爷爷奶奶外公外婆围着一个孩子转，实际上还是被考试、被应试教育牵着鼻子转。“考，考，老师的法宝”“分，分，学生的命根”，在升学考试的压力下，各科教师争着给学生复习、布置作业，家长们忙着给孩子请家教、上培优班、买营养品，而且“爱你没商量”，没有星期天，没有节假日，不准看电视，不准看课外书籍……这样一种残酷的“爱”，这样一种无可奈何的“爱”，剥夺了多少孩子应该享有的快乐：游戏的快乐，运动的快乐，阅读的快乐，视听的快乐，与大自然融为一体的快乐，野外考察与探险的快乐，科学实验与创造的快乐，沉醉于艺术世界审美的快乐……学校成为一部部“考试机器”，如同“烤箱”一般，将学生烤成一个个呆头呆脑的面包，而家庭则配合学校，在面包上涂上一层层奶油。

哪里还有“我的童年”？哪里还有“我的少年”？哪里还有以“我”为“圆心”画的“年轮”啊？！

但是春天仍然来了，春天仍然不可阻挡地来了。

在信息化与互联网的时代，学校教育正在发生深刻地变化。越来越多的学校，越来越多的老师和家长，已经认识到，教育改革已经是不可阻挡的春潮了。一个正在崛起的中国，一个正在迎接历史性挑战的中国，倘若再以“应试教育”为圆心，断送的不仅仅是一代代孩子的童年和青春，而是整个国家历史性的停滞。现在，是迎接“素质教育”“创新教育”的春天，迎接把升大学的“独木桥”拓宽变成现代化人才成长的“立交桥”的春天的时候了；是迎接学生在德、智、体等方面生动、活泼、主动、全面发展的春天的时候了。

我们不再是、再也不能是汪洋题海里的小木船；不再是、再也不能是笼中圈养的呆鸟；不再是、再也不能是老师、家长裤腰带上的钥匙串或脖子上的缀物。我们应该拥有自己的蓝天，应该拥有自己的大海，应该拥有自己的生命空间和生活空间。学习应该成为一种乐趣，一种在知识的海洋里学会了游泳、学会了冲浪、学会了扬帆远航的乐趣。学习应该成为我们自身的需要——是为了自己的将来而学习，而不是为了老师的合格率、升学率和家长的面子去学习。这样的学习便会成为一种自觉，这样的学习才会使人感到轻松——不是无所事事、慵懒空虚的“轻松”，而是卸掉了许多曾无谓浪费时间浪费生命的包袱后的轻松，是心灵的真正放松，是将命运的舵轮掌握在自己的手中的轻松。

以自我主动的学习为圆心，以创新素质教育为半径，画一圈属于自己的年轮，该是多么好啊！

那么，就以此作为我们的春节祝福吧！

脑袋应长在谁的肩膀上

说起来是前几年的事情了。我到一个学校给爱好文学的同学们讲课。那时正流行汪国真，因此当我问他们喜爱谁的诗时，大家不约而同地说喜欢汪国真。我当过老师，我对学生这种齐声回答总是心存疑问，于是我请读过汪国真诗集的同学举起手来。结果汪国真的喜爱者们面面相觑，只有几个人犹豫地举了手。于是我又问那些没读过汪国真的诗的同学为什么喜欢汪国真时，一个还算爽直的女同学说，是因为听别人说汪国真的诗蛮好，要是自己说不喜欢，就显得蛮“掉底子”。

“掉底子”是武汉方言，犹如北方的“丢份儿”一样，是丢脸的意思。由此看来，那天听课的同学中大部分没读过汪国真的诗，却因为汪国真那时正时髦着，于是怕“掉底子”而随众说自己也喜欢。

这样一种盲目的随众，盲目的爱憎，实在是一件很危险的事情。犹如自己的脑袋长在别人的肩膀上，自己的思想被别人所操纵或左右，人云亦云，随声附和，不仅是一种愚昧的表现，而且是许多悲剧衍生的温床。20世纪30年代上海的影星阮玲玉为谣言所杀，便是一例。那些茶余饭后津津乐道的传谣者，想没想到自己成了谋杀者的帮凶呢？

让脑袋长在自己的肩膀上，用自己的眼睛去看世界，是一个人成熟的标志。马克思最喜爱的格言便是“走自己的路，让别人去说吧”。著名学者李泽厚先生，就曾为自己的一本书题名为《走我自己的路》。李先生说：“我不喜欢人云亦云的东西。”他还谈到自己的青年时代，在大量的“阅读与比较中”，“逐渐培养和增强了判断是非和独立思考的能力”。在这里，“比较”很重要，正因为有了比较，才有了属于自己的选择。于是才能“坚守自己的信念，沉默顽固地走自己认为应该走的路。毁誉无动于衷，荣辱在所不计”。李先生的这番话，的确是值得我们深思的。

其实，中国老百姓对于坚持自己的独立见解与独特个性，有一个形象的比喻，叫作“萝卜青菜，各有所爱”。在当今“水货”泛滥之际，不赶时髦，独立地比较鉴别选择就显得尤为的重要。对于“水货商品”应持此观，对于“水货明星”亦应持此观。一个人的名声与其真正的成就并不是成正比的，人为的“炒”或“爆”都只是历史的泡沫。那些“大众情人”往往是最寂寞者，这便应了草原上的一句谚语：“如果每个人都是你的朋友，就意味着你没有一个朋友。”

红烧肉的感觉

在我的生命中，中学时代无疑是一个黄金时代。

不仅仅因为我一直都是学生干部：读初一时就是班主席，同时担任学生会的学习部长；读初三时，又当选为学生会主席。也不仅仅因为我的学习成绩几乎都是全优：三年的考试中，除了一次生物考了 79 分以外，其余的成绩都在 80 分以上，有的成绩一直是名列前茅。现在回想起来，中学时代值得我留恋的，是因为我的生命是在一个相对宽松的学习环境中吸收着雨露阳光而自由地生长、全面地发展的。我的文学梦，也是在中学时代开始了萌芽。

我读中学是在“文革”的前夕。那时的中学生，还没有遭遇应试教育的重压。老师布置的作业不是很多，而丰富多彩的课外活动却不少。学校和班级都成立了不少学科兴趣小组，只要你有兴趣，就可以报名参加。我是个兴趣广泛的学生，在学校里特别的活跃。我参加过数学兴趣小组、英语兴趣小组、生物兴趣小组。参加过校美术班、围棋班以及校合唱团和校话剧团。我还喜欢打篮球，打乒乓球，喜欢金石书法。

我们中学，艺术气氛也很浓郁。老师和学生经常同台演戏，当然，主要是话剧和歌剧。读初二时，我就上台演过歌剧《三月三》。这是一部反映中共地下交通站与敌人英勇机智斗争的歌剧，颇像后来的京剧《沙家浜》，女主角也是一个饭馆的老板。那是我第一次上台演歌剧，我是男主角，扮演的是正面人物：地下党的交通员，身份是国民党的“马副官”。正当我前来饭馆与女老板接头的时候，碰到了国民党的匪连长，于是在酒桌上展开了一场智斗。排练的时候，酒桌上总是空空的，我们是假干杯，假吃菜，“匪连长”就感慨，说找不到感觉，要是有一桌真正的酒菜，那该多好。“匪连长”高我一届，正读初三，他是个老演员了，而且擅长演喜剧，长相颇像现在扮演济公的明星严顺开。没想到正式上演的那天，酒桌上摆了一桌真正的酒菜，香喷喷的，而且有一盘油汪汪的红烧肉，令“匪连长”和我都大开眼界。坐在酒桌前，我是“地下党的交通员”，重任在肩，虽然眼馋嘴馋，却不敢乱动筷子。而“匪连长”就管不了那么多了，他的眼睛老是盯着酒桌，而且常常就脱离了原来的剧情，与我频频举杯，筷子一下，就捉住一大块红烧肉，让我不敢多看他那张油腻腻的嘴。

“匪连长”酒肉下肚，果然就匪气十足，乜斜着眼唱到：“这个马副官，好像是真的。那个小娘们，可有点嫌疑。老子我今天不走了，我慢慢地看仔细，我慢慢地看仔细。”刚刚唱完“不走了”，就一屁股坐下，又飞快地捉了一块红烧肉。“马副官”就真的生了气，真的调动了“阶级仇恨”，眼睛就开始冒火了，真正地进入了角色，与“匪连长”进行了坚决的斗争。台下的观众，哪里知道我们在为红烧肉而战斗呢？见我们演得真切，演得精彩，便一个劲地鼓掌。

根据剧情的需要，气宇轩昂的“马副官”必须会潇洒地抽烟。那天不但有真的酒菜，而且有真的香烟。“匪连长”常常躲在厕所里偷偷地抽烟，是老烟枪了。而我则是平生第一次抽烟，而且是在舞台上表演抽烟。烟一点着，我就呛了一口，可是我不敢咳，硬是强忍住了。后来，那烟就在我的手中慢慢地烧完了。事后，“匪连长”惋惜地说：“唉，你不抽，就早点把烟灭了，把烟屁股头留给我啦！”对于这些无钱买烟的“老烟枪”来说，人家剩下的烟屁股头都是宝贝。

第二次演出的时候，酒桌上还是摆了几盘真正的菜肴，但是，都是一些素菜，白菜萝卜之类，令人垂涎的红烧肉就悄悄地失踪了。“匪连长”

便像掉了魂一样，失去了激情。“马副官”仍然演得很认真，歌也唱得很好，只是与“匪连长”演对手戏时，也恍然若失。

我不知道“匪连长”失去激情的原因，是否还因为我没有给他留下烟屁股头。我手中的香烟从此不再白白地烧掉，它被“马副官”真正地抽掉了。

中学毕业后，一直到上大学的时候，我还经常上台唱歌或者是演戏。下乡后，我能吹掉一瓶高度白酒，抽烟也抽得十分厉害。红烧肉呢，当然也没少吃。但是，我再也找不到第一次在舞台上抽烟吃红烧肉的感觉了，那种属于15岁男孩的独特的感觉。

【读写提示】

谈谈抒情散文和叙事散文

（一）

这一堂课我们谈谈抒情散文和叙事散文这两种不同的类型。

所谓抒情散文是以抒发自己的主观情感、思想感受为核心，以达到表达自己内心深处的一种情绪的目的，并借此感染读者，使读者也能产生情感上的共鸣。它突出的特点是具有强烈的抒情性，直抒胸臆，触景生情，诗情画意，内涵丰厚，将思想寓于形象当中。

我们在阅读和构思抒情散文的时候，应该着意把握这些特点。

《一棵树也是一片风景》就是抒情散文味道比较浓郁，比较鲜活的散文。

本篇散文的切入角度是“书桌旁的那棵小树”。其实，在我们的生活中，身旁的一棵小树是司空见惯，但作者却能从小树的生长环境产生联想，生命存在的意义就逐渐凸显出来。作者将“我”比喻成了那棵小树。文章并没有直接向读者诉说那样一种比喻，这正是作者高明之处，作者的目的，只是借助“我”的环境和小树的环境对比，来关注生命的坚强的意志力，所以就有了“一棵树也是一片风景”这样一种情感表达。这句话与文章标题相互呼应，从而搭建情感桥梁，并以此作为契机，让后文中所有关于一棵树的生命启示都一一与文章标题相对应。

作者引用几位著名诗人的诗句，不仅拓展了关于小树的联想空间，更为重要的是，它还能不断地丰富小树之所以能够存在于艰难环境中的深刻内涵。这正如作者所说，它更具有深厚的审美价值。

首先，曾卓笔下《悬崖边的树》，第一次丰富“书桌旁的那棵小树”，它不仅孤独，而且生命的危险性比小树更甚，但却依然那么坚强，那么具有生命的力度；叶赛宁的《白桦》，第二次丰富“书桌旁的那棵小树”，叶赛宁的树借助了大自然的色彩装饰，让原本孤独的生命绽放出生命的色彩。第三次丰富“书桌旁的小树”，是借用日本散文作家东山魁夷的《一片树叶》：“枝头的一片树叶，在夏日的阳光里闪耀着光辉。”作者接着写道，“不仅仅是一棵树，连一片树叶也是美丽的风景”。这段话不仅再次丰富了小树的精神实质，而且通过呼应文章标题，呼应前述关于小树的生命描述，又一次连通和衔接了小树的生命特色。

这种呼应是丰富的，它一步步深化并层层递进，最终抵达文章主题：独生子女也是一棵树，是一片朝气蓬勃的风景。

（二）

叙事散文具体地说，是以写人记事为主，对人和事的描绘和叙述比较具体，字里行间充盈着比较饱满的情感，同时也带有抒情的成分，它往往是从某一个角度选取题材，比较典型的叙事散文有鲁迅的《藤野先生》、吴伯箫的《记一辆纺车》等等。

这一组散文中，《红烧肉的感觉》值得一说。

文章中渗透了一个如小说描写一般的细节刻画，之所以说“渗透”，是因为这个细节不是生硬地凸现出来的，而是随着情节的往前发展而慢慢地露出冰山一角的。故事后半部分，“匪连长” 的眼睛老是盯着酒桌上的红烧肉，“我”频频举杯之后，“匪连长”就捉住一大块红烧肉。这段细节，看上去是写一场戏，实际上揭示的却是戏中之戏，作者试图通过这样的细节抓捕，来刻画扮演匪连长的演员的馋相。第二个细节，有一次，因为桌上没有了红烧肉，“匪连长”便像掉了魂一样，失去了激情。两段细节描写对人物的性格特征进行了深度挖掘，并达到了相互呼应的效果，作者一旦将具有小说特点的细节运用到一般性叙事散文中，散文就具有了张力及厚度，更具有艺术的感染力。

第5堂课

小　吃

热干面

热干面应该是地道的武汉小吃了。我曾写过一篇《我爱武汉的热干面》，选入我与宏量弟合著的散文集《白壁赋》中，其中记叙了当年我作为知识青年下乡后，将《我爱祖国的蓝天》一歌改词为《我爱武汉的热干面》，热干面遂成为家乡的象征。去年十二月，我曾参加当年老知青们的聚会，此歌一唱，众友皆和，恍惚中如闻芝麻酱之香味，而皱纹与白发似在香味中消逝，腰围亦在歌声中瘦了几圈。

关于热干面的来历，曾有过有趣的传说。那是在六十多年前，汉口长堤街关帝庙一带，有一姓李的熟食小贩，因其脖上长一肉瘤，人称“李包”。李包所卖，为凉粉与汤面。某年夏日，其收摊回家，面条尚剩不少，他怕面馊，便把面条煮了一下，捞起晾于案板。谁知不小心撞翻了麻油壶，油全泼在面上。李包灵机一动，遂将面与麻油拌匀，第二天一早，将此面在滚汤中烫热，捞起来加上佐料，竟大受欢迎。人问此面名称，李包脱口而出：“热干面！”于是江城独创之小吃，便从李包偶然之失手中诞生。

余生也晚，虽从小在长堤街关帝庙附近长大，惜未逢“李包”。倒是关帝庙前麻子的热干面，给我留下亲切的回忆。麻子的热干面，有精有神，有嚼头，佐料齐全，尤其是芝麻酱货真价实，因而远近闻名。麻子的热干面摊，十几年中几经迁移，而我始终追寻，成为其忠实的食客。20世纪60年代，麻子尚在五马路经营，其鬓发已白，仍用我熟悉的黄陂话吆喝：“二两热干！”但声调已苍老矣。此时品味热干面，便能品出许多无法言喻的沧桑。

武汉的热干面馆，最著名的，当数蔡林记了。其馆址在繁华热闹的江汉路，面对着建于1908年的水塔。大半个世纪以来，水塔作为汉口最高建筑，一直是武汉的标志。而蔡林记热干面馆与其巧相对应，用另一种文化显示着武汉独特的风俗。

武汉是全国有名的“火炉”，也许是夏天太热的缘故，连面都要强调一个“热”字。其实武汉自古以来，就有六月三伏天吃热干面的习俗。南北朝宋懔所著之《荆楚岁时记》，曾记有楚人“六月伏日，并作汤饼，名为辟恶”。汤饼，就是现在的面，即面条。有人称面粉为“面”，称长条的面即面条为汤饼。看来楚人在最炎热的六月三伏天吃面条，是为了辟除邪恶。武汉人爱吃热干面，也许就是这种避恶的遗风。

说起伏天吃面，还有一个有趣的故事。据《魏氏春秋》记载，三国时代的美男子何晏，“面绝白”，曹操怀疑他面色白皙，是搽了粉的。于是心生一计，到了六月伏天，传唤何晏来吃“热汤饼”。何晏吃得满头大汗，“取巾拭汗，面色皎然”，曹操才相信何晏并没有在脸上搽粉。

古代用粉搽脸，谓之“傅面”。《说文》曰：“粉，傅面者。”徐锴注曰：“古傅粉亦用米粉。”看来米粉与“面”自古以来就亲切得很，而非今日才和平共处于武汉三镇的每一个熟食摊下。当然，此“面”非单指热干面之“面”，但富有特色的热干面又的确是武汉的脸面也。凡我三镇经营热干面之诸君，莫为了多卖几碗面而丢了武汉的脸面哟。

米粉

武汉的小吃中，最具大众特色的，当数热干面与米粉了。武汉的小吃虽然有200多个品种，但武汉人每天都要亲热的，却是这“面爹”与“粉娘”。面与米粉在武汉能够贵为“爹娘”，并平分秋色，实在是因为武汉居华夏之中，为南北饮食文化交融之处的缘故。南人吃米，北人吃面。南方诸省，米粉均为大众小吃，湖南的牛肉米粉，云南的过桥米线，广东的炒河粉，均各具特色，形成南方的“米粉文化”。虽然米粉遍及中国之南，但自古以来，正史与野史却鲜有记载，而面的记载，则比比皆是，上可溯到《周礼》，下可读到当代民俗学家邓云乡先生的《燕山面赋》。《唐书·后妃传》中记载玄宗皇后王氏“斗面为生日汤饼”，宋代吴自牧的《梦粱录》中则录有“鸡丝面”“三鲜面”“捲鱼面”“虾臊面”等等名称；晋人束皙更作《饼赋》——古人称面为“饼”，由衷地赞美能在“玄冬猛寒”之际“充虚解战”的热汤面。面之美名，可谓代代相传，一部中国历史，仿佛是面饼喂养大的。而南方的米粉，几千年来远离北方之王都，虽养育了半个中国，却名不见经卷，令我等爱吃米粉的南蛮，莫不想舞文弄墨，替洁白温柔的米粉打抱不平也！

武汉的米粉，集南方诸省米粉之大成，却又独具汉味。清道光庚戌年的《汉口竹枝词》，便有汉口人过早吃米粉的记载：“三天过早异平常，一顿粮餐饭可忘，切面豆丝干线粉，鱼圆子滚鸡汤。”武汉的米粉，品种繁多，用料讲究，制作精细。有宽米粉，也有细米粉。有清汤粉，也有糊汤粉，热干粉。有牛肉汤粉，也有牛肉炒粉。荤素自选，丰俭由人。武汉最著名的米粉馆，当为福庆和的汤粉与田恒房的糊汤粉。福庆和以辣为特色，其牛肉米粉脍炙人口，享誉三镇。我在长堤街居住时，福庆和是常常去的地方。尤其是在冬天，寒风凛冽，手足欲僵，此时缩进福庆和，买三两牛肉米粉，满满的一大海碗，辣辣的一层红油。往往是粉已捞完，辣汤尚存，欲喝不能，欲罢不忍，而额头鼻尖，已沁汗珠点点，人面桃花，好不快哉！

如果说福庆和的米粉尚为湖南风味，那么田恒房的糊汤粉则是地道的汉味了。其米粉全选籼稻米磨浆制成，用鲜活鲫鱼熬煮成汁，再加水调入生粉制成糊汤，色调素雅，粉白润滑，鱼香汁稠，别有风味。武汉为鱼米之乡，用鱼汁调拌米粉，可不就是鱼米之乡最形象的注解么？这样的糊汤粉自然深受大众欢迎，以致“糊汤”或“糊汤粉”变成了武汉方言中“糊涂”的代称，如同称凤姐为“辣子”一般。

我生性疏懒，不好烹饪，独于炒粉一项，为我之拿手。常于好友相聚之时，乘兴卖弄，与妻的自制八宝饭及凉拌菜肴相抗衡。最忆江西少儿出版社老编辑高蕴生，1987 年夏来汉督我创作《一百个中国孩子的梦》。高先生好酒，尤爱绍兴黄酒，能从早到晚，手不释杯。而佐酒之物，一为盐水煮花生，一为我之炒粉也。离汉返赣之际，天色已晚，而酒兴正浓，遂带我之炒粉上船。后来信说，其把酒临风，佐炒粉于大江之上，九江已到，粉还没尽，如同孔乙己爱惜茴香豆，多乎哉？不多也。

须臾又是狗年。高先生却已作古。昔日俞伯牙奏高山流水，自有钟子期识之。如今先生已逝，何人再识我炒粉之妙耶？

面窝

面窝其实是应该称为“米窝”的，因为炸面窝的主要原料是大米，而不是面粉。武汉人称这种油炸食品为面窝，我以为是因为其形状“团团如面”的缘故。圆圆的脸儿，还有一个酒窝儿，用武汉话说，灵醒得很呢！

面窝是地道的武汉小吃，而不是“外来妹”。它与热干面、豆皮、牛肉豆丝一起，并称武汉四大名小吃。既是武汉土著，必有传说相随。传说亦不遥远。起至清朝光绪年间。话说汉口汉正街口的集稼嘴码头附近，有一摊贩，名叫昌智仁。昌某确实有“智”，于烧饼生意清淡之际，另辟蹊径，找铁匠打了一个窝状的铁勺，将大米加黄豆用清水浸泡沥出磨成细浆，又在浆中加入葱、姜等佐料，先将芝麻撒在铁窝勺底，然后舀一勺米浆入窝，用勺边从中刮一道勺印，呈空心窝状，放入滚油中烹炸。一面金黄，翻面续炸，即成两面黄、外面酥，里面软、中间脆的面窝。集稼嘴为商品集散之地，车贩走卒，每日水流云涌。而面窝价廉味美，过早方便，于是迅速普及开来。

传说终归传说。但靠炸面窝而名扬三镇的当数武昌户部巷的“谢面窝”。炸面窝为谢氏家传，至20世纪40年代，谢德荣一改祖辈沿街叫卖为固定经营，于户部巷专售面窝。遂远近闻名。谢家面窝用料考究，油为芝麻香油，浆为大米黄豆糯米，如此精心创造，面窝遂姓谢焉。

我读小学时面窝才3分钱一个。那时家中贫寒，每天过早，也就是3分钱，有时5分钱，只够买一个面窝。有一次，见一同学用竹签一次串了5个面窝，仰面大嚼，不禁十分惊异，亦十分羡慕。5个面窝之于我，无异于今日之大腕大款了。呆呆地眼红，然后在心中暗暗发誓，倘若有一天，赚了钱，一定也用竹签串 5 个面窝，大嚼于闹市之中。

但当我真正第一次赚到了钱后，我却一个面窝也舍不得买了，那是我在课余时间拖板车赚来的，我要用这钱去买书。

那时我才 9 岁，正是馋面窝的年龄。

面窝除了用米做原料外，还有“红薯面窝”与“豌豆面窝”。武汉人称红薯为“苕”，因苕实心，不似藕空心，因此又用“苕”来喻“傻”，喻“老实憨厚”。后来词义延伸，“苕面窝”也成为“傻”的借代。作为一种大众食品，面窝又成为物价的晴雨表。如今的面窝，已涨到 1.5 元一个了。因此幽默的武汉人又创造了一句口语：“你还以为面窝 3 分钱一个哟？”

面窝的价钱胖了，可是面窝本身却瘦了。当然，随之而瘦的，还有经营者的良心，以及比小吃香味儿更重要的人情味儿。

豆丝

豆丝是武汉的特产小吃。它的普及率，是仅次于热干面与米粉的，也许是因为它的制作，要比面与米粉复杂一些的缘故。豆丝的主要原料，其实是米，然后是绿豆。米一贯是很谦虚的，从稻谷时期起，就沉甸甸地垂着头呢，因此就让豆丝姓了“豆”。

武汉附近的郊县农村，春节前都有摊豆丝的习俗，当然还要揣糍粑、熬糖。二十五年前，我下放到汉阳县当知青时，就亲手摊过豆丝。我至今还忘不了年前的冬夜，因为下过雨，或下过雪，村里一片泥泞。天黑得很早，屋脊与夜色融为一体，于是一方方金色的窗口在浓黑的映衬下显得格外的明亮。从这些窗口里，传来嘎吱嘎吱的推磨声，以及炒热豆丝的大蒜香味儿。米和绿豆磨成了浆，再将油锅烧得辣辣的，舀一勺浆往锅里一旋，一张豆皮就吱溜吱溜地揭了起来。然后将豆皮叠折，用刀切成手指宽的“丝”。常常就有人循香而来，或是咯咯的木屐声，或是胶鞋踩在泥泞中的呱叽声，在窗口笑喊：“恭喜恭喜！”主人便吆喝住狗，开门迎客，主妇便飞快地切大蒜，用香油将刚起锅的豆丝再配以大蒜或瘦肉干炒，于是一盘香喷喷的炒豆丝便驱散了冬夜的阴冷与严寒。

武汉市最早的市民，当是郊县的农民。于是豆丝自然成为武汉的特产小吃。

豆丝可炒，可煮，但最负盛名的，是武昌的“老谦记”的干炒牛肉豆丝。之所以用牛肉是因为其店主冯谦伯原是清末新军的士兵，有一老行五，曾随左宗棠到达新疆，从维吾尔族人手里学到烹饪牛肉的手艺，遂传于冯谦伯。民国后，冯在武昌青龙巷开设牛肉馆，便用牛肉来炒豆丝。武汉人吃惯了大蒜素炒豆丝或汤豆丝，而老谦记的豆丝除配以牛肉外，还配以水发香菇、玉兰片等，风味独特、香脆可口，于是誉满江城。

武汉的小吃，一向用料讲究。正宗的豆丝，要用青山产的黄米粘，武昌产的绿豆。牛肉呢，当然是黄牛的梅子肉为佳，与丁香、桂皮、八角一起，用砂铫置旺火上煨，熟至六成，再小火续煨，熟烂后捞出切成片，再用牛肉汤烧煮成牛肉臊子。这样又可以做成牛肉汤豆丝。还有的餐馆，用肥肠做臊子，也别有风味。肥肠煨得糯烂，适合于牙齿过于温柔的爹爹婆婆们吃。

我个人的爱好，则喜欢吃牛肉糊汤豆丝，以及热干豆丝。不用臊子，像下热干面那样，用芝麻酱干拌，一个上午，连打嗝都是芝麻香。今年正月初八，我与妻又回到阔别二十年的第二故乡。肉且慢，鱼且慢，首先点着要腊肉煮豆丝解解馋。一碗下肚，胡子花白的老董又变成当年的知青小董。小吃虽小，却能返老还童。对于思乡的游子，豆丝正可称为“豆思”呢。

【读写提示】

你的文章有层次感吗

（一）

介绍小吃的文章，也就是写“吃”的文章，应该注意如下三点：一是，描写过程的细腻性。尽管我们要求对小吃的制作过程不必那么琐屑，但一定要找准你所要描写的对象的角度，即读者所希望关注的精彩的细部；二是当代小吃所形成的原因，它的历史渊源，这些最好以故事的形式来展现；三是从不同侧面引用行之有效的史料，来佐证某一种小吃受欢迎的程度及原因。

阅读这一组文章之后，我们来筛选一下作者在这几篇文章中都涉猎、旁征博引了哪些文献或者说民俗史料以便有力地支撑他所赞扬的那些深受百姓欢迎的小吃及其特色。

所谓支撑，是说可以从多个侧面来展示小吃的优势以及它深受欢迎的原因，这就像你刻画一个人物，你必须从不同的角度，来描绘他的生动的细节以及细部特征，这样才能令人信服，让人久久难忘。

作者写小吃，实际上是写人；作者引用了多种史料、多层历史，文章就有了层次感，就拓展了读者想象的空间。

（二）

第一篇，对于《热干面》的由来，它的成因，读者们一般耳有所闻，作者将这个故事糅合进文章当中，提升了热干面由来的可信度，其故事的生动性，也在很大程度上成为本文的优势之所在。但是这样显然还不够，因为这样的故事已为众所周知，是一种共性之所在，要想写出这种小吃的个性来，还是离不开对人的描写，以及人物在当代社会中所具有的特殊性、不可复制性。所以就有了承接“李包”故事特色的个性描写，所谓“麻子热干面”的个性化描写，给读者留下深刻印象的，不仅仅是他的热干面，更重要的是他的绰号、他的斑白的鬓发、他的地道的黄陂话。

《魏氏春秋》和《说文》的出现，增强了热干面的史料价值，并增加了文章的理趣和情趣，当这些具有故事形态的史料与文章开篇遥相呼应时，当我们随着呼应的声音回望文章前后密匝匝却显得富有节奏的“针脚”时，我们发现，文章整体的趣味性便从那些看上去并不起眼的字里行间跳荡了起来，氤氲成热干面的味道，让你的口舌，沉醉于想象的空间。

如果说这一组散文中每一篇均有精彩的细节及精彩的故事，那么，这些细节与故事实际上都远远超越了小吃本身所拥有的价值，正是因为这些小吃拥有故事性、史料性，那些精美的制作工艺，便被顺理成章地融合进了故事与史料所构成的沧桑的历史空间，而成为一段具有生命价值的记忆，为百姓所牢记。尽管故事与史料的内涵在百姓的脑海中逐步被消解，但它所走过的沧桑之路，却承载了故事与史料的精美的情趣。

（三）

《米粉》一文的丰富性在于，一是大量引用史料，每一种史料无不与现如今的米粉口舌之美密切相关，并成为它的不可多得的推手；二是先写米粉制作的丰富性与多样化，其结果是能以其色香味浓重的特色融会于百姓的早点之首选，所谓清汤粉、牛肉米粉、糊汤粉、热干粉等等，不一而足，所谓福庆和、田恒房等等，风格各异。湖南与湖北，滋味相交；“糊汤”与“糊涂”，谐音戏谑。最是描写作者朋友高蕴生先生，让读者感怀，此公虽已仙逝，却被作者写得生动鲜活，如在目前，“把酒临风，佐炒粉于大江之上，浩浩乎如冯虚御风而不知其所止，飘飘忽如遗世独立羽化而登仙”，但更为重要的，是以高先生之爱粉爱酒的醉态，侧面烘托了米粉味道的鲜美。细节虽小，其写作技巧的价值不可忽略。

《面窝》一文，稍有点说明文的味道，也就是叙述其制作工艺过程，但更多的，却是将武汉本土的俗语、俚语、谐语贯穿其间，用以烘托面窝的精美与爽口。至于描写“谢面窝”的特色，以及“我”少年时代与面窝的生死情怀，则是以生命的艰辛来衬托面窝的可爱。

此文看上去有点散状，却是“形散神不散”“形散神聚”，看上去作者写了诸多事例，似乎跑得很远，但文章内在的灵魂、即神，却由作者驾驭有方，每一个“形”，都在行走的过程中默默地为“神”服务，并且不动声色。

第6堂课

山　水

进山

是不是因为我曾在山区度过童年的缘故呢？每次回到大山的怀抱，我总感到一种难以言喻的亲切与温馨。每一座山峰，每一条溪流，都仿佛久别重逢。而在那山坳里，定有一片黑潮潮的瓦，瓦缝里沁出一缕一缕的炊烟。是傍晚牧归的时候了，后山的竹林、桂花树与山茶，都静默在柔柔的夕照里，母亲在茶园里直起腰来，凝神倾听远方传来的叮咚叮咚的牛铃声。千山万壑，此刻只有这样一种悠扬而宁馨的声响，那是母亲的安魂曲，她的儿子放牛回来了啊。

于是每次进山，便感到投入了母亲的怀抱。再雄浑的大山，再壮丽的群峰，对于我来说，都是慈爱的母亲。我曾一次又一次地走向大海，大海那令人眩晕的浩渺，那吞日吐月的磅礴，都使我感到它是严父，是吟哦《观沧海》的曹操，是写《老人与海》的海明威那样的男子汉。在大海里，虽然你的每一掬每一捧都只是水，但每一滴海水都是一粒惊雷的种子。

而在连绵起伏的深山，我感到的是一种博大的宁静，宁静得如同朦胧的梦幻。是祖母在油灯下幽幽地擦着纺车，是母亲在寒夜密密地为游子缝补衣衫，是妻子在炕头滋滋地为丈夫纳着鞋底，是少女在窗前偷偷地绣着荷包。大山博大而永恒的宁静分明是母性的。大山本来就是人类的摇篮、人类的子宫啊。

是的，人类就是从大山里走出去的。走向平原，走向大河之滨，走向更广阔的地平线，走向城市，走向另一种文明。大山目送着自己的孩子，默默无语，每一座山峰都凝成翘首盼望的姿势。每一条山路都是母亲难以割舍的脐带。

而人类呢？人类只是在索取时才想起了山。只是在失意或失利时才想起了山。索取时的粗暴与横蛮，常常令大山愤怒而悲伤：这些失去了尾巴的直立动物，比长尾巴的动物更具有兽性呢。从此，大山如母鸡展开双翅保护鸡雏一样，保护着除人以外其他动物的尾巴，保护着尾巴这一自然的灵性。至于那些被城市逐出或为了夺取城市而走进山里的孩子，大山一如既往撩起自己的粗布衣衫，用胸护着他们，用奶哺着他们，让他们在山里躲过了围剿，恢复了元气，积聚了力量，然后，再一次目送着他们走向城市。大山默默无语，如同母亲无言地伫立在茅屋门前，看游子的背影消失在山道弯弯。大山面对的，永远是人类的背影。

在大山养育的孩子中，最常见的，是这样一种背叛：那些再次走进大山的，携带的不再是献给母亲的礼品，而是铁的斧，钢的锯，以及雷管和炸药。他们曾经在母亲的茅屋里养好了身子。他们知道在母亲的床头还有一口陈旧的木箱，木箱里有母亲陪嫁时的首饰盒。那是代代相传的信物啊。然而他们盯上了。于是又一轮贪婪而残忍的掠夺开始了，他们像虫子一样啃噬着大山，啃噬着原始森林，虽然他们昨天还在母亲的茅屋里遮风躲雨，养精蓄锐，虽然他们的子孙后代同样需要母亲的茅屋，需要母亲绿色的温馨与永恒的爱。

是的，在大山的眼里，他们是变异了的人，大山给他们取了另外一个名字：“人虫”。

在大山中，在母亲的怀抱里，我常常在想，为什么大山执拗地保持着坚守着与城市文明迥异的另一种生存方式，另一种文明形态。难道这是上帝的安排，要为人类保持、坚守一处精神的家园？在深山，我们在博大的宁静中分明感觉到另一种时空，所谓“山中才数月，世上已千年”；感觉到一种精神的净化，如同“明月松间照，清泉石上流”。常常在是闭塞而人迹稀少的深山里，我那么强烈地感到生命的透明，甚至触摸到它薄如蝉翼的双翅。于是哲学向我走来，诗也向我走来，如同山谷中蒸腾缭绕的云雾，以万变的形态阐释着不变的本原。大山依旧默默无语。大山需要的是心的感悟。李白诗曰："相看两不厌，独有敬亭山。"能达到"相看两不厌"的境界，并不像采撷路边的野花那样容易啊。因此，大山与喧哗无缘，与浮躁无缘。你在山谷中呐喊，回应的依旧是你的声音，而不是大山的声音。

那么，让我们进山吧，不仅仅是回归自然，而是回归母亲的摇篮，回归生命的本原，回归精神的家园。人类常常提到"改造自然"，殊不知自然同样也在"改造"着人类。在这个星球上，只有大山与大海不是任人任意搓揉的面团。

那么，让我们爱山吧。在这个世界上，只有爱是没有背影的，只有爱是永远面对面的对视，用永恒的明眸，用博大的心胸。

生命的湖

有人说，天上有多少星星，地上就有多少湖泊。这些年来，我游的湖泊也不算少了，淡妆浓抹总相宜的西湖，浩浩荡荡横无际涯的洞庭，小巧精致的北海，野趣盎然的洪湖，还有镶嵌于雪山之中的新疆天池，倒映着苍山白塔的云南洱海……在这些大大小小的湖上，都留下了我泛舟的波痕。但是，没有哪一个湖，像武汉的东湖这样，与我生命的旅程紧紧连在一起。不仅仅因为我是武汉人，因热爱故乡而爱着东湖；也不仅仅因为我常常去东湖，对东湖的湖光山色有了难以言喻的情感；东湖之于我，仿佛一个图腾，每一次都给我一种新的生命体验，我和东湖，都是茫茫宇宙中的生命，有着悲欢离合而富于情感的生命，美丽而忧伤的生命。

已经记不清第一次到东湖的确切时间了。但是东湖给予我最初的印象却十分地清晰。那时我还是个九十岁的孩子，正迷恋着美术，迷恋着水汽淋漓的水彩画。那时我还是个在长江边帮人家拖板车的穷孩子，为了到东湖去写生，为了买一盒水彩，买一个调色盘，我让粗糙的棕绳一次又一次地磨破了我稚嫩的肩头。那时的交通远远不像现在这么便利，从汉口到东湖，对于一个孩子来说，无异于一次遥远的旅行。然而我却去了，仿佛是应了冥冥之中的召唤。

还记得那是一个春天的早晨，空气中弥漫着花的清香。当东湖突然一下子出现在我眼前时，我结结实实地惊呆了。这哪里是一个湖呢？分明是一片海啊！

是的，东湖给我的第一印象，便是一片大海。那时湖上还没有蜿蜒曲折的长堤，那时磨山还是一个秀美的处子，浮在碧波荡漾的湖面上。春天的东湖，浩浩荡荡从我的脚下一直铺向天边，没有乱七八糟的亭台楼榭，也没有飘粉流黛的雕船画舫；没有桃花斜雨酒旗风，也没有野鸭渔船蓑笠翁。有的只是一片一片生气勃勃的绿草地，有的只是一块一块锦缎般的农家田畴，金黄金黄的是油菜花，紫红紫红的是紫云英，而东湖便静静地用它的碧波，湿润着、拥抱着这一片片的嫩绿金黄与紫红，如一个质朴、秀美而又娴静的农家少女。

好多年后，当我第一次泛舟西湖时，这种感觉突然一下从记忆深处流淌出来。西湖有着太多的名胜古迹，有着太多的故事与传说，以至于喧宾夺主，使“湖”本身成了名胜与传说的附庸和载体，至多只是一个生活在唐诗宋词中的古典夫人，而且“人比黄花瘦”，苍白而贫血。而东湖却不施脂粉，不缀花钗，它不是一件工艺品，而就是自然的一部分，保留着自然的质朴，自然的天韵，自然的生命力。它将“湖”不加修饰地捧给你，使你在湖的生命本体中体味到自然的生命律动，以及“湖”的本色。

但是东湖不是“清风明月无人管”的野湖，不是人迹罕至寂寞冷落的荒湖。东湖，不像杭州的西湖、扬州的瘦西湖，北京的北海，位于城市之中，成为城市的一种点缀，然后与城市融为一体。东湖是长江的一部分，它和洞庭湖一样，是长江前进征途中的一个驿站，一个据点，它的血液里流动着长江的血液，它的遗传基因里保留着长江奔腾的生命力，因此，它是有着强健生命的湖泊，它是长江的另外一种表现形式。如果说长江表现的是一种阳刚之美，而东湖则以阴柔之美补充丰富了长江之美，并且使江与湖那样有机地结合，那么动态地平衡，就像一部活的《易经》，就像“坤”与“乾”的形象注释，使人感到了宇宙天地间阴阳之间的变化与平衡。

而我的故乡武汉，便坐落于长江之滨，东湖之畔，在江与湖的环抱中成长起来，既得阳刚之气，又蕴阴柔之美；于是武汉人亦于阴阳交合、天人合一的宇宙场中，得北人之豪气，亦得南人之灵气。因此，不是武汉或武汉人造就了东湖，而是东湖造化了武汉和武汉人。古往今来，中华大地有多少城市曾作为帝王之都或繁华温柔之乡著称于世，可是没有了水的滋润，昔日的显赫与繁华只留下南柯旧梦。而武汉于地理位置上独居华夏之中，难道仅仅只是一种偶然么？冥冥造化，天意独钟，倘若尚有不尽人意之处，那便是人意未尽而已啊！

于是生命的江与生命的湖造就了我的生命。人到中年，回首往事，竟发现湖自始至终伴着我，拥着我，滋润着我的人生之旅。生长于江与湖的拥抱中自不用说了，作为人生的第一步，我在“文化大革命”中作为知识青年下放之处，便是江汉平原的湖泊之中。我居住多年的知青点，便在湖边，仿佛是东湖拜托了它的兄弟姐妹，于艰难困苦中关照它的游子。湖亦宽阔，且多莲藕鱼虾，常常于菜荒粮缺之时，提一戽斗下湖，脚踩便是肥藕，水一戽干便有鱼虾。有朋自远方来，也不上街，仅到供销社沽一瓶苕干白酒，于灶火点燃之时，悠然下湖，当油锅青烟腾起时，一条活鲜鲜的鲤鱼已跃进锅内。

而我的文学创作，也自湖边起步。多少个春来冬往，多少个夜深人静，在满湖的蛙鸣之中，我通宵熬夜地看书写作。茅棚土窗，一灯如豆，亦为红莲，灿灿开放于无边的夜色之中。那是我的生命之火呢，还是湖的生命之火呢？

在农村一干就是五年。我又回到武汉读大学，又一次依偎在湖的怀抱之中。师范大学位于南湖之畔，对面便是东湖。久别归来，东湖如旧，含笑不语地轻轻抚摸着游子心灵的伤痕，而无一丝多余的怜悯。常常在紧张的课余，邀二三好友，相约漫步于湖滨。杨柳如丝，湖平如镜，珞珈山与武汉大学校舍的倒影，潜入东湖之中，吸收着东湖之灵气。我最爱的，是呼一木船，悄然沁于蒙蒙雾气之中。船是地道的木船，俗称“划子”，船妇亦是东湖之畔的农户或渔民。一切均与东湖的自然与质朴那么协调，亦将青年学子也协调于静静的湖中。水还是那样的清那样的碧，漾漾可数青脊如梭之游鱼，或成群，或列队，如细钉被磁铁所吸引，尾随于船；又于桨声之中蓦然惊散，然后再整合，追了上来。如此聚散，如此反复，使我于恍然中悟到一种人生，冥冥中，我不是也如游鱼一样，又被东湖吸了回来么？

以后又是人意所为了。诬告与陷害相继而至，将我流放于武汉城郊。但造物主又一次赐我以江，以湖，我所工作的农村中学，又一次位于江与湖的环抱之中。校门所向，百十步远，便是长江大堤；校舍所靠，不足两里，便是湖泊。湖曰严东湖，巧与东湖同名。湖水清澈见底，若逢天晴，阳光潜入湖中，可见水草漾漾，如绿绸飘舞。湖边有丘陵隆起，山坡多桃树，春风吹拂，桃花盛开，宛如一片片绯红的云霞落在湖畔。

于是辛勤育人之余，常常凭窗眺望。眼前幻然出现的，却是东湖，却是磨山，却是行吟阁前屈原之长吟，却是鲁迅广场先生之凝眸。而那灿灿桃花，青青杉林，又使我想起读初中时，在磨山植物园劳动的日子，想起雨后的松林，每一枚松针都挑着一粒晶亮亮的水珠儿，鸟儿的啼鸣，也被雨水洗得纯净。一个大眼睛黑睫毛的女孩在林中笑着朝我奔来，两个酒窝窝盈满了少女的纯真。而那个调皮的男孩子，却躲在松林深处，悄悄捡起一颗松果，准备袭击已在娇嗔噘嘴的女孩……

东湖在远方微笑不语。磨山在眼前微笑不语。它们认识这个常来写生的男孩子，知道他常将东湖用蓝色抹成一片大海，而将磨山淡进水中，绿成一片朦胧……于是东湖便在我的心中荡漾，将焦躁的心澄得宁静，然后心中之湖水汩汩流在稿纸上，滋润着我的诗歌，我的散文，我的小说。五年的乡村教师生涯，亦是江与湖贴我最近的时期，而江湖交汇的结晶，便是两本小说集，一本叫《长江的童话》，一本叫《湖畔静悄悄》。而一本诗集，则名为《帆影》。这是江湖交汇孕育的结晶，亦是我生命的结晶啊。诬陷者想将我从大学的湖畔挤走，却不料我仍然与湖融为一体。使我想起东湖的象征，亦即行吟阁前的屈原塑像："文化大革命"中，屈原像曾被毁，被沉入湖底，但终于又被东湖捧了出来，重新长吟于东湖之滨。这便是天意，是人意也扭转不了的天意。

历经曲折，历经沧桑，长江未老，东湖亦未老。一湖碧波如旧，却多了疾驰如箭的赛艇，温馨如梦的白色水鸟。阳刚与阴柔仿佛只有在东湖才如此地协调，且相映成趣。

湖上阴阳交汇，湖畔何尝不是如此！听涛区的可竹轩，翠竹金桂之间，兀然耸立的，却是充满阳刚之美的花岗岩石雕群，"大江东去"与"晓风残月"，构成东方奇观。磨山之麓，苏州园林般的盆景园，蔷薇园，水生园，幽径迷离，荷莲田田，又何其秀也；而与之蔚为大观的，则是重展楚国雄风的楚城，又何其壮也。登临楚天台，天风烈烈，星月可揽，战国七雄之金戈铁马，与荆轲之悲歌，屈原之楚辞，一齐奔涌而来，雄哉壮哉。漫游磨山园林，曲廊洞门，小桥流水，绿肥红瘦，如见西施浣纱，黛玉荷锄，如闻琵琶洞箫，吴越软语，柔哉秀哉。壮美与优美如此协调于一山一湖，可不就是长江与东湖形象之叠合。再细细思量，东湖少的是和尚庙，妓女墓，多的则是铮铮铁骨之男儿，如屈原，如鲁迅，即使是红颜女子，也是为抗清军而壮烈牺牲的几位巾帼英雄，凝成九女墩之塑像，与东湖之豪气融为一体。有人说，东湖美则美矣，可惜少了人文景观。而我则以为，倘若人文景观指的是晨钟暮鼓，是怜香惜玉，是僧庙尼庵，是薛涛笺，柳永词，东湖宁愿不要这些零零碎碎，宁愿冷落香客与才子，而坦坦荡荡以其湖之本色绰然独立，以其江湖交汇阴阳相济之特色生存于宇宙之中。山水含情，人亦有情，如何做到“相看两不厌”，“悠然见南山”，讲究的是一个“缘”字。失望于东湖者，其与东湖无缘也，而钟情于东湖者，东湖之美不在眼前，而在心中。

有人说，天上有多少星星，地上就有多少湖泊。有人又说，曾经沧海难为水，除却东湖不是湖。说这些醉话的，不是别人，正是那个将湖作为生命图腾的男子汉。男子汉为何醉话也？东湖曰：满湖四季如酒，先生安得不醉焉？

【读写提示】

层层递进的手法非常重要

风格是指艺术家对主题思想的挖掘、理解的深刻程度与独特性，也表现为对创作手法的运用、塑造形象的方式、对艺术语言的驾驭等的独创性。

从广义上说，董宏猷的创作风格应该是刚柔相济，粗放自如。具体到这一组中的两篇散文，我们发现，有两种不同风格的散文形式，并存于山水之间，且能深刻地表达作家本人激越的情怀。

先读《进山》，它的总体风格特色是写实，大多是作家通过对山的具体而微的描绘来传达自己内心世界的深厚情感。

不过我们现在要谈论的，是另外一种思维方式，也就是作家本人对大山的别样的情怀。之所以说是“别样”的，不仅仅是作家在山区度过童年时代的缘故，更重要的是作家不同于或高于山里孩子对大山所拥有的深厚的情感，也就是说，他对大山的情感，超越了山里的孩子。

本文作者曾经在大山里呆过，他的基因的获取更加直接，所以他的情感在《进山》的字里行间的游走更加流畅自如。

我们清晰地看到，贯穿于文章始终的，是一条生命的红线，我之所以提到“生命”，是因为这条红线是具体的、活生生的，而不是那种抽象的、生硬的。你看到那条红线，就宛若看到了含辛茹苦的母亲慈祥坚毅的面容。

文章开篇，作者说自己每次进山就仿佛投入了母亲的怀抱。

有了母亲形象的观照，作者再以人类这个高度，来审视芸芸众生那些低俗的、功利的利益获取方式。在阐述这个观点时，作者多以文明之镜，来照彻那些违背文明意志的思维方式及行为特色，其间所有细节的描绘，往往以比喻的形态来实现，从而更显其生动鲜活的特色，例如，以排比句式来呈现的对母亲的歌赞：“是祖母在油灯下幽幽地擦着纺车，是母亲在寒夜密密地为游子缝补衣衫，是妻子在炕头滋滋地为丈夫纳着鞋底，是少女在窗前偷偷地绣着荷包”。从而使行文更有气势，更显激情洋溢。总之，作者灵活运用修辞手法，细致入微地刻画大山的细部特征，以细节之力雕琢出母亲的慈祥与背叛者们的疯狂，如诗如歌，如梦如幻，如絮絮叨叨般地诉说被背叛了的人们的丑恶行径，以及他们的母亲的柔情。

文章在层层递进的过程中逐步走向深化，走向对于大山的形的关于爱的认识，及至越是深入大山，就越是发现另一种时空，一种精神家园的时空，一种能从大山中认识哲学与诗的高古的时空。而此刻所谓进山的激情，洋溢着深切的赤子般的感怀。

作者以“在这个世界上，只有爱是没有背影的”认知，来呼应前文所谓“如同母亲无言地伫立在茅屋门前，看游子的背影消失在山道弯弯”。似乎，母亲一直就在“用永恒的明眸，用博大的心胸”，呼唤任性的儿子。

文章以层层递进，逐步抵达对大山的情感高度，最后以卒章显志的表现手法，完成了歌赞母亲的颂词。

第7堂课

森 林

石松

绿色植物向陆地的进军是坚韧而漫长的。它们从海洋走向海滩，走向沼泽，走向由于没有绿色植物覆盖而变软的裸露的岩石，走向洪水泛滥而形成的冲积平原。在骄阳的酷晒中，在风沙的吹打中，在严寒的袭击中，许许多多已经登陆上岸并且深入陆地纵深的先锋植物默默地消失了，但是也有许多许多的植物不断地适应陆地的生存环境，不断地进化，开始具有了真正的根真正的茎和真正的叶。

在茫茫的森林里，我们可以看到一种生长在岩石上的石松，它们是那样微小，而且和岩石上的苔藓生长在一起，因此常常被人当作了苔藓。但是它们虽然同苔藓一样也是孢子植物，却属于有了根、茎、叶等器官分化的蕨类植物。它们具有松树一样的针叶，倘若从绿茸茸的石松丛中扯下一丝平摊在手心仔细地观察，你会发现你的手心上长出了一片郁郁葱葱的松林。

这些默默生长在现代森林的草木层甚至岩石上的蕨类植物，却是植物进化史中不可忽视、不可缺少的重要梯队；而且，远在几亿年前，它们曾经第一次在陆地上形成了森林。

绿色植物登陆进军的历程是极其漫长而艰辛的，但是一旦它们在陆地上站稳了脚跟，获得了繁殖和繁茂生长的自由，它们便不满足于匍匐在地上了。它们渴望在更广阔的空间展示自己的理想与抱负，渴望用绿色的手臂去拥抱大地、拥抱蓝天，以及生命中不可缺少的阳光。

于是它们像绿色的潮水一样呼啦啦地在地球上漫延开来，并且以各种形式自由而繁茂地生长。许多蕨类终于长成了高大的大树，和其他植物一起，形成了地球史上的石炭纪森林。

在石炭纪的森林里蔚为大观的是现在微不足道的蕨类植物。如今像苔藓一样生长在岩石上的微小的石松，那时却是参天的大树，高度可达四十米，在地球上最早形成最古老的森林中，它们的青春与生命曾经是那样壮丽辉煌。正是由于它们的茂密而茁壮地成长，正是由于它们怀着向更高的空间发展的渴望与理想，森林才第一次赖以形成，地球才迎来第一个森林覆盖的春天。

是的，过去曾经高达四十米，形成森林主体的石松，如今已经变得小如苔藓了。而现在成为森林主体的高大乔木即种子植物，那时也曾经微不足道地生长在石松的脚下。但是石松默默无语。无论是扮演高大的主角还是甘当最不显眼的配角，它都如同它的名字一样，像岩石一样坚韧，像松树一样不畏严寒，四季常青，具有顽强的生命力。在植物进化的漫长的历史上，有多少植物包括曾经高大的植物遭到了淘汰和灭绝呢？而石松却以不同的形式顽强地生存下来，而且从不离开森林。它的高大是为了森林，它的矮小同样是为了森林，它是为了森林而生存的啊！

竞技场上没有永远的金牌得主。战场上没有永远的常胜将军。一个运动员一辈子只要创造一项世界纪录也就无愧于人生了；生命只要有过一次辉煌，也就无愧于这个世界。

石松曾经有过那样的壮丽辉煌。石松无愧于生命，无愧于森林，无愧于这个广漠的世界。

花果

森林的故事中最为迷人最使人陶醉的，是有关花的故事了。

五颜六色、千姿百态、绚丽夺目的鲜花，开放在青青的草丛中，开放在绿色的林墙上，开放在浓阴密布的溪沟旁和池塘里，开放在险峻的悬崖上和幽深的山谷中。草本植物开花。木本植物开花。高大的耸入云天的乔木也开花。从地面到天空，色彩斑斓的千千万万朵鲜花，将立体的森林装扮成花团锦簇的童话世界。

美丽而鲜艳的花朵不仅仅属于春天。在林冠郁闭浓绿欲滴的夏季，在叶片金黄火红果实累累的秋季，甚至在白雪覆盖寒风怒号的冬季，森林里永远是鲜花次第开放的美丽世界。而且所有的花儿每年开花的时间表也是极其准确的，有时准确到了不可思议的地步。野樱桃花和迎春花开放在三月，云锦杜鹃以及如火如荼的映山红开放在四月；美丽洁白的珙桐花像鸽子在五月展翅欲飞，小巧的鸭跖草花像蓝色的蝴蝶，在七月翩翩起舞……

五彩缤纷的鲜花使森林更加富有迷人的魅力，更加充满蓬勃的生机。开花的植物不仅改造了古老的森林，而且创造了现代森林。开花植物即被子植物的出现不仅仅是植物进化史上的又一场翻天覆地的伟大革命，而且在人类进化史的伟大史诗中，它是最为辉煌绚丽的篇章。

没有花，就没有现代森林，就没有今天如此多姿多彩的世界。

没有花的世界是一个色彩单调的世界。在泥盆纪中期，虽然植物已经取得了从海上登陆的伟大胜利，但在泥盆纪的地球上，活着的植物除了绿色仍然是绿色，没有花朵编织的锦绣，也没有鸟兽奏响的琴弦。从那时起一直到以裸子植物为主构成地球上又一片片森林的中生代，一片单调的绿色仍然统治着这个世界。没有“一枝红杏出墙来”的春花，也没有“清水出芙蓉，天然去雕饰”的夏荷；没有“开从霜后越精神”的秋菊，也没有“疏影横斜水清浅，暗香浮动月黄昏”的冬梅。

是的，比起蕨类植物来，裸子植物的出现又一次使植物更加适应陆地上多变的气候，从而又一次地在石炭纪森林的废墟上燃起了一片一片四季不变的新绿，每一粒裸露的种子都是一粒点燃这个地球的火种。在裸子植物上，生长胚珠（其中产生卵子）的球果和生长花粉（其中产生精子）的球果是有严格区别的，要使花粉传到胚珠表面从而使精子与卵子相结合，唯一依靠的只有风力。但是风不仅仅是传播花粉的“红娘”，或者说，风根本就无心充当传播花粉的“红娘”。在它繁忙的工作中，这种“红娘”的角色只是客串。这样一来，花粉和胚珠就无可奈何就有情难诉有苦难言了。当花粉急需传播的时候，风儿却不见踪影或者垂下翅膀栖息在山谷和海湾里去了。而当花粉尚不是最佳传播期的时候，或者即使是花粉急需传播的时候，风儿却来了，但它却呼呼地任性地吹，将花粉吹得漫天都是。有的花粉幸运地落到了胚珠上，但是更多的花粉却在风儿的任性游戏中失去了孕育种子的良机。

四季常青的裸子植物虽然战胜了严寒，但是却制服不了桀骜不驯的风。它繁殖后代的命运仍然掌握在喜怒无常的风儿手里，这不能不说是裸子植物的悲哀。

也许是一次极其偶然的邂逅（但绝不是上帝的创造），一只不知名的昆虫也许是甲虫飞到了雄球果上，而另一只甲虫飞到了雌球果上。它们不约而同地发现了雄球果上的花粉，和雌球果上的胚珠所分泌出来的露滴。噢，这花粉和露滴既芬芳又甜蜜，是可口的美味佳肴呢！它们兴奋地相互呼唤了，它们兴奋地将自己的发现告诉对方了（而这种偶然的发现是不亚于哥伦布发现新大陆的）。于是它们又相互交换了“餐厅”，于是它们完全是偶然地将花粉带到了胚珠上，一下就完成了乞求风力来完成的传粉任务。

现在我们已经不可能考证出究竟是哪一种昆虫、哪一种甲虫在偶然中完成了这项伟大的事业了。但是，我们可以肯定的是，一种新的思维方式闪电般地照亮了裸子植物传播花粉的道路。它们感到了一种惊喜，同时也怀着一种期待：那种甲虫明天还会来吗？

在这种历史性的惊喜与期待中，花粉与胚珠也同时在苦苦地思索，应该怎样主动地吸引昆虫来传播花粉，同时又防止昆虫将胚珠吃掉呢？成功的道路只有一条，那就是既不断地分泌露滴生产花蜜引诱昆虫，同时又产生一种保护胚珠不被昆虫吃掉的组织结构。

于是又一场伟大而艰辛的革命实践开始了。就像藻类当年为了登陆，锲而不舍地向海滩冲锋一样，无数的花粉和胚珠在这场革命实践中做出了巨大的牺牲。不断地探索，不断地总结经验，不断地向着伟大的目标一步一步地迈进。这样一种长期的天然选择，该蕴含着多少失败，多少曲折，多少得而复失的痛苦，多少失而复得的欢欣呢？

于是我不禁想起了冰心的一首诗：

成功的花，
人们只惊慕她现时的明艳！
然而当初她的芽儿，
浸透了奋斗的泪泉，
洒遍了牺牲的血雨。

正是这“奋斗的泪泉”与“牺牲的血雨”，孕育了世界上第一朵鲜花。

它那艳丽的色彩在万绿丛中，无异于一面鲜艳的旗帜，将蜜蜂、蝴蝶以及蜂忧鸟召唤到它的旗帜之下，并赠之以香甜的花蜜。于是这些快乐的蜂儿蝶儿又将花粉携带到一个个胚珠上，一次就使好几个胚珠同时受精。而胚珠则产生了一种保护自己的外衣，将种子柔柔地包裹起来。由于这柔柔的外衣仿佛一床柔柔的棉被，因此，世界上便出现了比裸子植物更进化的“被子植物”。

种子以及包裹它的“棉被”，我们称之为“果”。

花与果的出现，被子植物的出现，不仅仅使地球变成了一个“彩球”，而且使地球成为茫茫宇宙中迄今为止尚是唯一产生“人”这种高等动物的星球。从古代猿人到现代智人，被子植物以它们的花与果养育了人类，养育了有文字记载以来的历史，养育了这个风云变幻的世界。水稻、小麦、棉花、油菜、玉米、高粱、大豆以及茶、桑、麻；苹果、梨、香蕉、桃、杏、菠萝以及西瓜、草莓；西红柿、白菜、黄瓜以及烟叶、橄榄和槟榔……人类所需要的食物都是取之于开花植物也是被子植物的啊！尽管关于有花植物的产生，古植物学家们有着许多争论，但是我们仍然要感谢那第一只偶然携带花粉的昆虫，感谢那第一朵勇敢开放的鲜花。没有这些植物和动物，也就没有今天的人类社会。

于是我们也深刻地理解了：人只是地球上的生命链中的一个环节。人类的生存离不开一个生命之网。一个物种的灭绝，一个生物群落的破坏，都会使这个生命之网遭到破坏。这个生命之网养育了人类，而人类予以回报的，难道竟是野蛮的、无休止的砍伐与猎取吗？

花的产生使这个星球充满了温馨的爱。不论是东半球还是西半球，都不约而同地将鲜花比作美丽的姑娘，视为友谊与爱情的象征。

西半球的许多诗人钟情于红色的玫瑰。匈牙利的著名诗人裴多菲就咏叹道：“你的红红的脸／是春天的玫瑰。”而英国的著名诗人彭斯，十五岁时在打麦场上与一个少女相遇，友谊与爱情从此撞开了诗人灵感的泉眼，他写了名篇《一朵红红的玫瑰》。

德国的伟大诗人歌德，是多么喜爱花啊：

摇曳的吊钟花
像雪一样白
番红花开得
如火如荼
还有的像血
还有的像绿玉
樱草好奇地
得意扬扬
淘气的紫罗兰
故意在躲藏……

被称为“湖畔派诗人”的华兹华斯，则陶醉在这样一幅迷人的风景之中：

一大群黄色的水仙
依傍着湖
长在树底
微风中颤动起舞……

同样是红色的花，但中国的诗人则喜爱粉红的桃花。从《诗经》的“桃花灼灼”开始，有多少诗人歌唱了春天的桃花啊：“人面桃花相映红”“桃花流水鳜鱼肥”“山桃红花满上头，蜀江春水拍山流”……

而白色的花，也使诗人们产生了清泉一般的柔情：

最是那一低头的温柔
像一条水莲花不胜凉风的娇羞
（徐志摩：《沙扬娜拉》）

我希望逢着
一个丁香一样地
结着愁怨的姑娘
（戴望舒：《雨巷》）

但是中国的诗人们除了将花儿比作姑娘，视为爱情外，更多的还将花儿视为人品人格的象征，视为奋斗的人生写照。出于污泥而不染、亭亭玉立的莲花，甘于寂寞、从不争名逐利的深谷幽兰，特别是不畏风霜、不畏冰雪的秋菊和冬梅，千百年来一直被中国人所歌唱、赞颂。而在大森林一年四季开不败的花海中，我偏爱的是一位伟人的《卜算子·咏梅》，这首词应该视为对世界上所有开花植物的礼赞：

风雨送春归，
飞雪迎春到。
已是悬崖百丈冰，
犹有花枝俏。

俏也不争春，
只把春来报。
待到山花烂漫时，
她在丛中笑。

蘑菇

它们默默地生长在大森林里，生长在长满地衣的大树基部，生长在腐朽的倒木和潮湿的乱叶中。这些森林里的蘑菇，这些美丽如天使，娇嫩如婴儿般的蘑菇，是森林交响曲中一组活泼而神秘的音符。在伴随着摇篮曲的童话中，在老奶奶讲的民间故事里，蘑菇常常与挽着小竹篮到森林里采蘑菇的小姑娘，以及用毒菌施行巫术迷惑人的巫婆联系在一起。这是因为这些鲜艳如同花朵般的蘑菇，有的是鲜美的食品，有的则含有不同种类的毒素，于是无毒的蘑菇便成为天真活泼的小姑娘，而那些毒素当然就是阴险毒辣的巫婆了。

小姑娘也罢，巫婆也罢，这些形象都是人类自身利益的衍生物，而森林里的蘑菇却不是为了人类的利益而生存的。这些无毒和有毒的小生命，是森林中不可缺少的基本成分。在森林的三种基本成分中，乔木、灌木、草本植物、苔藓、地衣等绿色植物是“生产者”；鸟、兽、昆虫等是“消费者”；而蘑菇和其他的真菌、细菌，以及蚯蚓、白蚁、食枯木的甲虫等原生动物和腐食性动物，则是“分解者”。它们把森林中复杂的动物有机残体分解为无机物质，归还给森林，成为森林成长的养料。因此，在森林的物质循环和能量流动中，它们起着无与伦比的作用。

如同所有的真菌一样，蘑菇体中是没有叶绿素的。因此它无法进行光合作用，这也就意味着蘑菇本身没有制造养分的机能，因此，它必须直接和间接地从其他植物身上取得养分。而大多数蘑菇是繁殖在已经死亡腐朽的植物上的。一株树木轰然倒下了，一片落叶悄然飘落了，它们走完了生命的一段里程，而蘑菇则如同天堂里的小天使，来帮助它们完成生命的再次循环。蘑菇将这些死亡植物分解成氨基酸和糖等简单的化学物质，除了一小部分用于蘑菇本身的生长外，其余的则通过腐朽而被释放，成为绿色植物生长的养料。

这些森林中的蘑菇，这些默默无闻化腐朽为神奇的分解者，它们的生命是那样地短暂。寿命最长的不过十余天，寿命短的则只能活一两天，鬼伞菌类的菌体从形成到溶化仅仅只有几个小时。这些美丽鲜艳的林中之花，它们的整个生命都献给了森林，它们是森林中默默无闻的英雄。倘若没有它们，没有这些可敬的分解者，森林便会成为动植物的垃圾场和坟场，最终被窒息死亡。

我曾经到雨后的森林中去采过蘑菇。在潮湿而清新的林地上，五颜六色的蘑菇如同绚丽璀璨的珍珠宝石散布在绿茸茸的地毯上。这些可爱的小生命，有的擎着红色的小雨伞，有的戴着黄色的小斗笠，有的如同一把娟秀的折扇，有的如同一把精致的喇叭……古往今来，有多少人歌颂过蜜蜂啊！这些传播花粉酿造蜜糖的小生灵，的确是催促新生的小天使；可是有谁歌颂过用自己短暂的生命全部用来化死亡为新生、化腐朽为神奇的蘑菇呢？在人类功利而实用的视野里，蘑菇要么是一种鲜美的食品，要么是一种可怕的毒物。当人类用巫婆的形象来咒毒蘑菇时，恰恰忘记了这些毒蘑菇是对树木的生长发育有益的。对于森林来说，“毒蘑菇”恰恰是有益的功臣。它们背着“毒菌”的冤名，在分解死亡腐朽的植物时，将毒素留给了自己，却将氨基酸和糖献给了森林。

在茫茫的大森林里，毒素最大的不是那些幼小的蘑菇，而是那些虽然直立起来却用尖利的牙齿去破坏森林残害其他生命的称为“人”的动物。

【读写提示】

如何化抽象为形象

（一）

在这一组散文中，最值得一说的，我感觉是《花果》一文。

《花果》，题目看似简单，其内容却富含多个层次，文章涉及地质学、生物学、遗传学等多个学科，但作者并没有将这样的科学化阐述抽象化，而是在整体上以形象化的描写方式呈现给读者，使读者在阅读过程中尽可能地展开想象，拓展思维空间。

作者的笔力首先进入并紧紧抓住的，是我们司空见惯的花儿，作者并没有将自己的视角聚焦在花儿如何绚烂多姿的形象化描写上面，这样的描写一旦形成铺陈的态势，就会使文章陷入表层化，就很难使文章富有深度和厚度。

文章开篇，作者描摹了在大自然当中花儿以怎样的形态开放，它的画面感是如何影响了读者的审美观照，并用“童话般的世界”来界定花儿的美丽程度。这一段铺陈为后文中对花果的详细描写做了坚实铺垫，使我们进入到花的世界时，有一种深切的代入感，深刻的现场感。

接下来作者关注花事的时间规律，用形象化的语言表达方式，传达不同的花儿遭遇不同岁月的生物闹钟的准确安排，这样的表达方式别具一格。此处作者分别采用“展翅欲飞”“翩翩起舞”等等动感词汇，来呈现开放的花儿是如何引发我们绚丽的想象。

（二）

上述文字是对于花儿的历史形成的解读，紧接着，作者巧选类比，进入对“裸子植物”的生物遗传学描述，这一段，我们看中的，是作者对风的拟人化描写。作者并没有仅仅停留在静止的拟人形态，而是由风的切入，展开故事，使风的生命承载了红娘的“角色”，于是就有了故事的味道，就使“红娘”的“穿针引线”增添了情趣感。这一部分文字，因为具有了形象化、故事性的特色，因此在阅读瞬间就形成了壮美的空间感，并被赋予了我们人类所独有的情感效应、情感选择效应、情感失落效应。但不管怎样，不管谁遭遇了选择的获得与失落，我们作为读者，获得的却是神圣的、叠印在脑海里的、印象深刻的既通俗易懂，又富有阅读价值的生物遗传学样本。

此处，作者运用拟人修辞，贯穿此段始终，使我们关注到的，是人化的，乃至具有人类思维方式的情感选择方式，似乎摒弃了那些偶然，那些不期而遇，而是有预谋，有思考方式及选择方式的情感互动。

例如，不同的昆虫栖息在不同性别的球果上，“吮吸分泌出来的露滴”，由于它们之间有一种天然形成的情感纽带，而实现了情感呼唤，然后以共享的方式交换餐厅，又以偶然的方式代替了传粉的任务。在作者笔下，这种召唤是必须用形象化的语言才能呈现的，因为，作者毕竟不是遗传学家，而是讲故事的艺术家，只有借助艺术之手，才能传达出生命在遗传过程中的自在与自得，以及它们的情感选择。

（三）

此刻我们来遴选一下作者所用词语，看看作者是怎样聚焦了形象化语言来揭示大自然的进化过程，特别是无数的花粉和胚珠的智慧与献身精神。

“在这种历史性的惊喜与期待中，花粉与胚珠也同时在苦苦地思索，应该怎样主动地吸引昆虫来传播花粉，同时又防止昆虫将胚珠吃掉呢？”——拟人化修辞方式，活画了花粉与胚珠的思想境界与深刻的哲学思维。

“我们仍然要感谢那第一只偶然携带花粉的昆虫，感谢那第一朵勇敢开放的鲜花。没有这些植物和动物，也就没有今天的人类社会。”——作者的感言，实在是一种代表了人类最高利益的、超越了一切情感的对生物进化的科学解读，并且在很大程度上呼应了前文对于那些看似弱小的生命的高尚的情感选择以及在花粉传播过程中所做出的巨大贡献。

在这个基础上，后半部分所引用的名人诗篇，就有了各自的情感归宿，也就是说，如果单方面地认为花儿的开放是自然的选择，那么，从艺术的角度观照，这种解读还是有其偏颇性，而只有沉浸在对于花儿的情感解读空间，我们对于花儿的艺术化认知才能具有一定意义上的拓展性和情感的挖掘意义。

（四）

在英国诗人彭斯的视线里，少女如诗，如歌，如红红的玫瑰。

德国诗人歌德笔下的紫罗兰，花儿淘气的方式是故意躲藏，故意和你捉迷藏。

中国诗人戴望舒的眼里，丁香却具有了愁怨，一如美丽的少女。

于是，文章开篇所谓生物的进化与遗传，经过作者层层递进式的、生物学与遗传学的形象化解读，将深奥的专业知识生活化和趣味化，而深化为装点大自然的美丽图景，而成为自然界里的情感纽带，所呈现给读者的是象征人类奋斗史的、天人合一般的生命进化的历史踪迹，从而达到了愉悦心情，开阔视野，赏心悦目的目的。

第8堂课

世 界

心中有个世界

我的书桌上摆着两本摄影画册，选辑的是“世界新闻摄影荷兰基金会”所举办的世界新闻摄影比赛中获奖和刊入年鉴的部分新闻照片，名曰《目击世界》。我最有兴趣的当然是那些突发性现场新闻照片了，例如1981年3月30日美国总统里根在华盛顿遇刺，整个过程全部被拍摄下来，好像记者事先知道有这么一场好戏而等着拍摄似的。

使我久久沉默不语的，则是那些与儿童有关的照片了。

1975年最佳新闻照片：干旱和饥饿笼罩着萨赫勒、印度和埃塞俄比亚；

新闻特写照片：埃塞俄比亚巴迪难民营；

同时获最佳新闻照片和突发新闻照片一等奖的《博帕尔大灾难》，反映了印度那场震惊世界的毒气泄漏事故；

还有在越南战争中从燃烧的村庄中跑出的孩子，在黎巴嫩西部被炸死的孩子，像牲口一样干活的童工，还有在两伊战争中被征入伍的少年士兵……

在这个蓝色的星球上，战争、暴力、灾难、饥荒、疾病仍然像幽灵一样游荡，吞噬着千百万儿童的生命，剥夺千百万儿童应享有的幸福童年。

我不知道有没有《目击中国》这样的摄影画册。我真希望有这么一本画册，既拍下用巧克力健力宝泡泡糖喂肥的娇儿，也拍下穷乡僻壤里面带菜色的孤儿；既拍下被繁重的功课压得喘不过气来没有星期天没有节假日的中小学生，也拍下那些从学校流失到社会的童工、流浪儿……

请原谅我在快乐的“六一”国际儿童节时说了这些令人不愉快的话。但是我曾经是一名教师，现在是一名儿童文学作家，我想和孩子们说的，便是“六一”是“国际”儿童节，我希望他们从小便学会关注整个世界，而不仅仅是口里的泡泡糖以及眼前的游戏机；我希望家长也给孩子们一个博大世界，而不仅仅是一架钢琴，一本唐诗，一套习题集，一把望子成龙的铜锁。

其实孩子们是很喜欢看这样的画册的。我的女儿和她的小伙伴们便时常翻阅《目击世界》，还有我收藏的日本侵华史之类的历史资料照。这些照片更加真实、更加直观地告诉了孩子们什么是历史，遗憾的是这样的专门为孩子们编辑的画册太少太少，在偌大的中国几乎还没有，而泛滥成灾的倒是那些外国动画片的复制品。当然，引导孩子们关注地球以外的太空例如星球大战什么的并不是坏事，但是，我们赖以生存的地球难道不更值得关注吗？

又是静静的夜了。许许多多儿童的笑声、哭声、呐喊声如海潮一样渐渐涌来，这些儿童的心声并不是“六一”这一天才有的，我希望这个世界不仅仅只在这一天才注意到这些心声。

亚洲的黎明

黎明前的五点钟。我从睡梦中醒来。

我从土耳其醒来。从伊斯坦布尔醒来。从博斯普鲁斯海峡边醒来。从连接欧洲和亚洲的欧亚大桥下的王子酒店醒来。或者，确切地说，我从欧洲醒来。从欧洲边缘的一抹海边，一扇窗口醒来。从黎明前的一丝缝隙中醒来。

我的窗外，就是博斯普鲁斯海峡。此刻，温润着黎明前的黑夜的，是欧亚大桥下的海边清真寺的灯光，是高高的宣礼塔尖的金色的灯光，如同直插云端的灯塔，以及伊斯坦布尔高高举起的两只手臂，虔诚地，无声地，召唤着东方的黎明。

东方就在对岸。就在海峡的对岸。就在欧洲的对岸。就在对岸黑豹般起伏的山峦之后。那是亚洲，是生气勃勃的大陆、高山与海洋，是丝绸之路起点的中国，是我生长丝绸、瓷器、漆器以及火药、纸张、活版印刷、指南针的故乡。

五点半钟。我起来了。

这是我们埃及和土耳其之旅的第二个黎明。昨天深夜，我们从广州出发，飞行十几个小时，与黎明一起，降落在埃及开罗机场。就在候机再飞伊斯坦布尔的时候，我看见窗外金沙般的灯火，渐渐地溅落在苍穹之中了。航站楼的后面，渐渐地亮了起来，一丝丝青灰，一束束浅蓝，一段段白金，一片片绯红，织就了开罗的黎明，迎来一轮硕圆的朝阳，浮在非洲的笑靥中。而现在，我在伊斯坦布尔的欧洲区，在微雨与海风之中，守候着又一个黎明。

我没有想到，我们会下榻在博斯普鲁斯海峡边。推开窗，就是横跨海峡的欧亚大桥。夜色里，这座欧洲第一大吊桥，如同璀璨的蓝宝石连缀而成。海边纵横交错的古老的小巷，则由一家家风格独特的咖啡馆、小酒吧、美食店，连缀而成。清真寺旁的海边，有许多渔翁在夜钓。海水在夜风中动荡着，拍打着堤岸。渔翁的铁桶里，几乎看不见什么鱼。但是渔翁们仍然兴趣盎然，抽着烟，与围观的观众们谈笑着。着急的倒是那些守候在鱼桶前的猫。它们显然比渔翁更在意鱼竿的颤动，而且，它们不知道那些潜伏在海水之中的鱼儿，那些自由地来往于欧洲与亚洲之间的，不用任何护照与签证的，不用脱衣解皮带高举双手任由安检人员像检查货物一样反复检查的鱼儿，什么时候会在夜色中贪婪地咬钩。

六点十八分。亚洲的灯火渐渐稠密了。

东方的夜色渐渐地褪去，在淡墨与飞白之间，开始沁透出鸭蛋青。原来与夜色浑然一体的山丘，渐渐地在水墨背景的映衬下，展现出背脊一样的轮廓。

突然间，窗外传来一阵广播声。是的，真的是从大喇叭里传出的广播声。抑扬顿挫的广播声，在黎明时分的海峡上空回荡着，回音袅袅，覆盖全城。

我立即判断出，这样的祈祷声，是从海边的清真寺传来的。后来，我才得知窗前的清真寺名叫奥特奇（ORTAKOY），清真寺前高高的宣礼塔，就是安置喇叭用来传播祈祷声的，塔高而声远，难怪如同擎天柱一般直插云天。

这是晨祷。是黎明前的祈祷。是太阳出来之前的祈祷。

是对光明的祈祷。

是对阳光普照大地，普照万物，恩泽众生的祈祷。

后来，无论是在土耳其，还是在埃及，无论是在伊斯坦布尔，还是在开罗，亚历山大，每天，随着太阳的升起，一直到日落，伊斯兰国家的城市上空，都会响起五次祈祷声。东方黎明前，日出前，是晨礼；其次，中午过后，太阳偏西，是晌礼；第三次，在太阳变黄前，直到太阳将落，是晡礼；从日落开始，至晚霞消失前，是昏礼；最后，从晚霞散尽，到夜幕降临，乃至黎明前，是宵礼。每次外出旅行，我都有晨起拍摄日出的习惯，都要设置手机叫醒。但是，在土耳其和埃及，每天清晨，我都会在祈祷声中醒来，推开窗，和朝霞一起，和飞鸟一起，去迎接壮丽的日出。

在这个蓝色的星球上，有许多崇拜太阳的民族。中国、印度、埃及、希腊和南美的玛雅文化，都是世界上太阳崇拜的发源地。19世纪西方自然神话学派的代表人物麦克斯·缪勒曾经提出，太阳“从仅仅是个发光的天体变成世界的创造者、保护者、统治者和奖赏者——实际上变成一个神，一个至高无上的神”。因此，人类所塑造出的最早的神是太阳神，最早的崇拜形式是太阳崇拜。太阳神话是一切神话的核心。但是，许许多多古老的朴素的太阳崇拜，最终成为神话，成为化石一样的神话，沉寂在厚厚的典籍里。而只有穆斯林的祈祷声，这起源于太阳崇拜的顶礼膜拜，每一天，都会随着太阳的升起与沉落，那么虔诚地，那么自然地，那么生机勃勃地，在地球上响起。这是人与神的对话，更是人类与太阳的对话，是一个星球与另一个星球的对话，如果说，祈祷的声谱是一种话语系统，那么，太阳的光谱，又何尝不是一种话语系统！人类与太阳的对话，地球与太阳的对话，也是生命与生命的对话啊。

在这个世界上，曾经有过各种各样的人造的太阳。或者说，古往今来，无数的君王，包括曾经在博斯普鲁斯海峡边重建君士坦丁堡的千古一帝君士坦丁大帝，以及东临大海祈祷长生不老的秦始皇，都曾经期冀自己像太阳一样，每天都壮丽地生生不息地升起，或者，即使自己也有消失的一天，也希冀自己的生命，自己的统治，通过血缘而延续。但是，无论这样的威权多么强大，在太阳面前，在历史面前，终究只是一抔黄土。而真正的太阳，以及随太阳一起呼吸互动的祈祷，千千万万太阳的子民亦即普通民众的祈祷，才是富有生命力的，才如同空气与云彩一样，阴阳有序地萦绕在这个星球上。

六点三十分。东方的水墨越来越淡了。天空开始出现了彩色的云彩。前不久，土耳其一带曾降暴风雪。我们在飞越地中海的时候，还看见了地面上大面积的残雪。现在，东方那初现的一丝彩云，不但预示着今天会是个好晴天，同时，也预示着会出现一个灿烂的日出。

我开始兴奋起来。

伊斯坦布尔开始醒来。我听见窗外传来汽车驶过的声音。街灯下，一个清洁工正在清扫路边的积水。灯影下，他的身影拉得很长。待我再次用长焦去拍摄他的时候，我发现，他走进了路边的店铺。噢，那就是说，他是在清扫自己店铺前的积水。那是一家烤羊肉的店铺，这么早，就要开门营业了吗?

就在这时，我突然听见窗外传来沙沙的响声，好像是有人在轻轻地敲窗。

走进窗口，仔细一看，竟然是一只海鸟，正栖息在我的窗台上，好奇地朝屋内探望。

是我室内早早亮起的灯光吸引了它吗？我的鼻尖贴着玻璃，与一窗之隔的鸟儿相互打量着，微笑着。

鸟儿转动着脑袋，望着我，然后冲我笑了，张开翅膀，朝海边飞去。

对面屋顶的烟囱上，电视天线上，结满了果实般的鸟儿。此刻，鸟儿突然飞起，黑乎乎的一大片，朝着东方飞去。

噢。亲爱的，你是在召唤我，也到海边去吗?

准备好所有的行装，我准备出发了。

尽管导游一再善意地提醒，初来乍到，最好不要单独出门，但是，我已按捺不住到海边迎接黎明、迎接日出的冲动了。

我是中国人。我是张骞的后代。伊斯坦布尔是古代丝绸之路的终点，来自丝绸之路起点的我，怎么能不去拥抱东方的太阳。

六点五十分。街灯熄灭了。

这是一个信号，一个暗示，一个默契，一个告别与召唤。如同剧场的灯光熄灭之后，所有的视线将集中在舞台之上。黑夜与黎明微笑着握握手，将天空、大地与海洋，全部交给黎明去表演了。

背上沉甸甸的摄影包，我也走上街头，走向我的舞台了。

在这样一个壮丽的舞台上，我不是第一个行者，也不会是最后一个。我只是丝绸之路上的一声清脆的驼铃，或者，是丝绸之国一丝坚韧的蚕丝。

“丝绸之路”一词，最早来自于德国地理学家费迪南 · 冯 · 李希霍芬 1877 年出版的《中国》，有时也简称为《丝路》。当这些来自东方、来自中国的丝绸历经艰辛运到西方，立即就引起了罗马人狂热的迷恋。就像“瓷器”成为“中国”的象征一样，“丝绸”也成为“中国”的代名词。有趣的是，公元 1 世纪的罗马人，以为丝绸是从树上摘下来的：“赛利斯人（中国人）以从他们的树林中获取这种毛织品而闻名于世。他们将从树上摘下的丝绸浸泡在水中，再将白色的树叶一一梳落。（丝绸的）生产需要如此多的劳役，而它们又来自于地球的彼方，这令罗马的少女们可以身着半透明的丝衣在大街上炫耀。”

时尚的力量是如此的强大，以致古罗马的市场上，丝绸的价格曾涨到每磅 12 两黄金的天价，竟然迫使元老院专门制定法令，禁止穿着丝绸服装。其理由除了会造成古罗马的黄金大量外流以外，还以道德的理由禁止民众的穿着："我所看到的丝绸衣服，如果它的材质不能遮掩人的躯体，也不能令人显得庄重，这也能叫作衣服？"

但是，人类追求美，追求生命的美，生活的美的本能与愿望是那么的自然，那么的强烈，如同太阳每天升起，青草每年发绿，岂能是一纸法令就可禁止？东方的丝绸，中国的丝绸，如同阳光一样织就黎明的丝绸，无声地，顽强地，水滴石穿地，润物细无声地，从青铜般的汉唐一路沁来，出阳关，过于阗，越葱岭，沿咸海、里海、黑海之北，经碎叶、阿斯特拉罕，一直到君士坦丁堡。然后，沁进人们的生活之中，对美的追求与向往之中；甚至，沁进伊斯兰的经典《古兰经》之中，沁进《古兰经》对天堂的赞美与描绘之中。"中国的丝绸是天国的衣料"。那些行善者进入乐园与天堂后，将穿上用丝绸做成的美丽、舒适的衣服。那是多么美好的愿景啊。

噢。我故乡的丝绸。我的祖国的丝绸。就这样成为一种文明，一种追求，一种希望与向往，一种对生命的终极关怀。

现在，我来了。如同一丝线头，走在伊斯坦布尔青涩的黎明中了。

马路上，湿漉漉的，显然夜里下过了雨。现在，虽然雨停了，但是风仍然很大，很冷。天刚蒙蒙亮，街上没有什么人。偶尔有早行者，也是匆匆而过，丝毫不知道身边的这个大胡子，是来自丝绸之乡的中国人。

穿过马路，穿过小巷，我朝海边走去。

东方越来越亮了。在对岸亚洲山丘的脊背上，横卧起一道耀眼的金色的云带。在金色云带的上方，是深蓝与绛紫相交的云彩。金黄与绛紫深蓝的对比如此地强烈，好像觉得东方有一条金子打造的河流，正在融化成耀眼的金水，在熠熠生辉，夺人心魄。

小巷的尽头，便是奥特奇清真寺。一拐弯，就是海边。昨夜闪着霓虹灯，充满异国情调的小巷里，此刻空寂无人。无数的海鸟在空中翱翔，不知为什么，围绕着宣礼塔的塔尖飞翔的鸟儿，特别的多。它们也是被祈祷声惊醒，召唤而来的吗？现在，好奇的它们，是在高音喇叭周围寻找神秘声音的来源吗？

我举起了相机。我必须高高地扬起头，才能看到塔尖。导游苏珊曾经告诉我们，伊斯坦布尔有450多座清真寺。每一座清真寺，都会有2个或2个以上的尖塔。最著名的蓝色清真寺，就有6个尖塔。一千多座高高的尖塔全部集中在一个城市中，放眼望去，犹如一片尖塔的森林。

望着这些森林般的尖塔，我不禁想起了唐人杜牧的名句："南朝四百八十寺，多少楼台烟雨中。"虽然"四百八十寺"只是一个概数，但是，在南朝，在当时的建康，也就是现在的南京，始于三国的寺塔建筑，到南朝时，达到极盛。所谓"钟山帝里，宝刹相临；都邑名寺，七百余所"，我想不会是一种夸张。南朝以后，到了杜牧的唐代，到了郑和的明代，南京的寺庙虽遭毁颓，但仍然晨钟暮鼓，塔林高耸。最著名的大报恩寺，代表着中国历史上极高的建筑艺术成就。其琉璃塔，高约78米，9层8面，外壁用白瓷砖砌成。塔内外置长明灯146盏，几十里外可见，开世界琉璃宝塔之先河。明人张岱称之为"中国之大古董，永乐之大窑器"，在十六七世纪，大报恩寺琉璃塔被称为中国瓷塔，与古罗马大斗兽场、古亚历山大地下陵墓、意大利比萨斜塔等，并称为中世纪世界七大奇观。但是，直到今天，意大利的比萨斜塔还在那里斜着，吸引着世界各地的游客，包括我，也曾不远万里，去拍摄它在金色的夕阳中倾斜的剪影。而南朝的四百八十寺呢？当年的世界奇观琉璃宝塔呢？几乎全都毁灭于战火，消失在历史的烟雨中。杜牧描写江南春的美丽的诗句，也成为一种不幸的预言。

七点十五分。我终于来到海边了。

天已经亮了。但是，欧洲仍然云层低压。昨晚感觉到还算平静的海面，此刻如同滚水沸腾，风劲浪涌，一排排大浪哗啦啦互相推涌着，争先恐后扑向岸边，冲上街面。整个海峡如同聚集了千军万马，呐喊着，奋不顾身地冲锋陷阵。街面上，满是大浪冲撞而上粉身碎骨留下的白色泡沫。

这么大的风，这么大的浪。我在海边根本站立不稳。海风迎面横吹，我几乎张不开嘴呼吸，只能躲到海边的一所木房边，用手臂挽住铁栏杆，牢牢站住，然后再举起相机，去捕捉黎明中的画面。

噢。就在清真寺旁边，昨晚渔翁们聚集的海边，居然有一个男子在垂钓！海面怒涛汹涌，狂风挟带着海浪呼啸扑来。他带着风帽，缩着头，拢着袖子，但是毫不退缩，礁石一般站在钓竿旁，耐心地守候着鱼儿上钩。

但是，这么大的风浪，会有鱼儿早早地起来，去咬钩吗？

风还在呼啸。浪还在扑岸。偌大一个海湾，就只有我和渔翁两个男人，各自占据着一个支点，面对着波涛汹涌的海峡，迎接着东方越来越亮的黎明。大风中，我看不清渔翁的脸，但是，当我咬牙坚持用长焦去拍摄他的时候，我不禁哑然失笑了。我为我的浅薄与迂腐而感到好笑。醉翁之意不在酒，渔翁之意就一定在鱼吗？就像我这么早来到海边，仅仅就是为了拍摄一张黎明的照片吗？

“千山鸟飞绝，万径人踪灭。孤舟蓑笠翁，独钓寒江雪。”

我和渔翁都在坚守，都在独钓。我们都知道，我们守候的，不仅仅是一尾海鱼，而是比海鱼更珍贵的东西。

伊斯坦布尔时间。七点三十分。

东方金色的河流开始泛滥了。

原来横卧在东方地平线上的那一丝金线，渐渐地变成了金溪；然后，变成了金河，现在，金河冲破云层的堤坝，开始汪洋恣肆地泛滥，将那些深蓝的堤坝、绛紫的堤坝、铁灰的堤坝冲了个稀巴烂，将东方照耀得一片金红。

沐浴着金黄的亚洲。

沐浴着金红的亚洲。

像睡狮一样醒来的亚洲。

生气勃勃的亚洲。

生气勃勃地醒来了。

无数的鸽子不知从哪里飞了出来，一群接着一群，在连接欧亚大楼的大桥上翻飞，在清真寺的穹顶上翱翔，汇合着无数的海鸥，在海峡上空俯冲、横穿，然后，雨点般地降落在我的身旁。

密密麻麻的。这么多的鸽子，这么多的海鸥，将我包围着。毫不畏惧我手中的镜头，咕咕地冲着我笑着，叫着。也许，在它们的眼中，我也是一只大鸽子，或者大海鸥。只要我高兴，也会和它们一起，张开翅膀，在海峡上空自由地飞翔。

我突然感到，这么多的鸟儿，在亚洲与欧洲之间，在东方与西方之间，自由地翻飞，如同古代丝绸之路上那些来来往往的商人与使者，那些汉唐被称为赛里斯的中国人，那些活跃在古代丝绸之路上的大宛人、康居人、印度人、安息人、阿拉伯人、西突厥人，他们穿越沙漠，渡过大河，如同织机上的梭子，牵引着经线与纬线，织就了世界文明史与文化交流史上的丝绸之路，友谊之路。

此刻，它们在霞光里兴奋地翻飞，如同灵巧的金梭，正在织就东方的彩霞与黎明，织就一条新的壮丽的丝绸之路。

于是，我明白了，为什么丝绸会出自东方。

因为太阳就是巨大的金茧。

而那蚕丝的线头，就握在我们每个人的手上。

【读写提示】

游记的人文色彩

（一）

一般的游记形式，多半是描写游览过程中的一种状态、一种见闻，或者其间穿插一种心情的摹写。一般是以下几种方式来完成：游踪明晰，移步换景；定点观察，情境变化；略有游踪，虚实相生；暗示游踪，专写一景。

本节课的文章与上述游记的构思方式的不同之处在于人文色彩的隆重以及烘托渲染与虚实相生的凸显。

所谓人文指的是什么呢？人文即是人类社会的文化现象，以及在这个范围之内的美学范畴。作者此番游踪范围，均为土耳其境内，但作者的思绪，却由当地的文化符号逾越到了历史与现实，以及不同文化环境当中的各种各样的人生际遇。

全篇贯穿着一明一暗两条线索，明写土耳其游踪，实抒对人文环境的情感揭示。

（二）

之所以强调本文的人文色彩，是因为文章借由“我”的游踪以及“我”的视角，描绘了所有在人文这个大的框架之下涌现出来的汹涌澎湃的一朵朵浪花。

作者的时间之珠，开启于黎明之前的梦醒之时。按说什么时候醒来的时间非常重要，但此刻作者并没有在意时间的维度，而是强调了海边、窗口，以及黎明前的一丝缝隙等等物理的维度，以及对岸的东方，对岸的丝绸之路，对岸的中国。

作者之所以这样写，是因为他并非以一个纯粹的旅行者的身份打开那扇窗子，而是以一颗孤独的灵魂，来开启喧嚣繁华外表下的异国他乡所能呈现出来的一些人格的内涵，一些生命的焦灼。

随着伊斯兰教的祈祷声在天空中优游来去，作者迎接到了壮丽的日出。一只海鸟的敲窗声引发了他的兴趣，他的对于自然界所有生命的关照的情怀。他刻意描写那只海鸟的动态细节，其实是为了平抑自己正在涌动着的乡愁；他和海鸟隔着玻璃互相打量，其实是让自己纤细敏感的内心勇敢地接纳这个陌生的世界。

（三）

时间推进。空间转换。旅行者漫游街头。

如果说刚才那只孤独的海鸟激活了作者孤独的情绪，那么，青涩的黎明、湿漉漉的马路、空寂无人的小巷，使作者的内心充满了惶惑而不安的欢乐。

作者以羡慕的神情发现了海鸟奇怪的聚集，并以嫉妒的追问向孤独的海鸟叩响窗子那样叩响了那神秘的声音的来源。作者举起相机拍照，细数每一座清真寺的尖塔，由这些精妙的尖塔联想到故乡，联想到现实的故乡，联想到杜牧的唐代、郑和的明代，然后是亚历山大地下陵墓、意大利比萨斜塔等等，但无论作者如何联想，最终还是回归到故乡“南朝四百八十寺”的消逝，以及生命在历史的烟雨中的湮没。

文章结尾，作者并没有事无巨细地完整讲述旅行所见的所有景观，而是紧紧围绕与乡愁有关的人与物，一颗漂泊的灵魂在丝绸之路上忽然间启悟，忽然间顿悟，忽然间发现，故乡的神韵，就在你远离故乡的时刻才会显现得那么幽雅，那么芬芳。

第9堂课

旅 行

骑着马儿找草原

一个生长在长江边的男孩子，从小就向往着美丽的草原了。对于我来说，对于我们这一代人来说，草原几乎就是一个梦，一个在高亢悠扬的《牧歌》中，辽阔无边的梦。如果说，现在的孩子，是在当下的流行歌曲中长大的，他们的童年记忆，是和港台歌星联系在一起的，那么，我们这一代人的童年记忆，则是和草原的诗与歌联系在一起的。“天苍苍，野茫茫，风吹草低见牛羊。”“蓝蓝的天上白云飘，白云下面马儿跑。”“羊群好像是斑斑的白云，撒在草原上，多么爱煞人。”“美丽的夜色多沉静，草原上只留下我的琴声。想给远方的姑娘写封信，可惜没有邮递员来传情”……在这么多的诗与歌中，草原被诗化了，歌化了，梦幻化了，而对于一个男孩子来说，草原则是雄性的象征，奔驰的骏马，勇敢的赛马，粗犷的蒙古长调，深沉的马头琴声，豪放自由的一醉方休，都将男性的魅力发挥到一种极致，一种质朴而诗意的境界。美丽的草原，就这样诗意地沉淀在我的梦幻中，如同陈年的美酒，一窖藏就是几十年。

一晃眼，人到中年了。高唱《颂歌》的胡松华，也被粗犷的、摇滚的腾格尔所取代了。但是，草原之歌仍然没有改变诗意的内核，相反，被沙哑的、激情的腾格尔，唱成了质朴的、美丽的《天堂》。而我，则带领着一群热爱文学、热爱草原的孩子，在草原最美的夏季，直奔天堂而去了。

我们到达希拉穆仁草原时，已是下午了。希拉穆仁草原，也称乌兰图格草原，别称小草原，海拔1700米，坐落在乌兰察布草原中部，距呼和浩特只有81公里。这里是内蒙古最早开辟的草原旅游点，所有的导游词都告诉我们说："草原的夏秋，香花遍野，芳草依依，迷人的美景使人心旷神怡。"可是，当我和孩子们雀跃着奔向草原时，却惊讶地发现，展现在我们眼前的，哪里是"草"原呢？分明只是草色难觅的辽阔的丘陵了。就在我们的脚下，马粪倒是随处可见，就是见不到草，或者说，见不到我们想象中那样茂盛的草。在严重沙化的大地上，稀稀拉拉的，只见一团团矮小的匍匐在地皮上的灰蒙蒙的小草。说实话，连武汉路边的野草也不如。

我们极度失望了。虽然我们也骑马了，观看了赛马和蒙古风情的歌舞了，可是，就像德德玛的一首歌的歌名一样，我反复地叩问大地：《草原在哪里》？草原在哪里呢？

蒙古朋友告诉我， 二十年前，这里还是水丰草美的地方。 但是，由于过度放牧，持续的干旱，这里的草原已经严重退化了，沙化了。如果还想看看草原，就骑着马去寻找吧。

于是，就和朋友们骑了马，朝传说有草的"天鹅湖"走去。

下午首次骑马，蒙古朋友见我一脸大胡子，以为我也是蒙古人，便朝马抽了一鞭，那马猛地"奔驰"起来。我猝不及防，只能下意识地拉紧缰绳。只听耳边风声呼呼，我的心脏几乎停止了跳动。一旁的蒙古骑手看出了我的危险，也骑了马，狂奔到我身边，大声指挥我拉缰绳。可我只能瞎拉了，没想到一拉，那马竟然扬起了前蹄。远处的孩子们，还以为我在表演马技，一齐喝起彩来。幸亏骑手迅速赶到，保护我下了马。因此，现在去寻找草地，只能是放马行走，或者是小跑了。就这么走走跑跑了一个小时，到了"天鹅湖"边，算是见到了草甸子，见到了绿色的草原，以及散布在草原上的牛群和几匹马。夕阳西下。草原的晚霞格外的绚丽迷人。可是我的心在哭泣。到了草原，还要骑马去寻找草地，我的天堂，是这样的吗？

也许是我对草原的热爱感动了上苍，今年的夏天，真的给了我一个花海般的草原。

从成都去甘孜州的塔公草原，首先要翻越海拔4500米以上的巴朗山，然后，经过神圣的四姑娘山，穿越中国大熊猫的家乡卧龙保护区，直奔通往康定的川藏线。“塔公”，藏语意为“菩萨喜欢的地方”。那里著名的塔公寺，是藏传佛教萨迦派著名的寺庙之一，有“小大昭寺”之称，是康巴地区藏民朝圣地之一。就在公路上，我们见到了两个青年藏族男子，五体投地，手套木板，正向塔公寺朝圣而去。

还没到塔公草原，我就被公路两旁山坡上五彩斑斓的野花迷住了。导游笑着说，还是到草原去拍照吧，那里是一片花海呢。

就这么盼望着，翘望着，终于，看见金碧辉煌的塔公寺了，看见了塔公寺对面的山上，由无数面经幡组成的一个个的三角形幡阵。而在塔公寺的周围，便是鲜花盛开的草原。花色多为蓝、白、金、黄，尤以金黄为最，如同江南的油菜花，海浪般地漫向辽阔的地平线上。一眼望去，倒是晃晃然不见绿草，只见鲜花了。

我便沉醉在这花海般的草原上了。看无边无际的花海漫延到天际，看平缓起伏的山丘如同舒缓抒情的慢板，看蓝蓝的天上，山一样的高积云海涛般变幻着模样，看草原上马儿悠闲地吃草，一群群男孩子骑着马在花海里破浪飞驰。这时，几个藏族小孩子笑着朝我跑来。女孩子穿着藏族服装，梳着小辫，男孩子则像西部小牛仔。他们好奇地要摸我的大胡子，我欣然同意，条件是，我要给他们拍照。他们笑着摸了我的胡子，验证了是“真胡子”后，马上熟练地摆出了各种姿势，任我拍摄。在镜头中，他们天真无邪地微笑着，笑得像草原上鲜艳的湿润的野花。

这一次，我没有骑马。在实实在在的花海里，我不需要马这样的坐骑，甚至，不需要腾格尔的《天堂》。

三峡畅想曲

银色的纤绳

深夜，轮船闯进西陵峡了。

深夜，轮船将一网珍珠撒在葛洲坝，溶入茫茫无边的夜色之中了。

船头，两盏探照灯射出两道强烈的光柱，似寒光闪闪的剪刀，剪开浓黑沉重的夜幕。轮船，似入空寂无人的狭长深巷，握着手电筒，小心翼翼地搜索着前进。

哦，三峡，你那“青天若可扪”的奇峰呢？你那“卷起千堆雪”的惊涛呢？你那“三峡星河影动摇”的奇观呢？你那嵌在绝壁之中的栈道呢？难道全都溶化在这浓稠的夜色之中了么？

一粒红宝石般的航标灯神奇地眨着眼，仿佛是回答着我的询问。而高山，从黑夜紧攥着的手指缝里伸出头来，沉默地显示着伟岸；江水借助轮船上灯光的倒影，亲昵地扑上来，抚摸着轮船坚硬的龙骨。

夜色愈来愈浓了。它仿佛厌恶诗人笔下的“夜幕”过于纤细，而浓得像粘稠稠的沥青。深深的峡谷宛如矿井，而轮船高悬着矿灯，在深深的煤层中掘进。

突然间，两座墨黑的山峰跳了出来，像两扇石磨，要把轮船碾成粉末！而轮船好像全无察觉似的笔直朝着铁壁撞去！就在“石磨”即将合拢的刹那间，就在船头即将撞在山岩的刹那间（在灯光的照射下，连山岩上湿漉漉的绿苔藓都触手可及了），探照灯的光柱倏地一弯，轮船像一条大鱼，轻快地一摆尾，又泼剌剌地向前游去。

于是，我看见隐现于光影之中的山峰了。逶迤起伏的山峦，侧着头，依依相偎，甜甜地睡了。使人想起那夜行军中，士兵们一个个边走边垂着头做梦；使人想起婴儿偎在母亲的怀里，而母亲靠在孩儿的肩头，母子相偎，发出微微的鼾声……一只小鸟，悄然无声地从光柱中掠过，顷刻又消失在夜色之中，莫不是贪玩的孩子，急急忙忙地赶着夜路回家么？

轮船，却全无倦意。探照灯强烈的光柱，仍然倔强而执着地上下求索，寻觅。于是，奇迹出现了：那凝然不动的光柱，好似两条银色纤绳，而那连绵起伏的山峰，好似弓着腰拼力向前的纤夫，拽着这银色的纤绳，拉着轮船，一步一个脚印，一步一步地咬着牙奋力前进……

啊，三峡，纤夫不屈不挠的灵魂！

啊，长江，中华民族肩头的纤绳！

云　水　恋

清晨，薄雾殷勤地拭擦着三峡。

清晨，薄雾从江面上腾起，拭擦着铁青、赭黄、淡绿的峭壁，拭擦着盆景般的金橘、绿茶，米粒般的羊群、黄牛。

江水被山的倒影泡得绿酽酽的了。轮船贪婪地呷着这喷香的浓茶。

浪花伸直胳膊伸懒腰了，而那如斗的泡漩，仿佛是长江惬意地打着哈欠。

两岸雄峻的山峰，一头在天上，一头在人间。天上的一半，白云严严地包裹着，生怕泄露了“天机”。人间的一半，薄雾匆匆地忙碌着，将一幅幅色彩明丽的油画，空蒙扑朔的水彩，似有似无的泼墨写意，展现在我们眼前。

长江被大山挤瘦了。犬牙交错的礁石伏在江水之中，像历史博物馆的陈列物，默默地展示着大江冲决三峡的威力和它艰难的征程。

轮船猛烈地震动、颠簸起来，像醉汉摇摇晃晃地蹒跚着。

汽笛长鸣，群山回应，轮船领唱，群山合唱，奏响了雄浑的晨曲。

于是，被白云包裹着的山峰嗓子眼儿痒了。它们不耐烦地攒动起来。

于是，白云不安地流动起来，它们娇嗔地劝说着，继而噘嘴发起脾气。顷刻间，浓云掩盖了整个三峡。

大江，不理会山与云的纠缠争吵，默默地赶着自己的路。

轮船漂在云里了。

轮船，浮在云的故乡——巫山。

哦，眼前究竟是云还是山呢？说它是云，却山一般凝然不动；说它是山，却云一般地滚动飞逸。

我的思绪，也云一般地飞起了。

也许，云，是巫山的特产么？你看那山坡上，岩缝间，沁出一缕缕白云，像白色的蘑菇，眨眼间长大了，长高了，快活地扭动着身子，扑向妈妈的怀抱。

也许，白云与巫山是一对忠贞不渝的恋人么？男性的雄浑刚劲与女性的柔美多姿，那么和谐地相映成趣。或许，这白云还是个心眼儿窄的姑娘，长年累月地将恋人的英俊的脸颊遮盖着，是怕谁夺走了她的心上人么？

哦不，巫山真正的恋人，该是这湍急的长江。碧水绕青山，这云这雾，不就是蒸腾而上的长江么？

哦不，或许云与水是一对孪生的姐妹，云夺走了山，将山滞留在温柔之乡；而水，却不忘自己的使命，将山的影子藏在心里，却一如既往地按照自己的初衷顽强地奔向大海。

哦，“云雨归来带异香”的巫峡！

哦，“道是无情却有情”的长江！

神女，你是谁？

中午，太阳像一个魔术师，挥舞着神奇的魔棍，在三峡中嬉笑着表演。

它忽而把长江变成深山中的一条小溪，把轮船变成溪水中的蝌蚪；它忽而把长江变成一口深不可测、高不可攀的石井，把轮船变成井中的青蛙。

它把群山变成千姿百态的巨人，而把我们变成尼尔斯，骑着鹅在峡江里飞翔。

啊，它将把神女峰变成什么模样呢？

游轮上，“尼尔斯”们全都涌了出来。一个个镜头对准了白云缭绕的前方；一双双眼睛瞅准了苍鹰滑翔的高空。

神女峰到了！神女峰到了！太阳用魔棍将幕布轻轻地一拨，啊，神女微笑着站立在舞台的中央！

天是这样的蓝，蓝得像景德镇的瓷器那样剔透，映衬着无数的神话和诗冶炼而成的神女峰。

“尼尔斯”们激动而忘形了。他们高喊起来。

“你好啊，阿妹！”——溅起一阵笑声。

“你好啊，婵娟！”——引来一片惊异。

“哪个像婵娟呢，硬像大巴山中的女子嘛，你看，后面还背着背篓篓嘛，背篓里还有个女娃儿！”满脸络腮胡子的川东大汉一本正经的模样，逗得几个姑娘抿着嘴弯着腰迸出了眼泪。

啊，神女，你告诉我，你究竟是谁呢？

望着你，听着周围的笑声，我想起了“圣母玛利亚”，想起了画家笔下的“圣母”。

拉斐尔把圣母画成健康美丽的女园丁；

鲁本斯把圣母画成华美、高贵的人间女皇；

而伦勃朗，不就把圣母画成尼德兰的农妇么？他以自己的独创性，把圣母描绘成他更亲近更了解的模样……

行船走三峡，哪一座山峰是雷同的呢？它们正是以独特的“这一个”，组成了天下奇观。而神女是谁呢？它不就是每个人心中所要塑造的理想的形象么？

大自然创造了如诗如画的三峡。三峡创造着具有独创性的艺术家。

我展开幻想的双翼，在三峡恣意地翱翔了。

放歌汉江源

比起陕北来，陕南没有一道一道的黄土高坡，似乎也没有高亢苍远的信天游。汉江漾漾滋润之处，山清水秀，宛如江南女子。时值六月，夏收已近尾声，《汉江行》摄制组便在沿途麦秸的清香中，沁入陕南山区，寻访汉江源头。

三千里汉江，其源头就在陕南宁强县境内。车抵宁强县城，已是夏夜九时。中午在武侯祠吃的一点面皮，早已云一般飘散。摄制组人疲马困，均成饿鬼。于是甩下行装，顾不得洗涤满身臭汗，便扑上街寻吃。

县招待所斜对面，亮一灯箱，上书“蜀汉餐馆”，店主为正宗四川人。宁强县紧邻四川，自然是“近蜀楼台先得辣”。十余条汉子，闯进“蜀汉”，也不顾油锅里辣气呛人，开口“啥子”，闭口“啷格”，一个个憋着四川话，大呼上菜上酒。

天热，热得人喘不过气来。小店亦仄如尖椒，挤不下十几条大汉。遂将两张折叠桌拼于室外宽敞处，开怀畅饮。这些年来，每逢朋友集会聚餐，我是必唱的。今日终于抵达汉江源头，将遂平生之心愿，岂有不唱之理？于是酒至半酣，盘空碟残，便以筷击盘，唱将起来。摄制组的哥儿们，哪个不是歌篓子呢？此时乘着酒兴，争相唱了起来。首先自然是刮“西北风”，十几条嗓子，一齐吼起《赶牲灵》，然后是《涛声依旧》，然后是《外面的世界》……粗犷的男声合唱，便似汉江波涛，拍打山城。偶有间歇，便是上菜了，满头大汗的老板抢火般端上的菜，眨眼间便被十几条大虫风卷残云，一扫而空。于是叮叮咚咚，瓶儿盘儿乱响，歌声好似江涛，又拍岸响起。

我们没有想到的是，我们的酒桌摆在了一扇铁门外。当一男子从铁门里走过来时，餐馆里的四川老板的腰顿时弯成了基围虾。

“莫唱罗！莫唱罗！”老板连忙向我们作揖恳求了。

那男人悠悠晃晃地走了过来，居高临下地问道：“你们认不认得字哦？”

众歌手愕然。

那男人显然是早已习惯于这种效果了。他似乎更加循循善诱起来，用手指着铁门边悬挂的木牌，教导我们说：“看清楚了？那是几个么字哦？”

歌手们睁大醉眼，才看清那牌牌上写的是：“宁强县公安局”。

十余条大汉大约都是认得汉字的，大约都知道“公安局”是干什么的。于是哑然。那男子慢悠悠地转身进了铁门，慢悠悠地说：“你们的胆子也太大了，居然把桌子摆在公安局的大门口吼歌子！喉咙痒的，还想唱的，进来唱……”

汉子们望着那几个大字，面面相觑，突然大笑起来。没想到喝昏了头，硬是在人家公安局的大门口，吼了几个时辰的歌子。这样的经历，在我的“歌唱史”上，还是头一回呢！

一次已经足够了。幸亏我还认得字。

陕南没有黄土高坡。但是陕南难道就没有山歌么？宁强又名宁羌，是古代羌族聚居之地。“羌笛悠悠怨杨柳，春风不度玉门关。”既然有悠悠的羌笛，怎么会没有歌声相伴呢？

果然，在宁强的大山里，在汉江的源头，我听到了悠远的山歌。

那是从源头返回的暮色里。爬了一天陡峭的大山，中午只啃了一个干馒头，人已有虚脱之感。早晨上山时还吼了一曲“穿林海，跨雪原”，此时从壁立的石岩上战战兢兢地下山，再也无气力“直冲霄汉”了。就在浑身瘫软之时，忽听得远处传来一阵高亢的歌声，没有歌词，只有一声声悠长悠长的“哟嗬嗬”的呐喊，从大山的胸膛里迸出，化为行云，化为流水，在暮色茫茫的山谷里回荡。我们不禁为之一振，顾不得山高坡陡，跌跌撞撞地循声而去。

是在一面陡斜的坡地里。远远望去，坡地如一小小的手帕挂在大山的胸前。麦子刚刚收割。一中年男子正吆喝着一头黄牛，在山坡上犁田。暮霭已在山谷里弥漫了。扶犁劳作的汉子一声一声高亢的山歌，伴着叱牛的吼声，在幽深幽深的山谷里回荡，愈发衬出大山里的空旷寂辽，以及夕阳西下后的苍凉。

没有伴奏，也没有节奏。有的只是原始的自由的发自生命的呐喊。

我们也激动起来。所有的语言或歌词此时都是多余的了，我们也站了起来，将生命化为一声声“哟嗬嗬”的呐喊。

犁田的汉子显然是听见了我们的歌声了，也感受到我们的心声了。他用山区歌手高亢嘹亮的嗓音，幽默地吼了起来：

有一个女子，
吆了一头牛，
走到那黄泥巴梁梁上，
尿了一把尿，
端端地尿在黄泥巴眼睛里
…………

摄像机早已悄悄地对准了陡斜的坡地，对准了一个自由奔放的灵魂。要唱你就尽情地唱吧，没有什么可以禁锢野山里的歌声，“信天游”那样淳厚如酒的山歌。

那天下山时夜色如潮。可是仍有高亢的山歌从汉江源头流淌出来：

我跟小妹干天活，
话就没有多余说，
看看太阳落了坡，
挨挨擦擦踩一脚
…………

【读写提示】

文学性想象与修辞手法

（一）

文学性想象是什么？我讲一个小故事。课堂上，有学生向老师提问：关于一般想象和文学性想象，你能举一个例子吗？老师说，这好办，你看见白云飘荡会联想到什么？学生犹豫了一会儿说，我会联想到时间与速度，感觉大自然非常神奇，白云飞速前进，快啊，真快！老师说，很遗憾，这仅仅是联想，算不上文学性想象。那么，真正的文学性想象是什么呢？所谓文学性想象，就是看见白云飘荡，就联想到骏马奔腾，或者说这就像是骏马奔腾；看见长江三峡的水在汹涌流淌，就联想到云朵翻滚，一大拨人马在匆匆赶路；你所乘坐的轮船在剧烈地颠簸，你会联想到摇摇晃晃蹒跚着走路的醉汉……

我们细心阅读这些行走的散文，一定会收获很多关于文学性想象的文字，在它们的字里行间，一定跳荡着一些鲜活的生命，一些只有通过想象才能够真正进入的绚烂多姿的世界。需要指出的是，作者上述那些想象空间，一般来说都是通过比喻、拟人等等修辞手法来呈现的。这就是为什么我们经常要强调叙述与描写的关系，它们的区别在于，前者关注的是这个人在做什么，后者关注的是这个人在怎么做，它多半借助动词或形容词来实现，更上一层，是灵活运用比喻、拟人等修辞手法来生动地刻画人物或者物体的动向。比如：“深夜，轮船经过葛洲坝，然后远去”。这就是典型的叙述，动词很少，形容词及修辞手法几乎全无。我们再读另一种呈现方式：“深夜，轮船将一网珍珠撒在葛洲坝，溶入茫茫无边的夜色之中了”。这就写活了当下的夜色，以及轮船穿过葛洲坝时的壮观景色。如何壮观？将轮船照在江面上的灯光效果比喻为一网珍珠，将夜晚朦胧的江面摹写成茫茫无边的夜色。

（二）

《银色的纤绳》写的是轮船穿越西陵峡的惊险过程。作者将文章重点落笔于对西陵峡的生命描绘，也就是说，在作者笔下，他所关注到的每一个物体、每一个细节，都具有鲜活的生命，并且跳荡着一颗不安分的心。

作者写探照灯光柱很强烈，这还有点过于简单，写那光柱“是寒光闪闪的剪刀，剪开浓墨沉重的夜幕”，这样的描写就立刻拓展了我们的想象空间。作者说那光柱像剪刀，剪开了夜幕，光柱的工巧和描写的新颖别致，就被形象化地烘托出来了。

用形象化的表现手法来描写所见所感，在本文中比比皆是，从而构成非常特殊的结构特色。随着笔力的往前推进，也就是作者所乘坐的轮船往前开进，而不断地涌现出那些鲜活的比喻、动态的拟人，拓展出一幅五光十色的长江夜景图，并以一种闪点透视法展现不同的空间和时间场景，多角度多侧面地揭示西陵峡的美妙夜景。

作者一边面对朦胧的夜色发出早已留存在脑海中的疑问，一边描写航标灯的出现以及那艘轮船是如何穿越夜色的。

（三）

写航标灯，说它是“从黑夜紧攥着的手指缝里伸出头来”，这个动感就比较强烈了，“紧攥着”，感觉到人的力量，凸现了“紧”的程度；“伸出头来”更加彰显出人的在场感，形象逼真，一个鲜活的人物，近在咫尺，生命形态揭示得淋漓尽致。然后，视角转换，不直接写轮船的推进，而是从侧面描写江水迎上来，用“迎”还显得一般化，为要表达得更加生动，作者选用了“扑”，显现其“凶猛”的状态，这还不够，还要在此基础上传达出它内心的狂喜，所以“亲昵”就显得很恰当，“江水借助轮船上灯光的倒影，亲昵地扑上来，抚摸着轮船坚硬的龙骨”。“抚摸龙骨”将生动的修辞运用到了极致，你瞬间就有了一种温度，一种情感温度。

写夜色浓重时轮船行进的惊险场景，没有硬邦邦的、生硬的、有棱角的语言堆砌，而是像讲故事似的，在你的眼皮底下，展开一幅画面感浓烈的图景，说画面感还有点欠妥，说它是小型电影制作，就很恰切了。“探照灯的光柱倏地一弯，轮船像一条大鱼，轻快地一摆尾，又拨刺刺地向前游去”。“一弯”“一摆尾”，写活了轮船鱼一般的灵便、精巧。

后半部分的闪点透视，也显现了多个角度，多个侧面，夜色江面上的立体感或雕塑感，更加鲜明，更加意趣横生。

轮船在夜色中行进，周遭寂静万分。

（四）

在作者的笔下，夜色中江两边起伏的山峦，“侧着头，依依相偎，甜甜地睡了”，读者的心，被描摹的笔所神通，感受到强烈的温暖。

还有，“一只小鸟，悄然无声地从光柱中掠过，顷刻又消失在夜色之中，莫不是贪玩的孩子，急急忙忙地赶着夜路回家么？”这不仅仅是以动写静，还有拟人，让你想见那种着急劲，想见你在少年时代如何违拗了妈妈的管束和意愿而很晚才归家，那种后悔的、愧疚的心情，你能深刻地感觉得到呢！

综上分析，所谓文学性想象，具有如下特色：形象性、情感性、审美性。

文学性想象的运用能使文章的叙述和描写呈现不同的层次感，带来不同的艺术感染力。

第10堂课

园 丁

我的老师

在我的语文老师中，印象最深的，是初中的语文老师赖佩珍了。我还记得，她是广东东莞人，当我走进武汉市四十四中的校园时，她还没结婚。她曾担任过我的姐姐董娴珍的语文老师，因此，对我家的情况是很熟悉的了。我还记得，她教姐姐时，曾到家里家访过。那时她才20多岁，给我留下了很深的印象。

四十四中和我们家所在的守根里，只有一墙之隔，它镶嵌在汉口的老街长堤街与大夹街之间，原来是一块空地，叫“六水分园”。我还依稀地记得，在这块空地上，曾驻扎过马戏团的大篷。后来，便有一次看见打桩机，轰隆轰隆地打桩。然后，一所中学建起来了，琅琅的书声代替了昔日的荒旷。然后，我的姐姐进了四十四中，我进了四十四中，我的弟弟董宏量，也进了四十四中。

我读初一时，赖老师是班主任，我呢，是班主席，即现在通称的班长。赖老师对学生的要求是很严格的，她那时没成家，住在学校里，一门心思便用在了教学上。我那时喜爱读书，可是家境清贫，没有钱买书，便常常去赖老师的寝室里借书。赖老师有时也有意挑一些世界名著给我看。在这些书中，我印象最深的，是法国儿童文学作家埃克多·马洛的《苦儿流浪记》了。由于我从小就没有得到过父爱，由于我从小就曾在江边拉板车出苦力，因此，读高尔基的《我的童年》，读马洛的《苦儿流浪记》，便使我往往不知不觉地流泪。我至今还记得这本书一开篇的第一句：“我是捡来的孩子。”这样一种自传体的叙述方式，一直影响了我今天的创作。我之所以选择了儿童文学，是与这样的阅读熏陶分不开的。

赖教师无疑是喜欢我的，除了我的成绩好，我的聪明憨厚，还有她对我家家境的同情。于是常常是星期天，她爱带我上街，带我逛书店，让我挑选自己喜爱的书籍，书钱当然是由她来付了。除了买书，她还时常给我买文具。这样的关怀，即使在她谈朋友的时候也未间断过。我还记得有这样一个星期天，她突然和一个男人一道，带着我上街了。我猜想，可能是她的男友吧？那么我会不会妨碍了他们呢？于是我便觉得很不自在。倒是赖老师坦然。在一个大男人与一个小男人之间，她的“广东普通话”仍然一如既往的灿烂，同时也没忘记给我买书。

读初一时，我的一篇作文《金色的童年》在市里的作文竞赛中获奖了。这肯定是赖老师推荐的。它的获奖，也许是因为它写了一个小男孩在鄂南山乡里童年的生活，那系着铜铃的牛儿，在雾气缭绕的竹林里，在露水凝珠的山茶丛中，叮咚叮咚地走过。没有幼儿园的积木、滑梯，也没有集体的唱歌与舞蹈，只有静寂而贫困的山乡里，母亲喃喃的摇篮曲，抱着我的量弟，又拍着我，哼啊，哼啊：“宝宝快睡觉觉哦……”我还记得赖老师在班上念这篇作文时是颇动感情的。我不敢肯定她眼中汪汪的波光，就是读这篇苦孩子写的作文时的泪花。然而可以肯定的是，当我获奖后，她是高兴极了。她帮我领到了13元钱的奖金，亲自带我到眼镜商店去配了一副眼镜。那是我的第一副眼镜，我戴了好多好多年。

除了给我买书，指导我的课外阅读，赖老师还对我进行课外的作文辅导，那就是教我如何观察生活。她有时带我到街头或码头，去观察各种各样的行人或旅客，以及叫卖各种商品的小贩们。她告诉我注意抓他们的特征，而我常常却学一些叫卖声给她听，例如：“玻璃瓶卖——”，我故意喊成“剥你皮卖——”惹得她又好气又好笑。她板着脸“罚”我把这“剥你破卖”的人写下来，而我却不知道，这实际上是在督促我练习人物素描。这种方法，当我做了语文老师后，也曾广泛地实践过，而且挺有效果。如今，我的许多学生还记得这样一种活泼的作文课，殊不知其来源于赖老师当年对我的“惩罚”。

我念初中时，最大的愿望是当一个记者，一个能漫游世界的记者，而赖老师却要我去读师范，而且一定读华中师范学院，因为她是华师中文系的毕业生。她希望我高中进华师一附中的愿望落空了，因为我初中毕业时，爆发了“文化大革命”；然而我后来仍然进了华师中文系，而且当了一名语文老师。这是不是命运的安排呢？倘若是，那么一定是赖老师对我的关怀、培养与爱感动了上帝吧？

一晃眼，我已进中年了。我已有了多年没见过赖老师了。她后来调到武汉市十五中学工作了，我后来去看她时，她是十五中的教导主任。好多年过去了，我没有忘记她，而她肯定也不会忘记我，不会忘记我的姐姐和妈妈。赖老师，姐姐董娴珍如今在苏州工作了，而我的妈妈，早已经去世。她生前一直是感激着您的，感激着您对她儿子的厚爱。如今，她已长眠在东湖边的吹笛山上了，那是一片郁郁苍苍的松林。在她的坟前，是碧绿的春草，还有一串一串紫色的野花。

灯

一

我还清晰地记得第一次走进西港中学的日子，那是1977年的10月14日。我还清晰地记得那天秋高气爽，我边走边问，竟走了整整一天，才找到这个紧靠着长江的乡村中学。

我站在校门口时暮色已经苍茫了。我竟不相信这就是我寻了整整一天的西港中学。几排简陋的平房，那就是教室了；巴掌大的一块操场兼篮球场，操场外便是水田，打篮球时稍稍一使劲，球便会飞到田里去。

学校的老师见了我也很惊异，他们惊异一个师范大学的毕业生怎么会提前来报到，并且是走着来的。后来我才知道，由于这里被称为武汉市的“西伯利亚”，许多分配来的师范生总是想方设法拖着不来报到，然后再调走。调不走的，也是磨磨蹭蹭地拖个十天半月才来。他们已经习惯了这种不正常，因此我的正常反而让他们觉得惊异，觉得不正常。

吃过晚饭以后天就黑了，是乡村那种沉静而潮湿的黑。那天晚上停了电，窗外的旷野便与夜幕拥在了一起，黑成了混沌。窄小的教师宿舍里，老师们纷纷点亮了油灯。我曾在江南的农村下放劳动了五年，油灯于我并不生疏，而且感到了一种久别重逢的亲切，一种朦胧着唐诗宋词意境的诗意美。但我还是惊异了。我发现这些煤油灯都是老师们自制的，或是墨水瓶，或是罐头瓶，或是形状各异的药瓶，装上煤油，然后用细铁丝缠着一团棉纱，便是一盏灯了。灯火颤颤地亮着，如小生灵般有着生命。老师们便躬腰埋首于这飘忽微弱的火苗前，备课，批改作业。油灯的火苗很小，但却将老师的身影映得很大，一直映到了筑着燕巢的屋梁上。

二

我就这样开始了“乡村男教师”的生涯。在这个被霓虹灯遗忘了的角落里，我也为自己准备了一盏煤油灯。那是一个装过糖水梨的空罐头瓶，用细铁丝首先在瓶颈绕了一圈打了个扣，然后在铁丝的另一头缠上一团棉絮搓成的“灯芯”，伸进装了半瓶煤油的瓶中，玻璃瓶便又充当了灯罩，远远地望去，如装了一只萤火虫儿。

制作灯芯的棉絮，是顺手在床上的垫絮上揪下来的。五年后当我离开西港中学时，那床菲薄的垫絮已经斜斜地揪掉了一半。

床上的垫絮成了灯芯，我便睡在了“灯芯”上，我与床便成了一盏“灯”。作燃料的便是我的血，而那金色的火苗就是一颗跳动的心。

三

冬天说来就来了。“西伯利亚”的冬天来得早，走得迟，仿佛这儿是冬天的老家，冬爷爷在这儿生活得格外惬意。

西港中学的四周，是长江，是湖泊，是旷野，一到晚上，呼啸的北风便叫着闹着开起了音乐会。四壁透风的教工宿舍便冷如冰窖。坐到半夜，脚便冻麻了，只好偎在被子里看书备课。于是在床边摞一把靠背椅，椅子上摞一方凳，方凳上再倒扣一脸盆，脸盆上再放上罐头灯。如此搭积木般搭起的“台灯”，美其名曰“自动调节”。倘若靠累了，想睡着看书，便搬掉方凳；倘若将背伸直，还可在脸盆上再倒扣一个茶缸。这样的“台灯”，高低远近，均可自己动手随意安排，可不就是“自动调节”吗？

整个寒冷的冬天，我就是这样不停地调节着灯光度过冰冷的寒夜的。常常是远处传来一阵阵的鸡鸣声，已经起床准备早餐的食堂的潘师傅咚咚地敲着我的玻璃窗，喊道：“董老师，睡觉哇。”我才意识到天快亮了。于是索性翻身起床，拿着脸盆来到水池边，轻轻敲开水面的薄冰，舀一盆凉水，抖抖索索地洗去一夜的疲乏，然后吹熄灯火走向长江大堤，去迎接又一个黎明。

四

“西伯利亚”的夏天来了。学校周围，全是水田以及农家的猪圈，于是蚊子便格外地繁茂。尤其是闷热的傍晚，每个人的头顶都盘旋着一团“乌云”，黑色的蚊群死皮赖脸地缠着你，随便抓一把，就可以炒一碗。

我一到西港中学，带的就是毕业班。那是1978年的夏天，这所偏远的乡村中学也开始抓升学率，毕业班便开始了该校“文化大革命”后的第一次晚自习。我还记得那样的一个晚上，学校照例停了电。在乡间的小路上，在响着蛙声的水田旁，在炊烟刚刚消散的村庄，在摇曳着月色的湖畔，闪出了一粒粒金色的“星星”。学生们提着各式各样的煤油灯，怀着对晚自习的新鲜与兴奋，像赶集似的来到了学校。教室里，便成了油灯展览会。有老式的带灯罩的煤油灯，那也许是一个家庭传了数代的“传家宝”；有简陋的罐头瓶灯，药瓶灯，墨水瓶灯，还有就地取材的“瓦片灯”。所谓“瓦片灯”，是没有带灯的学生找来一块红瓦，砰地摔破，择一块形状好的，在红瓦的凹处倒一点煤油，放一根灯芯，便也幽幽地亮了起来。我也提着自己的罐头瓶灯，走上讲台开始讲课。我的眼前是一片闪烁的火苗，如刚刚破土的嫩芽。而我在讲课时，则左手高高举灯，右手在黑板上板书，灯光在黑板上移动着，我的整个身躯与高举的油灯便成了知识海洋中的一座灯塔。那个时候，农村还很穷困，煤油也很珍贵，为了节省煤油，在有月亮的晚上，我便带着孩子们在月光下上课。休息时，我便在月光下为孩子们拉小提琴。农村的孩子没有见过小提琴，见我歪着头拉，便笑称其为“歪颈子琴”。我为孩子们拉的，常常是《梁祝》和《二泉映月》。月色如水。琴声如水面的涟漪，一圈一圈地漾了开去。我沉浸在琴声里，孩子们也沉浸在琴声里。操场上很静，嚼嚼啪啪拍打蚊虫的声音也悄然消失了。是不是蚊虫也醉在这琴声里了呢？一曲拉完，孩子们还痴痴地坐着，每一个人的头，都如我一样向左歪着。也许是因为我歪着头拉，孩子们也情不自禁地歪着头听吧？

在那样的时刻，我常常是感动了。我的琴，其实拉得很蹩脚，我从来没有拥有过这么多虔诚的听众，四五十个乡村孩子，将小提琴称为“歪颈子琴”的孩子，每个人都神情专注地歪着头，在月光下雕塑成自然与纯真。

五

罐头瓶灯的灯光实在是太微弱了，这样下去，孩子们的视力可要受影响呢。校长便从仓库里清出一盏旧汽灯，送到几十里外的葛店去修了修，居然能用，于是“西伯利亚”的晚上第一次亮起了炽白明亮的“太阳”。

汽灯亮起的那个晚上，教室里一阵欢呼。煤油灯顿时黯然失色了。许多老师也从宿舍里走了出来，挤在一间教室里，借助着灯光批改作业或备课。

但是这盏汽灯毕竟是老掉牙了，总是滋滋地漏气，点不了半个小时，灯光就渐渐地暗了下去。于是我便将汽灯放在地上赶快打气。滋，滋，

滋，滋，汽灯由暗红渐渐地变得炽白，我脸上的汗珠也雨点般洒落在地上。汽灯不漏气了，我却呼哧呼哧地直喘气。等我脊背上的汗干了，不喘气了，汽灯又滋滋地“喘气”了。于是又将汽灯取下来，又汗流浃背地继续打气。就这样反复折腾，一个晚自习下来，汗水与油混流，身上的衣裳湿了又干，干了又湿。因为教室里有女学生，长裤和衬衫始终贴在身上，水淋淋的，像刚刚淋了一场大雨一样。

看见班主任这样辛苦，孩子们坐不住了。第二天晚上，当“老爷灯”又开始“喘气”时，几个男生不约而同地抢起灯来。

“我来打！”

“不！我来！”

我顿时板起脸吼了起来：“谁叫你们下位的？都给我回到座位上去！”

孩子们从没见我发过火。教室里顿时鸦雀无声，待我满头大汗地将汽灯重新挂在教室中央时，我发现几个女孩眼里闪着晶莹的泪花。

在那个茫然的夏天，为这盏“老爷灯”打气简直成了学校的一件大事。一天晚上，校长来了，党支部书记也来了，大家轮流为汽灯打气，每人打五十下。我趁机在黑板旁写了两行大字：“老师为我们打气，我们一定要争气！” 于是教室里安静极了，尽管蚊虫仍然在猖狂进攻，可是教室里听不到拍打蚊虫的声音。

于是我的心又难受了。于是我常常发布这样的命令：“现在，开始打蚊子！”

于是孩子们便一阵欢呼，开始用手、用芭扇噼噼啪啪地打蚊子，用清凉油擦拭被蚊虫咬肿的地方。教室里，弥漫着煤油味儿和清凉油味儿，使人忍不住老想打喷嚏。整整一个夏天，我就这样为孩子们打气，讲课，让煤油与粉笔灰装扮我汗涔涔的青春。不管是炎热如火，不管是暴雨如泻，毕业班教室的灯光始终没有熄灭。那一年，西港中学打了个翻身仗。过去一直“扫跑道”，如今一跃进入中游，在全区二十八所中学中名列第十三。此后，又一年一个飞跃，考生成绩与升学率常常保持在前五名之内。

那盏“老爷灯”，后来终于退休了。我至今还常常怀念着它，不知它是否还躺在仓库的角落里？

六

春天来了。

西港中学被镶嵌在彩色的田野里。一块块紫色的紫云英，一块块金色的油菜花，与河边湖畔轻云般的桃花一道，将春意酿得浓浓的。校园里，飘荡着醉人的花香。蒙蒙烟雨中，洁白的栀子花又润润地开了。女学生的鬓发上，也插上了一朵朵清香。男学生，则把栀子花藏在书包里。于是教室里便漾着淡淡的清香。

不知怎么地，孩子们知道了我也喜爱栀子花。也许是我宿舍的窗台上，用玻璃瓶养着一朵栀子花吧？孩子们觉得一个城里的老师认同了他们的喜爱，于是便用栀子花表达了他们的亲切。上课时，我庄严地走上讲台，突然发现讲台上多了一个罐头瓶，装着清水的瓶中，插满了洁白的栀子花。就在我突然惊异的一刹那，故作安静的教室顿时爆发出一阵欢乐的笑声。下课后，我回到宿舍，窗台上也换上了刚刚摘下的、花瓣上还缀着露水的栀子花。我的宿舍门，平时是不锁的，我的书报杂志，常供学生们借阅；孩子们吸个墨水，打点开水，也爱上我宿舍来。于是在夕阳西下时，我发现我的床上枕边也放上了栀子花，是用花手帕细心包着的；蚊帐钩上，也用丝线吊起了栀子花。

栀子花的清香，据说可以驱蚊虫的。于是，在蚊虫尚未聚集成云之际，我开始进城购买正规的带灯罩的煤油灯。

然而我却失望了。我跑遍了武汉三镇，没有见到煤油灯。刚开始跑大商店，灯具柜的小姐听说我要买一百盏煤油灯，便用异样的眼光望着我；有的则对我的武汉话表示了怀疑，仿佛一眼看出我是个乡巴佬。大商店没指望了，我又跑小商店，小杂货铺，然而在霓虹灯闪烁的大都市里，煤油灯早就无声无息地消失了。

煤油灯竟成了难以寻觅的文物。对于一个乡村男教师来说，这究竟是喜还是忧呢？

城里难寻，我便向县城挺进。那时我的妻子在黄陂县一中教书，我和她寻遍了黄陂县城，终于买到了一百盏煤油灯！

煤油灯总算买到了。但是要将这些脆嫩如婴儿般的宝贝运回不通长途汽车的“西伯利亚”，并不是一件容易的事情。这些轻轻一碰就破的灯罩，还有玻璃灯壶，全用报纸与稻草一个一个地细心包好，装筐。为了侍候这些宝贝儿，我和妻从下午一直包装到晚上。第二天，又请人帮忙运到长途汽车站，小心翼翼地捆在了车顶上。汽车发动了，我的心也悬了起来。过去总嫌长途汽车开得太慢，可那天我却觉得车开得太快。路面不平，车稍一颠簸，我的心就哆嗦起来，神经质地朝着司机喊道：“师傅！师傅！慢点哟！”这样大声地喊了几回，司机不耐烦了，停了车吼道：“怎么回事哟！是不是病了哇？硬是喊得人慌慌神！”旁边的一位老人也关心地问：“哪里不舒服哇？是不是肚子疼？”一向风趣幽默的我，此刻却结结巴巴了：“不是病，是灯，煤油灯……”

就这样，一路提心吊胆，总算熬到了武汉，下车时，我觉得浑身发软，贴身的背心都汗湿了。

然后是将宝贝儿运回家中。然后是通知学校，联系了一辆卡车，将这批灯又从城里拖到了乡下。我还清晰地记得，车进学校时，已是下午了。老师们和学生们高兴地将竹筐抬下车，迫不及待地就要拆包。就在当天下午，老师们每人发了一盏煤油灯，毕业班的学生们每人发了一盏煤油灯。当天晚上，学生们将灯罩擦得亮亮的，双手小心翼翼地捧着油灯，鱼贯走进教室，如同举行神圣的宗教仪式。当我也手捧油灯走上讲台，望着一团团被灯罩呵护而凝然不动的火苗，想想那些冒着黑烟的“瓦片灯”，心中感慨万千。我的眼睛不知怎么就湿润了，许多的光斑顿时模糊成一粒泪珠，盈盈地含在了眼中。

教室里静静的，静得能听见轻轻的呼吸声。猛然间，我转身在黑板上疾书了一行大字：

“一个时代结束了！”

当我激动地写完最后一个惊叹号，我的身后响起了一片热烈的掌声。在这热烈的掌声中，一所乡村中学终于结束了“罐头瓶灯”和“瓦片灯”的“原始时代”。在爱迪生发明电灯整整一百年后的初夏，一位乡村男教师为他的学校，为他的学生们运来了第一批正规的由工厂生产的煤油灯。

七

煤油灯买回来了，可是煤油又成了问题。学校的经费困难，煤油是定量配给的。而我是学校里有名的“夜猫子”，几乎夜夜都熬通宵，于是油就用得格外地快。那时我正狂热地爱上了儿童文学创作，但我只有在下了晚自习、批改完作业、备好课后的深夜，才开始文学创作。而情思奔涌之际，偏偏又是油干灯灭之时。欲罢不能，欲敲开其他老师的门借煤油又于心不忍，痛苦得只想将煤油灯砸碎，可是紧捏的拳头最后还是落在了自己的脸上和头上。

夜深人静。校园睡熟了，田野与湖泊也睡熟了。就在我困兽般在斗室里烦躁地走动时，借助着窗外朦胧的月色，我突然发现窗台上有两个蜡烛头！

直至今日，是谁在我的窗台上放了两个蜡烛头，仍然是一个谜。曾问过所有的老师和爱用蜡烛的学生，得到的全是否定的回答。甚至有老师开玩笑，莫不是《聊斋》里的狐仙送来的哟。但我固执地认为，一定是我的学生悄悄放在窗台上的，而且，是性格内向不事张扬的女学生。

调查“狐仙”产生了意想不到的效果，学生与老师们都知道了我需要蜡烛头。于是，我的窗台上便常常放有蜡烛头。有的老师在临睡前，还将未点完的蜡烛放在门前，朝我的窗口喊一声：“董老师，需要蜡烛，自己来拿啰！”

于是在“西伯利亚”的深夜里，一截一截的蜡烛头在我简陋的书桌上展开了“接力赛”。每一截蜡烛头都无言地燃着深情，燃着友谊，温暖着我的心，伴我度过漫漫长夜，直至点燃东方的晨曦。

八

在西港中学，我几乎年年带的是毕业班。一批一批的学生毕业了，离开了学校，飞向了不用煤油灯的地方。可是他们没有忘记母校，没有忘记还有一个在深夜捡蜡烛头的老师。

我还记得一个寒冷的冬夜，一位已在城里工作的学生，给我送来了两塑料瓶煤油。好长时间没有用煤油灯了，当我擦亮灯罩，灌满煤油，捻亮灯芯，顿觉满室生辉，恍恍然如沐浴于春阳之中。那天晚上，我着着实实地高兴了一夜，油灯亦如久别之情人，含情脉脉地伴我到天明。

中国自古就有“雪中送炭”的故事。可是，在20世纪的80年代，

“冬夜送油”的故事仍然令我终生难忘。自此以后，又有毕业工作了的学生给我送煤油来。这些经历过“瓦片灯时代”的同学们，给予了一个乡村男教师最珍贵的理解，那就是为老师点亮一盏煤油灯。

九

我离开西港中学的时候，毕业班的教室里已经安装上日光灯了。校园里，也竖起了一座两层楼的“教学大楼”。操场上，铺起了水泥篮球场，当然，打球时仍然不能使蛮劲，不能让篮球飞到围墙外的水田里，惊扰了禾苗与青蛙的梦。

离开西港中学的前夜，月色很好，仿佛是理解了我的情绪。那天晚上又停了电，使我有机会点亮了罐头瓶灯和煤油灯。夜又深了，学生们的说笑声海潮般退去，而许许多多难忘的回忆却涨潮般涌来。

多少年了，油灯默默地伴我看书、备课、写作，默默地与我一同肩负着沉甸甸的夜，走向黎明，走向朝霞。今夜，就让我第一次也是最后一次好好地陪陪它们吧。就这样，面对着油灯，静静地坐着，默默地用燃烧的心与燃烧的灯无声地对话。在这默默的凝视中，我重新品味了一首唐诗的意蕴：

君问归期未有期，巴山夜雨涨秋池。
何当共剪西窗烛，却话巴山夜雨时。

天明了。薄荷般清凉的晨风，送来青草、野花以及新鲜牛粪的清香。我将油灯留给了后继者，那也是一个小伙子，一个从霓虹灯下走来的乡村男教师。

【读写提示】

写好震撼的细节就能感动读者

（一）

在人们眼中，好像散文的细节并没有那么重要，似乎只有小说细节才能产生轰动效应，其实不然，散文同样需要细节，而且散文对细节的要求同样十分严格。此处我把对细节的要求界定为九个字：文字少，内涵深，容量大。在《灯》这篇散文中，它所拥有的细节，几乎成为支撑起整个故事的栋梁，如果去掉那些细节，《灯》这篇散文将会变得平庸，变得没有个性，是很难引起共鸣并打动读者的。

先看事件细节。在第一部分，作者说“油灯的火苗很小，但却将老师的身影映得很大，一直引到了筑着燕巢的屋梁上”。这是富有画面感的一段描写，是场景细节，透过这个画面，我们才能够想见到生命在极端困苦的条件下的挣扎。

接下来我们发现了一个物件细节。“五年后当我离开西港中学时，那床菲薄的垫絮已经斜斜地揪掉了一半”（这就是细节）。被揪掉的那一半干什么用了呢？这当然是不言自明了（艺术空白，留给读者去想象），结果“我”只剩下一半垫絮，怎样挨过那寒冷的冬天呢？后面这些问题，就呈现出了细节的特色：内涵深。作者以这样的细节描写，来揭示当年的环境之艰苦，震撼的力量，很沉重。

（二）

第三部分的细节是写“我”熬夜的程度。作者不说熬夜很晚这样抽象的说项，而是借用潘师傅敲窗说“董老师睡觉哇”这样的话语来留下一些空白，让读者去填补。

“我”拉小提琴这段描写，分明捕捉了一些生活中的生动细节，表层上看足以当作笑料，其实这正是原生态的细节呈现，“每一个人的头，都如我一样，向左歪着。也许是因为我歪着头拉，孩子们也情不自禁地歪着头听吧”，只有营造了那样一种场景氛围，才会有歪头的精彩，所谓“神情专注”才会找到与它相应的形象化描写。

文章第五部分，讲述的是用汽灯的艰难以及学生们如何争抢着为“我”的灯打气的故事。“我发现几个女孩眼里闪着晶莹的泪花”。作者用另外一种方式来传达学生们内心的感动，仅仅一个闪着泪花的情态细节描写，就足以表达大于千言万语的爱。

（三）

接下来是关于栀子花的细节。“我庄严地走上讲台，突然发现讲台上多了一个罐头瓶，装着清水的瓶中，插满了洁白的栀子花。就在我突然惊异的一刹那，故作安静的教室顿时爆发出一阵欢乐的笑声”，这一方面以画面的美感表达了孩子们质朴的内心世界，另一方面还以听觉表达了孩子们对“我”的爱以及“我”的向心力。“我发现我的床上枕边也放上了栀子花，是用花手帕细心包着的；蚊帐钩上，也用丝线吊起了栀子花”，这样的描写是颇有戏剧性的，作者通过对花的画面式解读，充分挖掘了孩子们清纯的灵魂世界，读者读之，如沐春风，如饮甘霖。

实际上，本文中最精彩的细节，应该算是关于蜡烛的描写了，不，是蜡烛与人的描写。当煤油成了问题，当“我困兽般在斗室里烦躁地走动时，借助着窗外朦胧的月色，我突然发现窗台上有两个蜡烛头”，这个细节的捕捉很有意思，直到故事结尾，作者都没有向我们吐露出“作案者”究竟是谁，也许是作者有意为之，也许根本就没查出来，但不管怎么样，故事以这样的方式收束，是非常精彩的。这就让读者在阅读之余留存了思考的空间。

第11堂课

作 文

给孩子买什么书

说的是在书店里淘书的故事。在书店里我经常看到被家长带着买书的孩子。这些家长都是一些希望孩子好好读书的家长，是一些望子成龙或者成凤的家长。我常常看见他们耐心地牵着孩子，充当着孩子的购书向导。但是我却发现，他们不是尊重孩子的意愿给孩子买喜欢看的书，而是按照自己的意愿充当教师，给孩子买一些他们自己也闹不明白究竟好不好的教辅读物。

有一次我在北京的三联书店，看见一位妈妈带着儿子买书。儿子看中了一本外国著名的童话集，可是妈妈却把他拽开了。妈妈说："你现在不能看小说了，啊？你现在要看作文书，啊？走，咱们去买作文去。"儿子望着那本童话，恋恋不舍地央求道："妈妈，就买一本，好吗？"妈妈紧紧地拽着孩子，态度异常坚决："不行！今天就只买作文！"

过了一会儿，那孩子又溜到儿童小说柜前，贪婪地翻看起小说来。东张西望的妈妈终于又把他给逮住了。这时孩子不再坚持买书了，他可怜兮兮地带着哭腔说："妈妈，我只看一会儿，好吗？"他的妈妈再次紧紧拽着他，硬是将他活活地拖开了儿童小说柜，一边拖，一边说："你现在要提高作文水平，你要多看作文书！"

那个孩子就这样被拖到"作文"那儿去了。但是我相信，她的妈妈花再多的钱，也不会给他买到"作文"了。

像这样硬拽着孩子去"买作文"的情景，我见到不止一次了。现在的家长，只要是带着孩子进书店的，几乎都是冲着教学辅导读物来。要么买"作文集"，要么买数学"题海"，连刚刚学会说话的幼儿，也要买一本唐诗背背。这些家长的用心无疑是好的，但是，他们只知道要给孩子买“学习”上的书，他们觉得只要买了“学习上的书”，就尽到了家长的责任了。至于这些书孩子喜不喜欢，合不合适，家长们就不管了。这就像中国人春节时送礼，送礼人的心思在于“送”，至于这些礼品合不合适，对方有没有牙，咬不咬得动你送的核桃，那是不管的了，反正我的礼送了，我的情义尽到了。现在的家长胡乱买“作文”，买教辅书籍，就是这样一种心理。这些家长为什么不想想，孩子的书包已经够沉重的了，老师布置的作业已经够多的了，不加选择地买那些教辅读物，既浪费钱财，又增加了孩子的学习负担。因此，现在提倡素质教育，光抓学校和教师是不够的。学校给孩子减轻了负担，回到家里，家长又加班加点地把负担给压了上来。从某种意义上来说，这些不明智的家长，是“应试教育”的帮凶。

说这些家长不明智，已经是够客气的了。譬如说提高孩子的作文水平，难道是看那些“优秀作文”能解决问题的吗？要说“优秀作文”，现在的语文课本上的文章都是“优秀作文”，孩子们天天看，天天读，还要怎么着？古人说，取其上者，得其中；取其中者，得其下；取其下者呢？当然就得下下了。现在的一些“优秀作文”，都是中小学生写的，这些本身就很幼稚、很一般的作文，都是“八股先生”们选出来的，完全是为了应付考试选出来的“八股作文”。这些“八股作文”的流毒之一，就是告诉孩子们怎么去抄“作文”。有时老师布置了一篇作文，结果发现许多学生的作文都一模二样的，都是在华丽的辞藻中，安一个“光芒四射”的“中心思想”。再一查，学生们都是抄的同一本“优秀作文”上的“八股作文”。

这样抄来的作文，也许被那些走了眼的老师作为自己的“教学成果”，推荐进了“优秀作文集”中，然后再被更多的孩子去抄，去哄那些既愚蠢又可悲的老师和家长们。

让这样的“八股作文”流毒全国，毒害我们的孩子，中华民族未来的民族品格将遭到严重的损害和侵蚀。我现在的肺腑之言绝不是危言耸听，而是面对21世纪发出的“救救孩子”的紧急呼吁！

我又一次想起了那个渴望读童话和儿童小说的孩子，想起了为他“买作文”的妈妈。其实，提高孩子作文水平的因素之一，就是让孩子在课余尽量多一些时间阅读古今中外的优秀文学作品。“素质教育”的“素质”中，就包括“文学修养”和“文学素养”。而“文学素养”对于一个孩子人格的塑造、人性的影响，是远远大于作文水平的提高的。既教孩子“做文”，又教孩子“做人”，这样的好事儿，我们的家长们何乐而不为呢？高尔基说：“书籍是人类进步的阶梯。”这样的阶梯，我们的家长为什么就不让自己的孩子上呢？

让我们的孩子多读一些优秀的文学作品吧！

让我们从现在起就警惕“八股作文”对孩子的影响和毒害！

阅读经典

现在的中国，愈来愈重视阅读了。尤其是孩子们，正处于人生阅读的黄金期，他们的阅读现状，将决定一个国家，一个民族的未来，已经引起全社会的高度关注。对于学校、家庭、孩子来说，“为什么读”的问题正在逐步地解决。大家意识到，现在的孩子们，不仅和国内的同龄的孩子站在同一条起跑线上，而且，放开眼量，是和全球的孩子们站在同一条起跑线上。在这样一个信息化全球化的时代，许多国家都将全民阅读尤其是青少年阅读作为国家发展的战略支点。谁抓住了人生阅读的黄金时期，谁就抓住了人生的机遇期，抓住了竞争的节点与先机。有的国家甚至采取立法的方式，来促进少年儿童的阅读。其实，在推进阅读的国家行为上，社会行动上，我们已经起跑晚了。

但是，一个有着几千年重视阅读优良传统的国度，一个自古重视“耕读传家”的国度，在逐步解决了温饱问题的同时，开始从低头注视土地，到抬头仰望星空，重视阅读了。改革开放三十年来，经历了高速的经济发展，在教育上，经历了最严酷的应试教育后，中国人也逐步认识到，对于我们的子孙后代，究竟是将他们培养成一架只会考试的机器，还是培养他们健全的人格，适应社会变迁，勇于迎接挑战的能力？这个问题已经迫不及待地摆在了国人的面前了。显然，后者将是千千万万家庭的选择；当然，更是一个国家实现自己的“中国梦”的选择。如果要实现这样的选择，在孩子们的黄金阅读期，让孩子们尽量多地读好书，将是不容置疑的选择。

解决了“为什么读”的问题后，“读什么”将变得非常的重要。

这个问题解决不好，不仅仅会浪费孩子和家长老师们宝贵的时间和生命，而且，会让一株健康的小树扭曲，长偏。

在我到全国各地有关阅读的演讲中，我大力提倡的是“大阅读观”。什么是“大阅读”呢？首先，是“文本阅读”，也就是书本阅读；其次，是走向社会，读生活与社会这本“无字之书”。

关于文本阅读，我认为可以分为四类：1. 经典阅读；2. 兴趣阅读；3. 专业阅读；4. 信息阅读。我首先推荐的，便是“经典阅读”。或者说，“阅读经典”。对于孩子来说，在生命的黄金阅读期，经典的阅读不仅是必需的，而且是至关重要的。就像一座大厦需要打好地桩，一张俏丽的脸谱需要打好底色，一个身心健康且有作为的人，在人之初，在人生的萌芽成长阶段，就必须打好精神的底色，打好真善美的底色，打好生而为人一辈子的底色。

阅读经典，就是打好这样的底色。道理很简单。因为经典之所以为经典，是因为经典是人类精神文明的结晶，是经历过历史的检验，被无数人阅读，筛选，最后沉淀下来，挑选出来，传承下来的。这些经典著作，就像一颗一颗闪耀在我们头顶的星星，穿越历史的风烟，始终像金子般地闪耀着，组成了人类文明的璀璨的星空，被一代一代人所仰望。尤其神奇的是，当你开始阅读这些经典后，那些高高在上的星星，突然就变成了一粒一粒的种子，悄无声息的，就播种在你的心田了。这些金子般的种子，是有着勃勃的生命力的。它给予你的，不是硬性的灌输，不是枯燥的说教，而是春雨般的，“随风潜入夜，润物细无声”。这样的春雨，是没有障碍的，是符合少年儿童的阅读心理的，是可以让孩子们跳起来摘苹果的，是会让孩子们既感受到诗一般的美，又领略到理性的清新与力量的。然后，这些种子便会陪伴着你，一起成长，不断地为你的生命注入清亮的泉水，并且，化为你生命的一部分。

现在，正是万物生长的春天了。那么，就让我们抬头仰望星空，低头播撒种子吧。

【读写提示】

文章的单薄与丰富

（一）

说一篇文章很单薄，不仅仅是指出它的文字寡少，更重要的是，它不丰富，内涵不够。阅读《给孩子们买什么书》这篇文章，我们懂得了不要老是跟作文书“纠缠不休”的道理，但我们还不明白的是，究竟应该看什么样的书呢？究竟哪些书称得上是我们成长之路上的明灯呢？

接着再阅读另一篇文章，我们就明了，仅仅收获《给孩子们买什么书》这样的文字还稍显单薄，如果在这个基础上再来分析《阅读经典》，我们的获得就很丰富了。我们发现文章里面具有操作性非常强的实际意义。

（二）

怎样阅读经典呢？怎样才能站在作文的奠基石上够着经典的每一个页码呢？

我们先来解决“为什么读”的问题吧！

文章以选择疑问句的形式说：“究竟是将他们培养成一架只会考试的机器，还是培养他们健全的人格，适应社会变迁，勇于迎接挑战的能力？”这样的疑问句比正常的疑问句感情更为强烈，它不是侧重提问题，而是表达一种感受。

“为什么读”的问题解决之后，“读什么”就是当务之急。

在作者推崇的大阅读观的框架下，经典阅读在阅读的四个类型当中应该算是首当其冲了。

作者在此基础上，进一步阐述经典阅读的重要作用，并运用比喻的手法、拟人的效应，强化经典阅读的强大的影响力，使你不得不承认“阅读经典”在人生之路上的开悟作用。

（三）

阅读经典，我们会学到什么呢？

提升文学素养，腹有诗书气自华（读书有可能提升自己的气质，从举手投足之间，幽幽地散发出一种高贵的、人文的、有教养的姿态），传承中华文化美德，奠基文化底蕴，学会做人的哲理，埋下艺术气质的种子，开阔视野，塑造个性，使心智健全，提高语文水平，储备大量知识，有利于各科的学习（融会贯通，良性循环），目光炯炯，神采飞扬，情感世界更为丰富，树立正确的价值观、人生观、世界观，培养美好的情操以及良好的文学艺术素养，有助于人格的发育。

杜甫有句诗说：“好雨知时节，当春乃发生，随风潜入夜，润物细无声。”

我们阅读经典，其实也正是这样的一种状态，随着阅读时间的推移，当你尚未意识到的时候，那种养分，那种能够滋润你的心灵的丰富的养分，就悄无声息地渗透到你的灵魂深处。

第12堂课

品 读

永远的晚饭花

我没见过汪曾祺先生，但却特别喜爱他的作品。这种喜爱，是从20世纪80年代初迷上沈从文的作品开始的。汪曾祺是沈从文的学生，但得其真传者，却只有汪先生一人。1997年5月，汪先生遽然去世，消息传出，文坛震动，回忆怀念汪先生的文章，如山泉。奇怪的是，偌大一个湖北，武汉，竟然毫无反应，未见一篇写汪曾祺的文章。泱泱楚地，屈原的子孙，现实得如汉正街的小商贩，的确令人深思。

好在长江文艺出版社的“中国当代才子书”弥补了这一遗憾。这套丛书第一卷的卷主，便是汪曾祺。策划这么一套“当代才子书”，的确独具匠心，且张扬我三楚浪漫奇瑰之魂。编者的标准，一是品种上的诗、文、书、画，二是品格上的高、雅、清、奇，集四美四德于一书，岂不称奇乎？

汪曾祺的小说和散文，如行云流水，自然恬静、淡泊，骨子里浸透的都是“中国味儿”，枝枝叶叶摇曳的都是民族风采。其文采勃发，卓然独立于新时期文坛之际，已届六十，却雄心勃勃，“要对‘小说’这个概念进行一次冲决”。《受戒》《大淖纪事》《晚饭花》等小说名篇，果然就“冲决”出一条大河，开一代文风。他的小说和散文，如宋人笔记、桐城散文，惜墨如金，却新鲜如风荷，醇香如老酒，美，且余韵悠长。

如果说他的文章多是白描，他的画却用笔酣畅，布色鲜浓，半工半写，“有逸气，无常法”，如他喜爱的画家徐青藤。他的字，中年丰腴，晚年常有瘦金书味。他临过许多名帖，曾爱米芾，至今用笔，“还有米字的霸气”。他的诗新旧均写，但旧体更显功力，有唐宋之风。其实，除了诗文书画外，他对戏剧、民俗、音律、美食，均有研究，曾参入改编京剧《沙家浜》。有客来访，他常亲自下厨，露一两手。就在《汪曾祺卷》的自序中，他还自信地说：“我还没有老透，精力还饱满，是可欣喜也。”

汪先生无疑称得上“当代才子”的。看看那些将“诗文书画”换了“吃喝嫖赌”的“风流才子”，便更加的怀念他。

十分温暖的爱

夜雨丁丁地凉着五月的校园。我从报纸上得知，沈从文先生逝世了。

窗外是活泼泼的雨的世界。一方方晕黄的窗口在浓浓的夜色中浮着，仿佛雨丝织就的茧。听着窗上淅淅的雨声，我默默地坐了好久好久，恍恍然，如坐在泊于湘西的船舱里，木筏的火光，吊脚楼窗口的灯光，以及上岸下船在河岸大石间飘忽动人的火炬红光，都在夜的长河上浮动着。我听见吊脚楼上妇人唱小曲的声音，黑暗中某一处咩咩的羊鸣。一个火炬晃到河边的大石上停住了，临河的一扇窗口剪出一个人影，河上河下的对话声便传了过来：细粉带三斤，冰糖或红糖带三斤……一共四吊钱……莫错账……

这是沈从文的湘西，这是沈从文的长河，我没有去过，但熟悉它们如同熟悉汉口长堤街蛛网般的小巷。说熟悉，其实也是近十年的事吧？说来惭愧，我从小就知道鲁迅，知道郭沫若，知道巴金，知道茅盾……可是，我直到快30岁时，才知道中国还有个沈从文！而且是饮誉中外的著名文学家沈从文！一个美国的沈从文研究者曾这样说过："先生的代表作品，是世界上好多文学者永远要看，而且要给自己的子女看的。"可是我，一个大学中文系的毕业生，也被称为"作家"的青年，竟然不知道中国还有个沈从文，竟然还不知道中国现代文学史上还有过《边城》《长河》《湘西》《湘西散记》。这样一种荒诞，这样一种人为的荒诞，我想不仅仅是属于我个人的吧？因此，当我到处搜集并吞下沈从文的选集和文集时，我便感到一种不可名状的寂寞。细细品之，首先感到的是被封闭的寂寞。堂而皇之称为"史"的现代文学上不提他，他的全部作品曾被认为已经过时而在1953年销毁了纸型。除了沈从文以外，还有许多在现代文学史上相当有影响，有特色的作家、诗人。我们的“史’要么根本不提，要么几笔带过，要么作为批判对象而存在。五四新文学运动以后的历史，离我们并不遥远，许多当事人还活着，许多史料还活着，可是我们的“史”竟然不让我们知道曾经有过的而且还活着的历史了，这不能不使我感到骇然。那么更久远的历史呢？是不是也有许许多多的“沈从文”们寂寞于“史”之外然后永远地寂寞了呢？

历史原来可以像一团泥任人随意地揉捏！

然而真正的历史与某些墨写的历史是有着真假李逵之分的。幸运的是，我们毕竟在活着的时候知道了沈从文。而沈从文毕竟也在活着的时候看到了他的作品不仅走出了寂寞，而且走向了世界。

我从未见过沈先生，我只是无数喜爱沈先生作品的读者中的一粒。记得湖北少年儿童出版社曾设想编一套“作家的童年”丛书，我曾自告奋勇地想去写沈先生，当然，也藏着想见沈先生一面的奢望。可现在，沈先生已去了，这不能不使我感到了一种永久的遗憾。然而湘西永在，长河永在，我想，沁进那青山绿水中大概是有机会的吧。如果真有那么一天，我首先想起的，会是沈先生的这段文字：“山头一抹淡淡的午后阳光感动我，水底各色圆如棋子的石头也感动我，我心中似乎毫无渣滓，透明烛照，对万汇百物，对拉船人与小小船只，一切都那么爱着，十分温暖地爱着！”

夜雨活泼泼地织着，一方方晕黄的窗口仿佛是雨丝织就的茧。于是，我于这五月的清凉中感到了春蚕吐丝的爱，那种十分温暖的爱。

寂寞与永恒

一个人对自然的热爱应该是天生的，是本能的，譬如我，从小就特别地爱山，爱水，爱大海，尤其爱森林。也许是因为我属虎的缘故，我对森林有一种说不出来的依恋感和亲切感。因此，我对那些描写森林、大河、湖泊的文学作品，就非常喜爱。读着那些散发着林中树木花草的清香和湖面上薄荷一样的水腥气的文字，我常常就陶醉在其中，整个的身心一下就清爽了许多。

苏联作家巴乌斯托夫斯基的《金蔷薇》曾经是我、也是我们这一代人最喜爱的书籍。他那优美的散文、优美的小说，其实是最优美的诗篇。巴乌斯托夫斯基是一位热爱大自然的作家，他的中篇小说《森林的故事》，简直就是一部人与森林的抒情诗。小说主要写的是作家列昂捷夫到林区体验生活的故事，但是，我们首先读到的，是俄罗斯伟大的作曲家柴可夫斯基的那间森林中的木房子。木房子建在一个小山岗上，山岗下是一个清亮的林中湖泊，湖边长着茂密的柳树和赤杨。柴可夫斯基常常住在这间木房子里弹奏钢琴，构思他的作品。森林里安静极了，偶尔可以听见窗外杜鹃的咕咕声。木房子里有一股松节油和白丁香的味道。柴可夫斯基常常沿着一条林间小道散步，一直走到他最喜爱的红谷。幽静的小道边，长着玫瑰色的柳叶菜，白桦林中长满了香菇。柴可夫斯基只要一走到这条小道上，只要一走到长满松树的红谷，他的心“便激烈地跳动起来”，他的创作的灵感“便会热烈地奔放出来，澎湃之声滔滔不绝”。柴可夫斯基的许多音乐作品，就是从这片森林里长出来的。

然而，就在柴可夫斯基从森林中获得了一个奇迹般的灵感的时候，他听到了一个不幸的消息：一个投机商买下了森林，正准备马上将森林砍伐光。生活在森林里的老百姓向他下跪了，请他帮忙制止这场大屠杀。柴可夫斯基愤怒了，他连夜赶到了省城，请省长制止砍伐。但是省长说，他无能为力。因为投机商是根据训令在处理自己的私有财产。省长说："艺术家本性的要求和商人的盈利不是始终能相符合的。"面对这样的官僚和冷酷，柴可夫斯基还能说什么呢？对森林的屠杀明天就要发生了，这位伟大的作曲家在万般无奈之中，想到了用自己的作品做抵押，将这片森林买下来。于是，赶在砍伐之前，柴可夫斯基找到了投机商。投机商趁机抬高价格。柴可夫斯基一口答应了。投机商提出要现款。柴可夫斯基说，先用他的作品做抵押，请他不要马上砍伐森林。应该说，柴可夫斯基的作品，包括他的《天鹅湖》，是俄罗斯艺术的无价之宝，可是，只要现款的投机商拒绝了柴可夫斯基。他轻蔑地说："我们生为投机商人，死为投机商人，我们皮袄的夹里可不是用高尚做成的。再见！"于是，柴可夫斯基亲眼看见了这场他制止不了的对森林的屠杀。

伟大的柴可夫斯基失败了。这何尝又不是人类良知的失败。失败了的柴可夫斯基面对着惨遭砍伐的森林，发出了愤怒的呐喊：

多么卑鄙的行为！是谁让人残害大地，使大地变丑？……世界上有些东西是无法用卢布，用亿万卢布去估价的。难道彼得堡那些贤明的国家要人，就难以明了一国的强大，并不在于物质的丰富，而是在于人民的心灵！心灵越宽广，越自由，国家就越伟大，就越有力量。可是，能养成人民心灵宽广的，除了这奇妙的大自然外，还有什么呢！大自然应该爱护，就像我们爱护人的生命一样。

柴可夫斯基捍卫森林的故事，虽然只是森林的故事的一个小小的序曲，但却是全书的一粒火种，也是播撒在千百万读者心中的火种。这粒火种曾在一个中国少年的心中发芽，并且长成另外一部关于森林的长篇小说。那是我写的《十四岁的森林》，为写这部小说，我连续四个夏天孤独地待在原始森林里，陪伴着我的，就有巴乌斯托夫斯基，以及柴可夫斯基。

将自己的名字与森林联系在一起的，还有一位俄罗斯作家普里什文。这位将毕生的精力献给了森林的散文家，为我们留下了一部部金子般的散文诗。没有谁像普里什文那样，像一棵老树一样，一年一年又一年地生活在森林里，用自己的眼睛和心灵，仔细地观察着森林一年四季的变化，一天之内的变化，同时，像对自己的亲人和朋友那样，与森林对话。然后，他写作，并且思想。他的作品和思想，都充满了生命的活力与森林的芳香。

我爱读他的《林中水滴》，尤其爱读他晚年写的一本日记体散文：《大地的眼睛》。巴乌斯托夫斯基曾经说过："这是一本惊人的巨著，充满富有诗意的思想和出乎意外简短的观察结果。"这些"出乎意外简短"的日记，其实是一首首充满着博大的爱心的诗篇。在《大地的眼睛》里，普里什文仍然保持了他一贯的善于观察自然的风格，但却将富有哲理的思考融入富有诗意的观察之中。他仍然写森林在一年四季中的种种细微的变化，写活了的枞树，会走路的蘑菇，飞来的杜鹃，写树枝的谈话，松树与风的争论，写绿了的小路，羞答答的太阳……但是，他决不停留在一般的速写和素描上，而是思考着自然、生命、人生、爱和幸福，思考着诗、艺术、哲学、真理和理想。曾经有人问普里什文，为什么你总是写动物，写花，写森林，写大自然呢？你是否排除了对人类本身的注意，从而限制了自己的才能呢？普里什文回答说：

我写大自然，是因为我希望写美好的事物，写有生命的东西的灵魂，而不是僵死的东西的灵魂。于是我为自己找到了心爱的事业，在大自然中寻找并发现人类心灵美的一面。

感谢普里什文，感谢他给了我们一双大地的眼睛，发现并懂得了什么是美，什么是爱，什么是诗，什么是永恒。

应该提到《瓦尔登湖》了。不仅仅因为它的译者徐迟先生是我敬重的同时也是我们湖北的老作家，也不仅仅因为我的家乡是千湖之省，而是因为我的生命历程常常和湖联系在一起。《瓦尔登湖》的作者亨利·戴维·梭罗是一个生活在 19 世纪的美国人，毕业于哈佛大学。1845 年 3 月，梭罗来到瓦尔登湖边的森林里，开始了他的独居生活。他自己在湖边搭盖了一间木屋，自己种植土豆和玉米，自己驾船捕鱼。梭罗到瓦尔登湖去独居，不是想当陶渊明，种豆南山，采菊东篱，而是为了体验这种独特的生活方式，分析研究自己于大自然融合之所得，“他并不是逃避人生而是走向人生”，“是为了探索人生，批判人生”（徐迟）。梭罗就这样在瓦尔登湖边独居了两年多，他观察着，体验着，沉思着，梦想着，同时写下了自己的观察和思考。1854 年，《瓦尔登湖》出版了，这是梭罗生前出版的第二本书，也是最后一本书。他的第一本书是自费出版的，只印了 1000 册，卖了 215 册，送了 70 册，其余的都堆放在家中。《瓦尔登湖》刚刚出版时，并没有引起多少注意。但是，随着时间的推移，《瓦尔登湖》的影响便越来越大，成为美国文学中一本独特的书，一本世界名著。

一个甘于寂寞的人，一个一辈子只出版了两本书的人，最终成了世界著名的作家。就像凡·高的画，身后成了无价之宝。一个作家最终是凭他的作品来说话的。作家的创作是一场永无止境的马拉松赛跑，生前马拉松，身后仍然是马拉松。在这样一个“泡沫时代”，一个“方便面的时代”，每一分钟都有各种各样的“开水”泡出一碗一碗的炫目的“方便面”来。常常就有人耐不住寂寞，奋不顾身地跳进了“开水”之中，然后就被泡得软软的，像一泡一流出来就会被甩掉的鼻涕。

我常常在出差的时候，带上这本寂寞的书，恬静的书，智慧的书。

在疲惫的旅途中，在喧嚣的人海里，随意翻看着《瓦尔登湖》，就像走进了梭罗的世界，一颗心便沉浸在纯洁透明的湖水中，清新澄静的森林中，整个人便静了下来：

在温和的黄昏中，我常坐在船里弄笛，看着鲈鱼游泳在我的四周，好似我的笛音迷了它们一样，而月光旅行在肋骨似的水波上，那上面还零乱地散布着破碎的森林。

我听见梭罗在对我说："我将种这样一些种子，像诚实，真理，纯朴，天真，等等。"而这些种子，总是会在许许多多的心田中发芽的。

【读写提示】

从淡泊中流淌出丰厚的意蕴

读汪曾祺的小说，我们能读出他的淡泊，就像一泓清泉，通体透亮，汩汩地流淌，却并不声张。

作者说他的“小说和散文，如行云流水，自然恬静、淡泊，骨子里浸透的都是‘中国味儿’，枝枝叶叶摇曳的都是民族风采”。如果你有兴趣，可阅读《晚饭花》和《受戒》。

《永远的晚饭花》以“汪先生遽然去世，武汉却无动于衷”，来做后文中渲染的铺垫，并以汪曾祺作品风格特色以及人物刻画特色、描写特色等等多方面的点染，来进行立体的多侧面的烘托。于是，作家汪曾祺卓然立于当代文坛的崇高地位，就在这样的恬静讲述中凸现出来。

阅读《十分温暖的爱》。我的视线里立即摇曳着《边城》的景象。

文章开宗明义说“沈从文先生逝世了”，然后让自己倏然间进入湘西语境，有栩栩如生的璀璨描写，怀念之情，溢于言表。

这乃是一种浓墨重彩的渲染，试图让阅读者沉浸于小说语境当中，让灵魂在悠然的过往故事里发酵，并唤起读者对沈从文小说的崇敬之情。因此后文中，当作者提及中国现代文学史将沈从文边缘化了时，当会激活读者心中的悲愤之情，作者以真实的史料，来佐证现实可笑。

所以，为沈从文招魂，并非个人之积怨，纯粹是站在最具有纯情意义的中国文学史的高度来观照一段史实，并且，作者的确是为了更多沈从文所遭受到的不公正待遇，而有所感悟，或者说是心灵的感应。

作者强调他未见到过沈从文先生，这一真切的事实就更进一步完善了作者对伟大作家的仰慕之情。所涉及的“作家的童年”丛书，以及沈从文先生关于山头与水底的生动描述，亲切地呼应了开篇湘西的小说语境，从而让所谓十分温暖的爱，与文题相互照应，相互勾连，相互亲吻着，一如“春蚕吐丝的爱”。

最难能可贵并且让读者深切感怀的，是作者所写自己青年时期与沈从文之间的认识差异。尽管那是时代所误，却是一个作家清纯的、淡然的、坦荡的、谦逊的内心世界的真实写照，也是作家人品与文品的透明的彰显。

我们写文章，正是需要如此这般坦然的心境和姿态。

第13堂课

书　缘

书之梦

我从小就热爱书籍。外婆常常说我是个“书虫”脱胎。儿时的我，最美的梦，便是当一个图书管理员。因为图书馆里有那么多的书，简直是书山书海书的森林，而在我看来，图书管理员大约是可以成天看书的，并且是想看什么书便有什么书的，如山岫之流云、绿林之微风那样悠闲而自得。如果当时让我去当图书管理员，即使是拿个总统来，我也是不愿换的。

读初三时，我已经收藏了不少的书籍了，已经拥有一些“图书管理员”的感觉了。但是，我和我的书籍遭遇了“文化大革命”。

“文化大革命”期间，除了毛主席著作，除了马恩列斯的著作，除了鲁迅的著作，所有的书籍，都成了“四旧”，成了“封资修”的“垃圾”，都在“横扫”之列。于是，从1966年的夏天开始，家家户户偷偷摸摸地清理书籍、以卖废纸的名义变卖家中珍藏的书籍，乃至焚烧书籍，便是大街小巷最寻常的景观。尤其是在夜里，这里一堆火，那儿一处烟，到处都在“自觉革命”，都在烧书。

我的母亲一辈子胆小怕事，看到别人在烧书，看到有的人家因为家里有书而招致了抄家，她就心惊胆战。她常常关上门，用颤抖的声音求我，把书烧了吧？啊？

母亲是知道的，书就是我的命啊。我为了买这些书，吃了多少苦，受了多少罪啊？

可是，疼爱我的母亲，却将我的书视为家里的“定时炸弹”了。

那是一个闷热的夏夜。我关上门在家里清理书籍了。我的书都在我的床底下，在几个木箱子里。我一本本地清理，一本本地抚摸。每一本书，都有属于它的故事，都勾起了我许许多多的回忆，都是我生命的一部分啊。将它们卖了，或者烧了，无异于剜我的心头肉啊！

可是，我不得不和它们告别了。

我清理了整整一夜。

我不知道该留下哪一本才好。

我实在是舍不得啊……

家里的书还是卖了。因为形势一天天地紧张了。

我的姐夫帮忙将家里的书全都捆了，装了整整一板车，拖到废品收购站，通通地卖了。

整整的一板车啊。

我从9岁开始拉板车挣钱买的书，从9岁开始像燕子衔泥一样一点一点积攒起来的书，就这样全成了“废品”，然后用板车拖走了。

用板车拖来，又用板车拖去，难道这就是我的书籍的命运么？

没有了书籍，我简直就像是掉了魂。

我常常做梦，梦见了我的书，那一板车书，又回来了。

没想到仅仅过了一年，我的梦想真的变成了现实。

1967年，正是“文化大革命”中最混乱的一年。我们巷子里有一位朱伯伯，是保管废品仓库的。见我成天为书而痴痴的，就说，废品仓库里的书，现在可以内部处理了。如果我想要，可以去买。

我简直高兴得目瞪口呆了。我说，好啊，好啊。

第二天，我到了废品仓库里，我是拖着一辆板车去的。我要用板车再拖一车书回来。

进了仓库，我又一次惊讶得目瞪口呆了。

那么大那么高的仓库，好像比我们中学的操场还要大，好像比我们守根里的两层楼的楼房还要高，里面堆放着小山一样的书籍，那真正是一座小山啊。一麻袋的书籍，在这书山的脚下，简直就像是一块小石头。这样一座几十米高的书山，该蕴藏着多少宝藏啊。

我呆呆地望着这书山，一下就说不出话来。

朱伯伯说，你快拣啊。

我赶忙在书山的山脚下开始挑选书来。

朱伯伯说，现在还挑什么呀？赶快往板车上装吧。

我就赶快往板车上装，不问青红皂白，只要是书，就赶快装。

就装了整整一板车。

说好是三分钱一斤，当废纸卖给了我。

我赶快往家里拉。沿途还掉了不少的书，可是我来不及捡了。

我又拥有了一个图书馆！

就是在这些随便拣来的书籍中，我又看见了《战争与和平》，看见了《安娜·卡列尼娜》，看见了《高老头》《欧也妮·葛朗台》，甚至看见了《马雅可夫斯基诗选》！噢。老天爷！这么多的好书，这么多的世界名著！我简直高兴得要发疯了。

我的床底下，全部是一捆捆的书。

我就睡在这些书籍的上面。

我发誓再也不和它们分离了。

但是，梦毕竟是梦啊。是梦便有醒来的时候。

这些令我觉得拥有了一座金山一样的书籍，在我下乡插队当了“知识青年”以后，再一次离我而去了。

有一年冬天，我到水利工地去挑堤。那时，全国所有的中学毕业生都要到农村去插队落户当农民。大雪纷飞的寒冬，我只有一双破袜子，实在是冻得受不了了，便写信向母亲求援。可怜的母亲囊中羞涩，又心疼儿子，于是便将我藏在家中的那些书，全当废纸又卖给了废品收购站，然后给我寄来了两双布袜！

我所崇敬的托尔斯泰、巴尔扎克们，最后变成了慈母寄来的两双御寒的布袜！

我还记得我接到布袜看完信后便号啕大哭了。

我从没那么伤心地哭过。

我记得那天下着雪，我刚刚穿着短裤头挑完泥巴回到工棚。当然，我将满腔的悲愤倾泻在可怜的母亲身上。

我可怜的母亲！

我心爱的书籍！

我这一辈子，就这样和书结了缘。我的欢乐，我的痛苦，都和书籍紧密相连。

我常常想起母亲和外婆说我是“书虫”脱胎。我想，如果真有“前世”的话，这话大约是不错的。至今，我又拥有了近万册书籍了。我每天都在坐拥书城了。我仍将淘书、买书、读书视为人生最大之快事。而我的夙愿，便是有朝一日将我所买的书全部读完。当然，我首先得活着。不过，如果真有“轮回”的话，死去也无妨，我将递上一纸申请报告：哦，大慈大悲的菩萨、上帝、真主啊，来世再让我变成一只“书虫”吧！

变“书虫”大约是不需要“开后门”的吧？我想。

绿叶对根的情意

关于武汉少儿图书馆的回忆，是甜蜜的、温馨的，然而也是苦涩的。

我是一个家境清贫的穷孩子。从小就爱看书。幼时的“图书馆”，是街头的小人书摊，小人书，就是连环画。我是一有钱，就粘在书摊不肯回家的。读小学后，开始泡书店了。我曾经泡过汉口老火车站附近的新华书店，因为那儿到了晚上九点钟才关门。我就在书架边捧着一本书，津津有味地看。

不久，我又发现了一个更好的看书的地方，那就是交通路上的古旧书店。店堂里成天都很安静，有一股浓浓的儒雅的书香。我就在这静静的书店里静静地看书。古旧书店就成为我的又一个“图书馆”。

那时，我没有图书馆的概念。我不知道世界上还有专门供人读书的地方。因此，当古旧书店的张师傅告诉我，就在附近，有一个少儿图书馆，是专门为学生读书开设的，我还不敢相信。我壮着胆子找到了南京路口的少儿图书馆，却不敢进去。那气派的西洋建筑，高高的台阶，巨大的石柱，水磨大理石的地面，如同童话里的宫殿，仿佛是王子去的地方，我这样的贫儿，也能进去吗？

没有任何的悬念，我和所有喜欢读书的小学生一样，很快就成为少儿图书馆的小读者。不用交钱，也不担心有人催你买书，或者是赶你走，我可以堂堂正正、大大方方、安安静静地坐在宫殿里，借阅我喜爱的图书和期刊。于是，每个礼拜天，我便铆在了少儿图书馆，像一只贪婪的小蜜蜂，沉浸在海一样的书香中。

像我这样爱读书的小书虫，馆里的老师们肯定是喜欢的。不久，我就成为老师们的小帮手，摆正桌椅啊，打扫卫生啊，人多的时候，帮忙借阅啊。有的时候，还顺着螺旋上升的楼梯，到书库去搬书啊。像这样的事情，我都干的很高兴。除了感受到一份甜蜜的信任，更重要的是，我开始接触到神秘的书库。当我看到一排排的书架，密密麻麻的数不清的书籍，就像阿里巴巴看到的藏满宝贝的山洞，我便开始做梦了。我的梦想很简单，很幼稚，那就是做一个图书管理员，最好是看管书库的人。那时我想，我就可以成天看书了，那该是多么幸福呢。

除了看书，我从小还爱画画。我有一个好朋友，是我的同座，叫范启华，他的父亲是武汉市著名的剪纸艺人。我常到他家去做作业，便对剪纸发生了浓厚的兴趣。范伯父见我如此痴迷，就送我一套剪纸的工具，并辅导我学习剪纸。

1961 年，我读小学四年级的时候，武汉市少年儿童图书馆举办了全市首届少年儿童画展，我的班主任郑老师也是一个业余画家，他积极地动员我们参展。我就自己创作了一组反映儿童生活的剪纸作品，交给了郑老师。

那是我的第一次创作。现在还能记起的，是“当兵的哥哥回来了”，一个小男孩，戴了一顶显然是过于大了的军帽，腰扎皮带，扛了一根棍子当作步枪，雄赳赳地迈步前进。其余的，大概是踢毽子之类的游戏吧？

没有想到，这组剪纸竟然获得了小学组的甲等奖，给我带来了许许多多的荣誉。

我听说，武汉市将这组作品送到北京，参加中国儿童画展，也获了奖。由于是一个小学生创作的作品，同时又是中国传统的民间美术形式剪纸的缘故吧？这组剪纸还作为中国儿童的美术作品，到香港和海外展出。

我还记得常常是早操之后，学校领导便在全校宣读给我的奖状，颁发了一大堆五颜六色的奖品。那组作品，曾经在硚口区文化馆的橱窗里展出过；那张奖状，在我家的墙壁上贴了好多年。

获奖后，少年儿童图书馆的美术班就吸收了我。后来，又推荐我和另外一名获奖的男同学，保送我们到湖北美术学院附中去学习。对于一个热爱美术的孩子来说，这是我梦寐以求的啊。可是，我终于没有去成。我没有如母亲的愿，成为一名画家，却成为了一名作家。而且，是专门为孩子们写书的儿童文学作家。

现在，我的书也在少儿图书馆里供孩子们阅读了。我也经常到馆里为孩子们讲课了。我不知道这算不算是一种回报，但我知道，这绝对是绿叶对根的情意。因为少儿图书馆是我人生的一个崭新的起点，它为所有走进知识殿堂的孩子点亮了一盏灯。直到今天，这盏灯还在我心头闪耀着金色的光芒。有意思的是，少儿图书馆的旧址，就是曾经展览过我的美术作品的老馆，现在将是武汉美术馆了。而我，恰恰是美术馆所在单位——武汉市文联的干部。这算不算是冥冥之中的一种缘分呢？

淘旧书

喜爱到古籍书店和地摊上淘旧书，并不是人到中年以后的事情。早在年轻的时候，每每读到现代文学大师们在北京逛厂甸，淘旧书，便心向往之。“文化大革命”之初，我还是个16岁的中学生，串连到北京后，曾专程摸到琉璃厂，却见满街的大字报大标语，一片肃杀。这些年到北京，仍爱逛琉璃厂，却不习惯满街的金碧辉煌。在我的印象中，琉璃厂应该是一个穿着灰色长衫的书生，而不是穿金闪闪的戏装，将脸蛋儿抹得猴屁股似的戏子。便常常感叹中国人总是爱生活在啼笑皆非的戏剧之中，难得有平常心，让自己恢复于自然。一条卖旧书的老街，干吗要涂抹得像戏台子似的呢？

相比之下，汉口的交通路就朴素本色得多了。交通路本来是一条文化街，昔日书铺林立。如今，则成了闻名三镇的水产品及干货市场，乌龟王八螃蟹是这里最为昂贵的宠儿。有一些文化人及老先生曾在报纸上呼吁过恢复文化街，但这本来就微弱的呼声立即被商品大潮所吞没了。我的意见，则以为一切听其自然为好，倘若花了钱又只是搭了一个戏台子，摆一些假古董装装门面，还不如卖一些活鲜鲜的乌龟王八呢。

我的想法不是没有根据的。例如设在交通路口的古旧书市场，货真价实的清版书真是不少。我曾逛过全国不少大城市的古籍书店，但大多陈列一些当今影印的线装本，还煞有介事地拒读者于柜台之外，装模作样地充古董。真正出售明版、清版以及民国版古旧书的，不需要读者打介绍信什么的即可随意选购的，还仅武汉这一家。但光顾这里的读者，却寥寥可数。一个店铺尚冷清如此，摆一条街又有何用呢？

在这寥寥可数的读者之中，我应该是常客了。确切地说，我来这里淘古旧书，不是为了收藏，而是为了过过瘾，品尝一下淘古旧书的乐趣。还有呢，就是想做一种文化的散步，于平常的休息中品味文化的氛围，一种历史沧桑感，同时，也想给予这位被现实冷落了的明日黄花一些淡淡的慰藉。

既然是文化的散步，便会于路旁溪畔摘一两朵野花，拣几块彩石的。成套成套的古版线装书，标价太高，我只能做欣赏的。我之所淘，在于兴之所至时，撞到手中的价钱又便宜的古旧书。也不管是否善本，也不管是否残本，只想做一次散步的纪念。例如杨伦集注的《杜诗镜铨》，存八册，清同治十一年八月重刻，望三益斋镌版。杨氏为乾隆进士，曾在武昌主讲江汉书院。该书亦为古典名著了，此版本距今也有一百多年的历史，而标价只有32元。杜诗一向为我所爱，爱他的“朱门酒肉臭，路有冻死骨”，也爱其“野径云俱黑，江船火独明”。得此版本，当为一快。又如淘得《西学大成》两册，线装袖珍本，清光绪版，上海醉六堂书坊印。该书为王西清所编，共十二册，我所得恰为一头一尾，首册为“算学”，尾册为“光学”与“声学”。光绪年间，正是西学东渐之时，许多仁人志士以为富国强兵，非普及西学不可。该书序言便说道：“西学皆有用之学，有裨于人，有益于世，富国强兵，即基于此学者。”王韬序写于光绪十四年，即1888年；而孙延翰为该书题写书名为光绪廿一年，即1895年，正是1898年戊戌变法的前夕。这薄薄的两册旧书，无言地见证着历史，于是便有了沉甸甸的分量。

民国出版的一些旧书，也有一些是很有价值的，例如鲁迅先生的许多著作，其中包括《彷徨》的初版。又如《地质学者达尔文》一书，著者为张资平。该书所收有关地质学方面的文章，均为张氏1921年在日本东京帝国大学学地质时所写，有的就注明脱稿于“地质教室”。其中《地质学者达尔文》一篇，注明为1921年4月脱稿。而由郁达夫执笔的《创造》出版预告在上海《时事新报》上刊登，也正是1921年4月，正是郭沫若、郁达夫等为创造社奔走之时。张氏虽为创造社之发起人，却没有像郭、郁二人那样为缪斯而献身。他两栖于文、理，结果均未大成，晚年后，他还颇有遗憾。在淘到此书之前，只知张氏是汉奸文人，只知其“恋爱小说”曾遭腰斩。淘此书后，再考张氏之一生，便颇有感慨。从赴日留学到参加学生运动，参入发起著名的创造社，到后来因与所谓的“爱情小说”而红得发紫，成为“畅销作家”，其早期创作时之严谨已荡然无存。虽然他的书一印再印，虽然他的产量高而且拿着当时最高的稿酬，但正如沈从文先生所言：“张资平，写的是恋爱，三角或四角，永远维持到一个通常局面下，而其中纵不缺少引起挑逗抽象的情欲感印，在那里拓着年轻人的心。”因此，“是很少人承认那作品是好作品的”。张资平的“走红”，只是在“卑下的低级趣味”的读者群中走红。可是当年的“走红”作家，如今安在乎？

淘旧书，最有趣的莫过于淘到自己的旧作。我曾在热闹的旧书刊地摊上，淘到自己的第一本小说《少男少女进行曲》。此书虽曾再版，但很快脱销，我自己也只有一本了。问价于摊主，开价八角。当女儿告诉他，这是我所著，年轻的摊主便慷慨让价了：“既然是董先生自己的书，我就忍痛放血吧，你随便给五角钱，算我送给你了。”一见摊主“放血”，我马上又随便挑了一本《蒋碧微回忆录》，作感激之余的补偿，哪知摊主竟开价五块钱，不禁使我愕然。摊主见状顿时警惕了：“你是不是作家哟？连蒋碧微都不晓得？她是蒋介石的姑娘，她的回忆录，好看得很呢！”

【读写提示】

什么样的情节能让读者产生共鸣

什么样的情节能让读者产生共鸣？怎么样才能引发读者的兴趣？

我们可以从这一课中的两篇文章来寻找突破口。

一是《书之梦》，二是《绿叶对根的情意》。这两篇文章的共同特点是“讲故事”。当然，作者并没有一味讲故事，而是将叙述、描写、议论融合在一起进行讲述，这也就是我们常常说到的表达方式，解决了表达方式问题，文章就会变得丰富、厚重，变得有了情调，有了看头。

先说《书之梦》。

贯穿文章始终的一条线索是梦，什么样的梦呢？诚如文题所示，是书的梦。有读者可能会问，这哪里是什么梦，分明就是现实的生活嘛，不过是过去的生活。

是的，作者写的就是过去的生活，当我们回望的时候，有一种恍惚的、虚幻的感觉，因为，那些事情放在今天，是绝对不可能发生的，从这个方面看，这不就是梦是什么？

故事中梦的另一个意义在于：少年时代，作者希冀拥有更多的书籍，因为不可能，因为仅仅是一种憧憬，所以就成了梦。

怀揣着这样一种欲求不能的心境来做文章，是有可能让读者产生共鸣的、这正是我们人生的悲剧意义之所在——也可以说是宿命吧，这话也许不恰当，却可以思考——当我们描写并揭示人的关于憧憬的悲剧故事，我们带给读者的心灵震撼，是非常巨大的，它主要表现在对故事中的人物的同情、悲悯与反思，它能激活读者心目中的向善、崇美的人性的优点。

因此，作者将“我”与书的离合贯穿故事始终，并将此与时代的变迁相融合，也就是将“我”的人生置于时代的浪潮中，当然就能跌宕出生活的起起伏伏，以及生命的悲欢与离合。这样来构思故事，基本没有人造痕迹，而是一种自然的流露——情感的自然流露和人物关系的自然流露。

文章是以“我”的书籍三进三出为基本故事框架的。一进是“我”省吃俭用才拥有了那么多的书，“我”竟然还拥有“图书管理员”的荣耀感，其骄傲与自豪的感觉溢于言表——这是“一起”；其后，写“我”遭遇了“文化大革命”，在渲染“革命风潮”的氛围中，描写母亲的胆小，为后文中母亲的卖书埋下伏笔。当“我”不得不卖书时，有一个细节刻画得震撼人心，“我一本本地清理，一本本地抚摸”，注意“抚摸”这个词的精妙程度，被抚摸者就像富有生命体征似的，享受着、亲历着那种富有温度的肌肤之亲，这是何等逼真的温情！终于，整整一板车书拖到废品收购站。作者的梦想与憧憬就这样破灭。这是“一伏”，起伏之间，足以见出生活的变故、生活的悲剧所导致的心理上的沉郁。在此基础上的又“一起”是在遇到朱伯伯之后，承蒙这位长辈之赐，“我”终于有了再次获得小山一样的书籍的机会，有趣的是，此次的获得，是以板车运输的形式，这就与故事前面所描述的那辆板车相互呼应，于是就有了反衬效果，带给读者的是寥廓的思考空间，也就是说，前后板车相同的意义本身并非一个“同”字，而是在这“同”的后面所蕴藏的深刻的悲剧意义，它是由社会矛盾冲突所造成，并非人物自身的性格弱点。而悲剧之所以能够激活人的激愤精神，完全在于人物被压抑被束缚所激活出来的一种抗争与反抗。这一段写的是另一种意义上的“伏”。似乎我们便要跟随着作者的笔力走向幸福人生。但是，故事显然还没有就此收束，后面所描述的另一个“起”，完全在于作者多舛的命运安排。当故事高潮到来之前，作者极力渲染再次拥有更多书籍时的激动心情，并以书名排列的方式进一步烘托这种渲染，使后文中的高潮显得更具视觉的撞击力。为了“我”能得到两双袜子，母亲竟然卖掉了“我”所有的书籍。最后一个“伏”，竟然是以这样一种悲剧呈现的方式掀起情感浪花。故事结尾，作者仍然没有忘记渲染的重要性，他让自己置身于以白雪为背景的寒冷的冬天，让这种奇妙的氛围营造熔铸了悲剧的冲击力。

可以想见，在作者笔下，关于书的起起落落，获得与拥有，是怎样撞击着我们灵魂的情感堤坝，让我们的泪水，毫无功利意识地流淌下来，文章主题也因此上升到了美学的高度。

如果说《书之梦》是作者多年前的梦幻之旅，那么，《绿叶对根的情意》则是梦幻旅途当中美妙的音符，诚如作者所说，这二者之间，冥冥中有一种缘分呢！

第14堂课

收　藏

藏书之梦

大约是几十年前的事了。但我还清晰地记得，那是一个炎热的夏夜，我正在屋顶上乘凉，姐姐的一位同学来找我。他姓朱，是武汉市的围棋好手。他坐在屋脊上对我说，有一个朋友的父亲去世了，留下了大批的藏书，这个朋友对书不怎么感兴趣，且急需要用钱，打算将藏书全部卖掉，但有一个条件：不零卖，一次性处理。朱带来了部分书的目录，一问价，大约需要几百元钱。这个数目，对于今天的我来说，肯定是不成问题的，然而那时的我，尚在农村插队，白汗流成黑汗地干一年，不超支便属万幸，哪来的钱去买书呢？所以一百元之于我，不啻是个天文数字。

但这个消息的确激动了我。那时正值“文革”之中，满街满巷焚书的情景还记忆犹新。我不知道那位朋友的父亲是怎样将自己的藏书保存下来的，我想那一定是个非常动人的故事。朱告诉我，朋友给他的期限是三天，三天之后，他便将书卖给别人了。

朱重重地叹息着走了。他还想约其他的人，一起抢救这批藏书。那天晚上，异常闷热，我的心中，却莫名的悲凉起来。朦胧中，我走进一间古香古色的书斋，呆呆地望着一架一架的图书，不敢相信这些书都已属我所有了。慢慢地浏览到书斋深处，忽有一个高大的身影挡住了我的去路，大叫着：“这是我的书！这是我的书哇！”声音凄切悲愤。我突然惊醒了，浑身吓出了冷汗；夜色正浓，四周一片鼾声。我呆呆地坐在屋脊上，再也没有了睡意。

第二天，我便偷偷地四处借钱。那时大家都困难，谁有钱借给我呢，有的朋友一听说我借钱去买书，便异样地望着我，仿佛我是个神经病。冒着酷热跑了一天，几乎是一无所获。没办法，我只好向母亲开口了。母亲是知道我从小爱书的，给我的早点钱、理发的钱，统统孝敬给书了；后来卖苦力拉板车，一天挣个二三毛钱，一点一点地攒起来，又孝敬给书店了。“孝敬书店”，是母亲训我的口头禅。但母亲又觉得欠了我一笔债。因为母亲将我辛辛苦苦买的书，全给卖了。那是1969年的冬天，我在农村挑堤。天冷，没有袜子穿，写信给家中。母亲没有钱，便将我留在家中的藏书称斤论两地当废纸卖了，将我的惠特曼、托尔斯泰、莫泊桑全给卖了，换了两双厚厚的布袜子。母亲似乎很得意，说人家废品站肯收这批书，都是天大的面子呢。但这个消息却使我悲痛欲绝，后来回家狠狠地哭吼了一顿。我还记得母亲当时手足无措的样子，母亲默默地流着泪，给我打水洗脸。母亲只说了一句：不卖书，你叫我卖什么呢？

听说我又买书，母亲沉默了。母亲是疼爱我的，她知道书就是我的命。那天晚上，母亲翻来覆去地没有睡好。早上起来，她偷偷地往我手中塞了一叠钱。母亲说，这是她攒的一点钱，全在这里了。我的心咚咚地跳了起来。我偷偷地跑到屋顶上仔细地一数，这一叠毛票子，一共才二十来块钱！

三天的期限到了，我们终于没有筹到那笔钱。朱沮丧地对我说，那位朋友最后还是将书极快地当然是极随便地处理了。

我们坐在屋脊上，默默无语。

正是炎热的夏夜。还是武汉炎热的夏夜。一片片波浪起伏般的屋脊上，挤满了鱼一般喘气的人们。恍惚中，那一片片屋脊变成了一片片书脊。在这炎热的夏夜里，和我们一样，像涸辙之鱼般艰难地喘息。

我不禁想起了“相濡以沫”的故事。可是，倘若连“沫”也不存，还能“相濡”么？

一晃眼，几十年过去了。在这几十年中，我常常梦见我买到了那批书；常常梦见有人突然地给我一个惊喜：某人要卖先人传下的藏书。醒来后，痴然一笑，又觉得自己的想法过于自私，过于残酷。藏书者，倾毕生之心血，藏书于室，难道就是为了给后人贱卖了换几个油盐钱的么？要知道卖书对于藏书者，实在是剜心割肉的痛事。明末清初的钱谦益，家藏赵孟頫曾经藏过的前后汉书，为宋椠本之冠。千金购之，藏二十余年，然终因手头拮据，不得不付卖。钱谦益曾记之曰："此书去我之日，殊难为怀，李后主去国，听教坊杂曲，挥泪对宫娥，一段凄凉景色，约略相似。"失书好似亡国。可见其沉痛之极。至于现代，著名的藏书家，当推郑振铎了，他写了那么多的求书记、访书记，然而仅仅一篇《售书记》，便使人不忍卒读："售去的不仅是'书'，同时也是我的'感情'，我的'研究工作'，我的'心的温暖'！当时所以硬了心肠要割舍它，实在是因为'别无长物'可去。不去它，便非饿死不可。"于是我想起了我母亲的手足无措，想起了母亲流泪说的话："不卖书，你要我卖什么呢？"

然而我仍然断不了藏书之梦。仍然节衣缩食，像蜜蜂采蜜一样，将书一本一本地采进我的蜂房。有的书，我早已购之，然而偶尔又在书店或者书摊上发现了，总忍不住又倾囊相购，然后送给朋友们，以求同乐。如苏联小说《白比姆黑耳朵》，在旧书架上以1毛钱一本之贱价出售，我于心不忍，便将十多本全部买回，然后送给急需此书的朋友。在武胜路的书摊上，看见杨树达先生的《词诠》，与乱七八糟的杂志混在一起，虽然家中早有，仍然不忍心杨先生被那些袒胸叉腿的封面女郎压在地摊上廉价待沽。我们这辈人，没有机会如郑振铎先生那样，收藏孤本善本等珍贵秘籍了，然而我想，藏书之价值，不全在书本身之珍贵与否，而在于倾心而收艰毅而藏之精神。已出版的《中国历代藏书家辞典》，便收录了2747位藏书家；而像我这样爱书之书虫，历朝历代，又何止千千万万。中华文明源远流长，其丰富珍贵之典籍，倘若不是这些藏书家不避艰险，倾心搜聚，恐怕早就被焚书者烧光了，被禁书者毁光了。千百年来，藏书家与禁书者仿佛在较着劲儿，这场文明与野蛮的角斗，最恰当的比拟，只有白居易的名句："野火烧不尽，春风吹又生。"

写这篇文章的时候，窗外正下着冷雨，还叮叮咚咚地杂着冰雹子。说来好笑，提笔之因，又是几十年来反复上演过的那个藏书梦。醒来时，天尚未明，却无睡意，喃喃说梦于妻，妻却笑着摇头："就算你的梦想变成了现实，你买了那一批书，可是，这么一间窄房子，哪来的地方安置你的宝贝呢？"

彷徨与伤逝

我收藏古旧书的爱好，是从武汉市古籍书店开始的。

武汉市古籍书店，是我生命中最重要的文化乐园。从童年时代开始，我就经常泡在书店里，因为在古籍书店，可以随意翻阅旧书，哪怕你看上一天，也没有人来干涉你。因此，从小到大，古籍书店便成为我的“图书馆”和“阅览室”。

那个时候，书店里也有古旧书卖，主要是线装书。因为价钱不菲，我只能买一点清版书，单册的，或者残本。有一天，书店的老职工张师傅问我：“有一堆民国的旧书，你要不要？”

这堆民国的旧书，堆放在柜台内的墙角里，随时准备处理了。我蹲下翻了翻，心就嘣嘣地跳了起来：除了刘半农等现代名家的民国版本著作外，其余的，都是鲁迅先生的著作！而且，有的还是初版本！

我按捺住激动，装着漫不经心的样子，站了起来，问道：“几多钱一本嘛？”

张师傅说：“你要是喜欢，就都拿去，两块钱一本吧。”

我迅速地算了一下，鲁迅先生的著作，大约有三十几本，需要七八十元钱。可是我的身上只带有十几块钱。那是20世纪的80年代，我在一家杂志社工作，每个月的工资，只有四十几块钱。买下鲁迅先生的著作，需要我两个月的工资。但我仍然毫不犹豫地决定，全部买下。

张师傅怕我犹豫，就说，如果今天不带走的话，就不能保证能不能留给我了。因为这些书堆着，也不是个事。我说好吧。我马上就去拿钱。

星期天的江汉路、交通路、中山大道，车水马龙，人流如潮。我不敢走远，就在书店附近站着，期待着能遇上一位朋友，或者熟人，能借我 100 元钱，去买下自己心爱的鲁迅先生的著作。

我就这么望眼欲穿地站在繁华的大街上，四处逡巡张望。大约站了一个多小时，终于看到一位朋友的身影。他是我的作者，喜欢写诗歌和小说。我赶紧大声呼喊他，傻傻地笑着，结结巴巴地说着要借钱。他说正好身上有 100 元钱。我立即谢了，拿了钱，转身就朝古籍书店跑去。

100 元钱，我全部买了书。除了鲁迅先生的著作外，我还买了几本当年解放区出版的《毛泽东选集》。

将书抱回家后，爱不释手地摩挲一晚，又惦记起剩下的刘半农等先生的著作了。第二天，我揣足了钱，再次赶到古籍书店，却看到昨天堆在墙角的书，已经放进玻璃柜台里了。而且，每一本的标价，一下涨到了 25 元！

我一下呆住了。

张师傅说，你昨天那样玩命地买，一下买了那么多，就把我买醒了。原来民国的书，也值钱的。

我说，你就按照昨天的书价，让我再挑几本吧。

张师傅说，对不起，昨天已经让你得到便宜了。

一本书得要我半个月的工资。我犹豫了。以后的一个星期，我几乎睡不着觉，那堆书老是在我的眼前晃动。我咬咬牙，又借了钱，决定将那堆书全部买下。可是一到书店，张师傅说，对不起，别人已经全部买走了。

我呆呆地站在书店里，怅然若失。

从那一刻起，我决定开始收藏古旧书，而且，以现代文学史上的名家版本，作为我收藏的重点。

那一次淘到的鲁迅先生的著作，最得意的，自然是先生的初版本。

其中，有《彷徨》《野草》等。《彷徨》是鲁迅先生的第二本小说集，1926 年由北新书局出版，收入先生的小说 11 篇，其中，《祝福》《伤逝》等，均是脍炙人口的名篇。比起先生的第一部小说集《呐喊》来，《彷徨》更显沉郁悲怆，也更凸显先生当年真实的心境。从收藏的角度看来，这本书的价值，还在于其封面，是陶元庆先生的创作。

陶元庆，浙江绍兴人，1893 年生人，1929 年 8 月 6 日因病去世，年仅 36 岁。在中国现代书籍装帧史上，采用新颖的、现代的图案装饰作为书籍的封面设计，陶氏为第一人。鲁迅先生非常喜欢他的画，多次撰文评介推荐陶元庆的画作，并且一再邀请陶元庆为他的书籍设计封面。《彷徨》的初版本封面，用橙红为底色，用黑色设计了三个装饰性的人物，彷徨地坐在椅上，似坐非坐，似行欲行。在他们的面前，是一个大大的扁扁的傍晚的太阳。画面简练，情绪紧张而饱满，将“彷徨”的意蕴表现得恰到好处。鲁迅看了，非常满意，连连称赞说：“《彷徨》的书面实在非常有力，看了使人感动。”

有意思的是，当时有的人却看不懂封面设计的寓意，以为陶元庆居然连太阳都没有画圆，陶元庆只好苦笑着说：“我真佩服，竟还有人以为我是连两脚规也不会用的！”

阿 Q 临死前画押，画了半天，还遗憾连个圆圈都没有画圆；《彷徨》的封面，有人认为太阳也没有画圆。这真是令人啼笑皆非的巧合吗？

后来，我还在古籍书店淘到一些好书。遗憾的是，这样一所武汉唯一的特色书店，连同它所在的交通路文化街，都被轰轰烈烈毫不手软地拆毁了。交通路，筑于 1916 年，20 世纪的三四十年代，这里遍布书店、报馆、出版社、印刷厂，短短的一条青石板路，两边的书店就有 18 家。中国现代史上著名的文化名人，几乎都到过交通路，有的还在那里工作生活过。交通路及古籍书店拆毁时，我曾专程去拍摄了照片，以作最后的绝唱与纪念。那天，去拍摄留念的人还真不少，对于这样无奈的“彷徨”，永久的“伤逝”，我想，这绝不仅仅是我一个人的痛。

就在酝酿这篇有关鲁迅的书话，并清理自己的藏书时，传来周海婴先生去世的消息。我不知道这是不是一种巧合。周海婴先生的著作，我藏有他的《我与鲁迅七十年》。他一辈子牢记父亲的教诲，没有做“空头文学家”，但是，这本著作却让我们看到了“鲁迅之子”的风骨。为了让被极“左”意识形态遮蔽和诠释了近六十年的鲁迅以及鲁迅的文化精神得到“还原”和“解放”，他真实地写出了自己的反思。他说：“假如鲁迅作为一个时代的符号要一直存在下去的话，就必须给青年人一个有血有肉的鲁迅，从他的外貌和生活上进行还原。”以他的身份进行这样的反思，是极其重要的心灵史料。

周海婴生前最喜欢的古典音乐，是贝多芬的《田园》交响曲。这首朴实无华、宁静安逸的乐曲，成为海婴先生葬礼中的背景音乐。江南草青，田园春暖，那咿呀的乌篷船，载着先生回乡去了。

喜得《语丝》

在我收藏的民国书刊中，最珍贵的藏品之一，便是《语丝》周刊了。

淘到《语丝》，多亏了杭州书友王宜清君。她是我的责编，听说我爱淘旧书，便打探到了不少杭州的旧书店。我去杭州讲课时，她便带我到了耶稣弄收藏市场，这里是闹市区，市场内拥挤昏暗。在一间狭小的旧书摊里，我在老旧的玻璃书柜中，看到了一大摞《语丝》周刊！

凡是学过一点中国现代文学史的人都知道，《语丝》是“五四”运动以后，由鲁迅、周作人、刘半农、钱玄同、林语堂等人发起撰稿的著名的综合性文学期刊，在中国现代文学史上曾产生过很大的影响。能够看见原件已属不易，现在，这么多的《语丝》穿越历史的风尘，静静地展示在我的眼前。我开始心跳加快了。

书摊老板余先生眼镜下滑到鼻翼，抬眼审视打量着我，说，这是老书，很贵的！

我笑笑，老先生，我就是冲着老书而来的。

好大一摞《语丝》。各种版本的都有。来不及细数有多少本。但是，只需一本，就让我的心狂跳了：那是《语丝》第一期，创刊号！

好大一摞《语丝》。许多本都已经脱线了，发黄了，发脆了。余先生拿出来的时候，脆脆的纸屑纷纷扬扬，落了下来。我扫了扫纸屑，请余先生开个价。

你都要？

我都要。

余先生从下滑的眼镜中抬眼望着我，伸出两个手指头。

两千。

好的。成交。

那一夜，我将《语丝》铺了一床。床上当然铺上了报纸。杭州的秋夜很静。空气中有潮潮的水腥气。我躺在床上翻看着《语丝》，在陈旧的书香中，梦回当年。

说起《语丝》，恐怕先得说说孙伏园。这位民国初期被称为“副刊大王”的大胡子，当时正在主编著名的《晨报》副刊。孙伏园是绍兴人，与鲁迅有着师生之谊。自打他接手《晨报副刊》后，将副刊办得风生水起，全国闻名。鲁迅的《阿Q正传》，就是经他手在副刊上发表的。但是到了1924年，他却愤而拂袖而去。其原因，也是因了鲁迅。

1924年的北京，风风雨雨传闻的，都是徐志摩疯狂追林徽因的故事。待到林徽因与梁思成双双赴欧，失落的徐志摩在《晨报》副刊发表了一首感伤的诗。鲁迅看不得这些无病呻吟，写了一首打油诗《我的失恋》予以调侃，寄给孙伏园。结果，《晨报》新来的总编辑是徐志摩的粉丝，没跟孙伏园打招呼，就将鲁迅的打油诗给撤了下来。孙伏园大怒，于是愤而辞职。鲁迅见自己连累了孙伏园，心中不安。当闲不住的孙伏园提出想约朋友自己办一份杂志时，他立即表示大力支持。

1924年11月2号，是个星期天。孙伏园约了周作人、钱玄同、顾颉刚、李小峰等朋友，在北京的东安市场一个豆食店里聚会。大家商议，办一个周刊，共同撰稿，费用共摊，每人每月八元。那天鲁迅未到，但是也捐十元，以资创刊。刊名得来也有趣，大家商议刊名的时候，从顾颉刚带来的一本书中，随手翻看到“语丝”二字，均认为有趣，于是，这本周刊的刊名，就叫了《语丝》。

1924年11月17日，《语丝》在北京创刊。十六开，八页。每份本京铜圆四枚，外埠连邮寄费三分半。刊址在北京大学第一院新潮社。当时的主编，是孙伏园。我收藏的创刊号可以清晰地看到，第一期的撰稿人，是鲁迅、周作人、孙伏园、钱玄同、江绍原、川岛、衣萍，其中，周氏兄弟各写了两三篇。鲁迅的名篇《论雷峰塔的倒掉》，就发表在创刊号上。而《语丝》的创刊号，则为周作人的手笔：

“我们几个发起这个周刊，并没有什么野心和奢望。我们只觉得现在中国的生活太是枯燥，思想界太是沉闷，感到一种不愉快，想说几句话，所以创刊这张小报，做自由发表的地方。我们并不期望这于中国的生活或思想上会有什么影响，不过姑且发表自己所要说的话，聊以消遣罢了。

我们并没有什么主义要宣传，对于政治经济问题也没有什么兴趣，我们所想做的只是想冲破一点中国的生活和思想界的昏浊停滞的空气。我们个人的思想尽自不同，但对于一切专断与卑劣之反抗则没有差异。我们这个周刊的主张是提倡自由思想，独立判断，和美的生活。我们的力量弱小，或者不能有什么着实的表现，但我们总是向着这一方面努力。”

创刊号写的很低调，很冲淡，但却鲜明地表达了《语丝》同仁的思想艺术趣味，那就是“想冲破一点中国的生活和思想界的昏浊停滞的空气”“提倡自由思想，独立判断，和美的生活”。同时，创刊号还鲜明地昭示：我们个人的思想尽自不同，但对于一切专断与卑劣之反抗则没有差异。不管是以鲁迅为代表的杂文，还是以周作人为代表的小品文，《语丝》的作家群在针砭时弊方面形成了共同的风格，那就是排旧促新，放纵而谈，古今并论，庄谐杂出，简洁明快，不拘一格，张扬的仍然是五四新文化运动所提倡的“破旧立新”的精神。

《语丝》第一期只印了2000册。当时怕销路不好，还准备了卖不掉，就随手送人。创刊号出来后的星期天，孙伏园、李小峰、川岛三个人拿着刊物到东安门电影院的大门口叫卖，结果，买的人很少。三人很是沮丧。但是，出乎意料的是，书刊市场传来的消息，却是令人振奋。因为

《语丝》领衔的几位，都是五四时期《新青年》的大将，其刊址又在北大新潮社，于是，在北大的高校间一销而空。孙伏园他们立即决定再印2000册。可是，几天后，2000册又飞快卖完，而外地的汇款正源源不断地涌来。于是，第一期的创刊号，他们一口气就再版了七版，印数达到15000册，大获成功。

《语丝》周刊共生存了七年，其发展历程，大致经过了三个时期：其一，是创刊的北京时期，包括第一期至一五六期；其二，是鲁迅接编的上海时期，包括第四卷第一期至第五十二期；其三，是终刊的上海后期，包括第五卷第一期至第五十二期。刚开始，是一张八页十六开报纸的小型定期刊物，每逢星期一出版。过了一年多，改成了三十二开十六页的装订本。起初，只是在北京大学第一院新潮社做《语丝》的一个编辑、校对、发行的地方，并没有具体的社址，次年，李小峰的北新书局成立，才由北新书局发行。1927年10月15日，《语丝》出版第一五三期后，被北洋军阀政府查禁。从第一五四期起，迁到上海出版，由鲁迅先生主编，后由柔石接编。改为半月刊，1930年3月，出至五卷五十二期后，终于停刊。七年间，共计发行260期。鲁迅先生在《语丝》上共发表诗、小说、散文43篇。我收藏的《语丝》，从第一期创刊号起，一直到第五卷的前期，涵盖了《语丝》发展的全部历程，数量近200期，包涵了《语丝》的各种版本。对于旧书收藏者来说，自然是宝贝一般的。岂止是淘书，简直是淘宝呢。

关于《语丝》，有说不完的话题，得静下心来慢慢地品茗细谈。因为真正的宝贝，是“五四”时期那些新文化运动的猛将们。其中的许多人，后来均与《语丝》有过千丝万缕的联系。写这篇文章的时候，正是“五一”劳动节。再过几天，就是“五四”了。这也是今天将我收藏的《语丝》搬出来，请诸君共同品赏的原因。除了用伏案劳动的实践来纪念劳动节以外，也用

《语丝》来纪念伟大的“五四”吧。因为“五四”的历史任务并没有完结。因为我们还需要《语丝》。

【读写提示】

什么是虚境与实景，什么是虚实相生

阅读《藏书之梦》，忽然想起一句：“无处安放的灵魂”。如果我们秉持着这样一种如诗如歌的思维方式来构思过往的情感与事件，我们的故事就会讲述得生动鲜活，并且一定能够让读者产生共鸣。

也就是说，有的时候，我们只要寻找到一个诗意的突破口，故事的角度就能选择到位了。

我们来追溯作者构思当初，一定是坐拥书城回望过往时光，那些曾经震撼心灵的往事便如电影般一幕幕闪现在眼前。

尽管作者要写的是关于书的故事，但首先进入他的视线里的，却是人。

所以，故事开篇，一个人物出场，一个问题凸现，一条大鱼近在咫尺。

这既是生活中的幸事，又是人生的难题，几百元的天文数字，如何能够召唤到手？

带来这个重磅消息的人刚刚走上舞台却又稍纵即逝，留下的是毫无来由的惊喜与沉重的叹息。

有人会说，没有这个消息不是少了很多烦忧吗？但是你不知道一个书虫的内心世界在任何时候都是躁动不安的。

这个时候，作者既要把故事讲述得一波三折，又要娴熟地运用艺术表现手法，将故事中的人物、故事中的事件，描述得富有艺术感染力。

所以，虚写在这里就派上了大用场。所谓虚写，关涉到幻觉、梦境、联想、心理活动、侧面描写等等多个方面，它的目的在于补充丰富作品的表达，从而增加作品的内涵，使作品本身含蓄蕴藉。

故事中，当天晚上，“我”的心在莫名的悲凉当中遁入幻觉。此处作者详细描写具体的幻觉场景，以期使视觉和听觉的冲击，大大丰富作品故事的意象，也就是说，作者描写了这样的幻觉，营造了“我”的饥渴的艺术氛围，读者当然就会相信并融入了“我”的饥渴的世界当中去。

当然，仅仅有虚写还不够，还必须以实写加以进一步补充，所谓虚实相生，是说“虚境”需要“实景”来表现，而“实景”又需要“虚境”来衬托，它们相互影响，相互补充，共同实现和完成主题塑造。

有营造艺术氛围的开头，当然也有营造艺术氛围的结尾，它们的描写方式相似，但它们的目的各有各的不同。我们要想文章结尾更多一些艺术的渲染，更少一些直白的寡淡，不妨在氛围营造上多下点功夫，注意，是艺术氛围营造，艺术的，具有丰厚内涵的那种。

第15堂课

艺　术

上帝的糖果

——观周韶华先生新展《大风吹宇宙》有感

观周韶华先生之大作，有三境也。

最危险者，为首观也。凡赴画展观赏者，心中已储存若干古今中外经典之作也。或八大，或青藤，或悲鸿，或白石，水墨造化，已成世界。可是一头撞上周韶华，或者一不小心撞进周韶华的水墨世界，那些超乎你审美经验之外的全新世界，挟带着光，挟带着火，挟带着雷电，挟带着天风海雨，挟带着火山爆发般的视觉冲击力，刹那间就击中了你。那些色彩斑斓的星云，旋转着，变幻着，令人惊叹而目眩：巍巍高山乎？浩浩深海乎？雄浑汉唐乎？奇诡梦幻乎？是耶非耶？奇哉壮哉。目瞪口呆之余，便觉视觉爆炸，常规失语，血脉贲张，浩气充盈，那样一种全新的生命体验，摄人心魄。

此一境也。

最愉悦者，为再观也。惊觉震慑之后，便是情不自禁，便是心旷神怡。先生是中国画的革命家，一生致力于打通中国画的气场，赋予中国画卓然独立于世界艺术之林的中国气派与民族灵魂。他的作品，思接千载，视通万里，上接先秦、汉唐，外融西洋，现代，大气磅礴，雄浑率真，以前所未有之大视野、大气场，以全新的水墨观念与绘画语言，给人以冲击力极强的审美愉悦，并在观赏审美之中，将有我化为无我，化为熊熊燃烧之炉中煤，翩翩飞舞之梦中蝶，与其水墨中的彩色星云融为一体，而不知我为何物也。

此二境也。

最受益者，为三观也。先生的作品吞吐宇宙，蕴意高远，不但耐看，而且耐读。让人在探寻“是什么”之后，还会继续探寻“为什么”。其晚近之作品，逐渐化具象为抽象，化实景为虚境，以心灵映万象，创形象为象征。古人谓王维诗中有画，画中有诗；而先生的水墨，不仅有画，有诗，有李白“黄河之水天上来”之雄浑气势，有东坡“大江东去”之汪洋恣肆，而且，有楚文化之神秘浪漫，大汉之沉雄博大，魏晋之清秀风骨，盛唐之健康丰满；同时，还有思想，有哲学，有儒家之担当天下，有庄子之逍遥神游；有中国画传统之“线”，亦有西洋画现代之“面”，近来，则将雕塑、壁画、建筑、设计等诸多艺术元素融入水墨，极大地丰富拓展了中国水墨之表现天地。这样的作品，一观一得，再观再得，每一次凝神阅读，都会有新的收获，如同层层登楼，每每觉悟，心境澄明，了无尘埃。

此三境也。

我常于阅读先生大作之中，想起清画家方士庶的高论。他认为古人的作品，“不出纵横两字”，其追求的，则是“於天地之外别构一种灵奇”。其《天慵庵随笔》曰：“山川草木，造化自然，此实境也；因心造境，以手运心，此虚境也。虚而能实，是在笔墨有无间，衡是非、定工拙。”又曰：“於天地之外，别构一种灵奇，或率意挥洒，亦皆炼金成液，弃滓存精，曲尽蹈虚揖影之妙。”方士庶认为，绘画者，因心造境也，以手运心也，水墨之间，表现画家之主观情思与笔墨意趣也。其实，方氏所道，又岂止是水墨之真谛耶？我当年写《一百个中国孩子的梦》，往往熬夜写作，通宵神思狂飞，天明审视满桌稿纸，赫然不知何时所写也。以米粒之心得，而观先生最新的《大风吹宇宙》系列作品，“三观”齐发，而“三境”同至。始悟“天地之外”，乃宇宙也；先生之“大风”，乃将宇宙

“别构一种灵奇”也。过去先生的系列，无不以宏大的宇宙观为俯瞰。而现在，画了“梦”，画了“文化”后，又将“宇宙”化为水墨，将无垠之浩渺总揽怀中，这是何等视野！何等心境！何等胸襟！古人常云乾坤，以表时间与空间之博大无涯，如杜甫诗云“乾坤一腐儒”“乾坤一草亭”，便成千古绝句；可先生之宇宙，却如绚丽之烟火，美丽之春花，运行于手，绽放于心，化空虚为美境，聚浩茫于一掬，可视，可感，可触，可及，可亲，可爱，成为近距离、人性化之观赏对象，又为中国水墨乃至世界美术创造了一个奇迹。以余之陋见，中国画家中，如此表现宇宙者，先生第一人也；世界美术家中，尚未见也。在此独创中，又一反常规表现宇宙之科幻陈见，将宇宙表现得如此生机勃勃，富有青春之活力与强劲的生命力，完全可以这样说，先生创造了一种全新的独特的水墨宇宙美学。先生以八十高龄，而激情飞扬，创造了一个美丽的新宇宙，可敬可佩！有先生之青春，始有宇宙之青春也；有先生之强劲之生命力，乃有横吹宇宙之大风也。

人类之力量与能量，始于自身肌肉之运用，继而石块、弓箭，继而火与火药，继而蒸汽、电、煤炭、石油、水和风力，继而原子，乃至氢核聚变。氢核聚变者，太阳之能量也。掌握氢核聚变，不就掌握了制造新的太阳新的宇宙之力量耶？先生创造的艺术宇宙，或宇宙艺术，其力量与能量无异于氢核聚变耶？先生之艺术力量，实乃人类之力量也，或者说，乃人类心灵智慧之力量也，人类艺术创造之力量也。倘若有艺术之“奥运会”，先生的《大风吹宇宙》，绝对是会夺取金牌，创造新的“艺术奥运”记录的。

“大风”吹来之日，西洋圣诞刚至。前年圣诞赴欧，见满街都是圣诞老人，背袋爬窗，为孩子们送去惊喜的糖果。韶华先生慈眉善目，最像圣诞老人了。他给我们带来的最珍贵的礼物，便是《大风吹宇宙》；而他手中的每一颗糖果，都是宇宙中一个个美丽的星球。

漫画家落子

落子，漫画家也。不知姓甚名谁。自称生长在江城武汉，浪迹云南丽江束河古镇。近年来忽然思乡，返回故土，以一支神奇之笔，为父老乡亲漫画肖像。武汉之画坛，尤其是民间，多了一顶微笑着的棒球帽。落子之大名，便春水般在江城蔓延开来。

初识落子，是在谭文祥先生所设的饭局上。一顶永恒的棒球帽，一副微笑着的眼镜，一件标志性的牛仔马甲。书卷气，幽默感。既儒雅，又时尚。闲聊起来，原来与我的老弟宏量竟然是当年武钢冶金炉的同事。白云苍狗，人世沧桑，云南古镇的日子，在他的笔下，充满魅力："整日价看浮云去来，看女人来去，读书，上网，无聊，发呆，晒太阳，兴之所至，画几幅漫画肖像换饭钱，日子过得无比滋润，敖子曰，得其所哉，得其所哉。"如此达观之人生，必然影响其漫画之幽默品格。饭桌上，其轻展画夹，运笔如飞，短短几分钟，便将我之大胡子传神抓来。同时用白抓住光点，整幅肖像便有了立体感。

落子在武汉文化圈名声渐盛时，做了一个落子式的决定：在武汉美术馆每周花一整天的时间，为普通的市民免费漫画肖像。我看过落子的博客，那些前来等待落子画像的，老人，小孩，大妈，少女，夫妻，姐妹……全都质朴无华地坐在落子的面前。而落子的漫画肖像，对每个人都是那么认真，像创作一幅艺术作品那样，没有一丝懈怠与敷衍。在我的印象中，像这样长期地为普通市民免费画像的艺术家，落子倒是第一人。我的意思，倒不是提倡大家都去免费创作；但是，在物质化的商品社会中，能有这样一份善举，实属不易。我不知道这样的善举，是否与落子多年来长期浪迹民间有着或多或少的关系？在我看来，云南高原，丽江古镇，经幡飘动的地方，宗教氛围十分的浓厚。天高地远，时空凝聚，极易促发人对生命的思索，对人生终极关怀的思索。落子的栖居，应该是如同修行的。他栖身于民间，如同鱼得水也。民间是水，百姓是水，而他，一个浪迹天涯的游子，只是一条鱼。不是民间需要落子，而是落子需要民间。不是民间需要艺术家，而是艺术家需要民间。有了这样的分析，我们就可以知道，为什么落子会默默地无怨无悔地长期为武汉的父老乡亲免费画像。因为一个视民间如水、视人民如水的艺术家，他的艺术的生命力，就在民间，就扎根在人民之中。

噢。这样的评论，也许会显得古板了。那么，就快点去欣赏落子的作品吧。其实武汉也好，云南也好，对于一个艺术家来说，都只是生命中的驿站。我不知道落子下一步将会“落子”在哪里，但我相信，像落子这样的种子，不论落在哪片土地上，都会生根，开花，结果，长出一片艺术的森林来。

落子，珍重。

书道如琴韵

要我来说书法，真是见笑了。读中学时，倒是有热爱书法的老师教过，包括送石头，送刀，学习治印。但是，刚刚学的一点皮毛，转眼就用到“文革”中写大字报上去了。真正用了心，对书法兴趣起来，已是腰围渐粗鬓毛衰了。先是朋友雅集，准备了笔墨纸砚，品茶论酒，高谈阔论，至半酣，或微醺，书家也好，写家也罢，畅然挥毫，意在性情雅趣，而不在乎某界某坛之得失也。挂了多次眼科后，渐渐手痒，也趁了酒兴，不讲章法，也不知规矩，随心所欲，滥竽充数而已。这样的雅集，图的也就是个高兴。

就这样仗着胆大，无知无畏，参加的雅集多了，笔会也多了，现场观摩书法家创作的机会也多了，当然，随心所欲的机会也多了。虽是抱了游戏心态，轻松无忌，但是，也不能辜负了鼓励自己的朋友们。便暗暗地存了心，在创作之余，或在出差的途中，一有时间，便默然读帖。现在玩书法，也得讲条件了。笔墨纸砚，笔洗笔架，十八般武器，一样也不能少。即使是临帖，也得摆开架势。我不是书家，也没有那么多的穷讲究，没有功夫临帖，那就读帖呗。不论古人和今人，凡是觉得甚合我心的，便反复默读。奇怪的是，也许是因为作家长期形象思维的缘故，看得久了，那些帖，那些字，好像动漫一样，呼啦啦飞扬起来，动感起来，或幻化为行云流水，汪洋恣肆，不可遏止；或沉淀为秦鼎汉石，将大气厚重敛藏于典雅朴拙之中。一部中国文化史，其实是一部中国书法史啊；而一部中国书法史，则是历代书法家求新求变求超越古人和超越自己的历史，是将各种流派各家独特发挥到一种极致的历史。而且，我惊异地发现，我认为“蛮有味道”的书法作品，往往不是书法家成熟期的果实，倒是他们成长期以及成功后再继续求变的探索期的青涩的果子。这样的帖，这样的作品，看起来不成熟，不合“规范”，不讲“规矩”，却暗藏独辟蹊径、有我无他之野心，充满丛林草莽的勃勃生气。于是豁然顿悟，书道和其他艺术之道一样，凡成大器者，其成功之秘诀，就是“不讲道理”。道非道，非常道；法非法，非常法。书法书法，重在“法”也。有的“书法家”，仅仅是个“书家”，而非“法家”；也就是说，其字写得娴熟，流畅，甜俗，或者像张三，或者像李四，唯独不像他自己。就像熟透的果子，离坠落也就不远了。

丙戌深秋，曾有幸听陈新亚君奏古琴。当代书法家中，喜爱古琴而闻名者， 当数“枕琴室主”萧娴了。而从古琴的音韵脉络中发现了古琴和书法的内在联系，新亚君近年也颇多心得论述了。新亚君提倡的“书法生活化”，并且身体力行地毛笔尺牍，也深得吾心。那一日，江南雨歇，老梅的佩玮堂中，清气盈室。新亚妙手轻拨，或《关山月》，或《渔舟唱晚》，琴声如水，如泉，如无边月色，叮叮咚咚漫过心田，洗涤澄静了浮躁之灵魂。陆游说“功夫在诗外”，而书法家之大境界，又何尝不是在“书外”呢？一曲奏罢，我的打油诗也冒了出来，现录于此，且作拙文之狗尾吧：

江南秋雨歇，忽闻古琴翩。
明月出天山，落花响林泉。
悠悠接八荒，渺渺思七贤。
书道如琴韵，心醉已忘言。

遇见

从非洲回来好长时间了。可是，我仍然经常梦见非洲，梦见乞力马扎罗的雪峰，梦见马赛马拉的狮子与花豹，当然，少不了梦见杨明。

清晨四点。或者五点。天还没有亮。便听见杨明的呼喊了，起床啦！起床啦！

沿着河马出没的河边，一排平房的灯依次亮了。在青色的黎明中，我看见杨明身穿迷彩服，左右两肩分别挎着两台相机。长焦炮筒早已安好。迷彩帽系在腰间。威风凛凛。像即将出击的特战队员。或者，更准确地说，特别像一只即将出击的猎豹。

辽阔无边的大草原上，天地交接之处，开始闪现出一丝金红的霞光。地平线出现了。一辆一辆丰田吉普，顶棚早已撑开。全副武装的摄影家们，迎着清凉的晨风出发了。梦图国际摄影俱乐部的红旗，在车头猎猎飘动。车上贴着醒目的标志：情系非洲。

非洲醒了。

野生动物醒了。

我们和我们的镜头，也醒了。

我们和非洲，和自由生长在这片土地上的野生动物们，开始了平凡而奇妙的遇见。

亚洲与非洲的遇见。

中国与肯尼亚的遇见。

人类与人类的朋友野生动物的遇见。

摄影家与光影的遇见。

生命的长河中，缘与缘的一次如电如露的遇见。

恒河沙数中，一粒微尘与一帧永恒的遇见。

展示在《遇见》中的摄影作品，大多是杨明三次赴非洲摄影作品的结晶。这位如同特战队员般的青年摄影家，在短短的数年里，就用他的“狙击步枪”斩获了一大批“猎物”。他对摄影的痴迷与热爱，他在野外创作过程中的认真与执着，他在承前启后、博采众长中的谦虚好学，聪敏悟性，都使他与摄影艺术有了天然而独特的遇见。

一个艺术家，与其选择的艺术形式、艺术对象，是一次神奇的“遇见”，应该说，是一次生命本源的双向选择。与其说，是杨明选择了生态摄影，不如说，同时也是生态摄影选择了杨明。

选择即是遇见。即是生命本源的碰撞与缘分。

《金刚经》中，佛陀问须菩提，如来有肉眼不。须菩提回答，如来有肉眼。

如来有肉眼。世间之动物包括人类都有肉眼。肉眼与生俱来。所见皆世上共存之物。春花秋月，朝晖夕阴，车水马龙，森林海洋，肉眼皆可见也。因此，一个优秀的摄影家，不单单只具有肉眼，而且，还需具有天眼。

《金刚经》中，佛陀问须菩提，如来有天眼不。须菩提回答，如来有天眼。

天眼者，非凡人所有也。摄影家之天眼，不仅仅是多了一个观察世界的镜头，亦即多了一只眼睛；更重要的是，多了一个观察生命本源的眼睛。

摄影门分多类，独特而无高下之分。杨明选择的，是生态摄影。更多的时候，是鸟类摄影，因此，杨明也可称为“鸟人”。一条血性汉子，却喜欢拍摄娇娇小鸟，反差大吗？非也。鸟类摄影，乃生态摄影也，野生动物摄影也。鸟乃飞禽，拍摄难度大，野生动物之天堂在非洲，拍摄难度亦大。杨明的天性，就是喜欢挑战，就是喜欢啃硬骨头。手边的苹果，不喜欢吃。在天空飞翔的苹果，才喜欢去摘。于是最爱驾驶悍马，长途奔袭，或弯弓射天狼，或东海擒蛟龙。呼啸而至，悄然而摄，金戈铁马，快意恩仇。此乃杨明之天性也。于天地之间开眼，乃天眼也。我常常感叹，杨明哪里是在拍摄野生动物？简直就是在寻找同类！而作为杨明的朋友，吾等楚国汉子集合梦图，哪里是在拍摄野生动物？分明是在寻找当代中国最稀缺最需要的血性、野性，以及男子汉精神也！

《金刚经》中，佛陀问须菩提，如来有慧眼不。须菩提回答，如来有慧眼。

慧眼者，智眼也。乃戒、定、慧之功力显现，因修定而发慧，因慧而生慧力，而具智眼。杨明的作品，一看便知是有故事的，是有情节的，是有环境和背景的，是用慧眼去拍摄的。初入摄影之门，难的是技巧；掌握了技巧，难的是构图；掌握了构图，难的是创意；掌握了创意，难的是瞬间的发力，将天地日月之精华光影，凝固于刹那之间，收揽于慧眼之中。杨明的鸟，都在飞翔，而且相互呼应。杨明的大象，沉重如大地，给人以历史与哲学的沉思。杨明的豹，弓腰发力，呼之欲出。杨明的人物，于黑白灰的影调中，无声地展示其博大的悲悯情怀。摄影的最高阶段，其实是将高深的哲理，博大的情怀，光影之美的魅力，转化为一种人类共通的语言，转化为天使与贫儿都能看懂，而且越看越有内涵的画面。读杨明的作品，我们听到了这样的脚步声。

《金刚经》中，佛陀问须菩提，如来有法眼不。须菩提回答，如来有法眼。

慧眼观空。法眼观一切众生平等。生态摄影，若居高临下，将野生动物仅仅视为观照对象，终流于俗。昔日刘贤德三顾茅庐，为请诸葛亮而图天下也。杨明及其朋友三顾非洲，实为展示蓝色地球上，众生平等之象也。非洲乃人类起源之地，古人类，实为这片土地上，与大象猎豹狮子角马同类，与秃鹫鬣狗苍鹰争食，平凡之动物也。为何直立之后，乃至当今，地球生态恶化，野生动物锐减，众多物种无声消失，实为人类之祸也。杨明用摄影作品作为火炬，登高一呼，期盼唤醒人类之良知，保护我们原初的朋友们。看看非洲儿童之眼，猛兽之眼，当悟发言高悬也。

《金刚经》中，佛陀问须菩提，如来有佛眼不。须菩提回答，如来有佛眼。

佛眼者，慈悲也。慈乃父性，男性之爱，悲乃母性，女性之爱，慈悲乃父母所共性之仁德，至善至美之大爱，无私，无怨，无条件，无悔。所以叫大慈大悲。佛眼看来，一切众生皆值怜悯，因此，要布施众生，拯救众生。此次杨明《遇见》摄影集，与湖北的摄影家三进非洲，举办公益摄影展，实为一种追求，一种呼唤，一种修行，一种布施。

如此看来，每一个与《遇见》而遇见的朋友，都是有缘人。与杨明有缘，与摄影有缘，与非洲野生动物有缘，与地球的环境与生态保护有缘，与佛家的慈悲之心有缘，与大善大德大美有缘。翻开画册，如同听到黎明将至之时，在非洲辽阔的旷野里，杨明身挎相机，全身迷彩，威风凛凛，大声疾呼，起来啊！起来啊！

亲爱的杨明，因为遇见，当然起来。

然后，一起同行。

此生，来世。

好吗？

【读写提示】

怎样刻画一个人物

我们应该怎样刻画一个人物呢？这个问题似乎和这堂“艺术”课无关，其实大有关系，因为刻画人物性格即是一门艺术，也涉及品味的对象、传递的快感、人生的理想与灵魂的救赎。

我们能够从《漫画家落子》一文中获得一些启示：一是刻画人物形象要抓住人物的细部特征；二是刻画人物形象要能使被刻画者有一定的立体感；三是刻画人物形象要有多侧面多角度的描写，使对方的细节活动体现出新鲜、新颖的特点。

接下来，来看看作者的人物速写《遇见》是如何开场的。

作者说，“天还没亮，便听见杨明的呼喊了，起床啦起床啦！”通过这种声音的描写，其爽朗的性格跃然纸上。这样的出场，相当于戏剧舞台上的人物登场，但杨明的亮相不是正面的形象展示，而是声音，以其声音的异于众生，而凸显其独特的个性特征，为后文中集中描写杨明的血性、男子汉倔强刚毅的性格张目。

下面重点要说的是本文的智慧谋篇、细节捕捉、人物刻画等三个方面的优势。作者对杨明的人物性格刻画做了五个部分的观照。

一是写他肉眼所观察到的自然界的一切生命。这一层次，应该适合作为摄影家最低级的层次，即肉眼可见，目光直抵人物丰富的外表。

二是写主人公在肉眼的基础上所操作的天眼，天眼是什么？即是多了一个观察生命本源的东西。用作者的话来说，杨明哪里是在拍摄野生动物世界，分明是在寻找同类。具备这样一种独特的个性，所谓生命所独有的一种血性、野性，自然而然地留在并涌现于你的血脉当中，所以，作者得出结论说，杨明的天性，就是喜欢挑战。

第三，在天眼的基础上，如何能进一步具备慧眼？所谓慧眼，即是智慧的眼睛，具备这样的眼睛，你才能够从他的摄影作品当中窥见精妙的构图、华美的光影、化瞬间于永恒的技巧、化平俗于经典的智谋。智慧的眼睛之于摄影家，当是决定作品成败的关键。

第四是法眼，他从主人公的摄影作品中挖掘出这样一种深刻道理：“若居高临下，将野生动物仅仅视为观照对象，终流于俗。”这一句也正好从反面说明，法眼欠缺者，很难具备悲悯情怀。

最后，所谓佛眼是什么？就是在悲悯情怀基础之上的慈悲。本文主人公将这种情怀化于自己的每一个行动当中，于是才有了佛眼的最高境界：慈悲。

构思本文，作者费尽思量，如果浅表性地言说主人公的摄影个性当然也行得通，却欠缺主人公个性的精神实质，如果将佛家所推崇的“肉眼、天眼、慧眼、法眼、佛眼”等等观察理解自然及生命的视角，铺设于行文当中，而成为层层递进的阶梯，成为艺术化解读人物个性特征的一种意象。那么，以上面“五眼”来观照人物及其行为的艺术化过程，我们就能获得智慧谋篇、细节捕捉、人物刻画的真经。

第16堂课

童　心

初春

初春是刚刚出生的小女孩。她睁开双眼的时候，森林里的积雪就渐渐地融化了。

初春是托儿所可爱的小女孩。她甜甜微笑的时候，一座座山峰变成了一片片绿色的桑叶，那些残留的积雪，星星点点的，散布在阳坡上，好像绿色桑叶上白色的春蚕。

初春是幼儿园美丽的小女孩。她带着春风走进森林的时候，小草争着伸出绿芽了，野花悄悄地张开笑脸了，鸟儿的歌声，像被山泉洗过一样，那样的干净，婉转，动听了。

初春背着书包上学的时候，太阳公公就笑着告诉她，你已经长大啦，现在的你，就是春姑娘啦。

冬天的雪

雪落在静静的森林里了。

这是冬天的雪。雪花像银色的蝴蝶，翩翩地飞舞着，落在静静的森林里了。

起伏的群山变得白白胖胖的了。

茂密的森林变得黑黑瘦瘦的了。

雪花落在青青的松树上。小松鼠高兴地跳了起来：“噢！好香好甜的冰淇淋啊！”

雪花歇在黑熊的窗台上。黑熊正在冬眠，呼呼地睡大觉。它要一直睡到春天呢。

雪花藏进狐狸的大尾巴里。狐狸咯咯地笑着说：“怎么样？这围脖暖和吗？”

雪花飘到山坡上，小草们露出头欢迎它的到来。这些小草，是去年的雪花呢。

雪落在静静的森林里了。

这是冬天的雪。春姑娘跟在它的身后，悄悄地走来了啊。

看星星

在城市里看星星，星星好像和我们捉迷藏，一个个都躲不见了。

在高山上看星星，星星好像田野上的油菜花，数也数不清了。

而且，夜空黑得那么干净，像妈妈长长的黑头发。

而且，星星离我们那么近，好像伸手就可以摘下来。

哦，我看见银河了，月亮是河里的小船吗？

哦，我看见牛郎星和织女星了，他们在等待喜鹊为他们搭桥相会吗？

妈妈，我也要飞上天，给他们去搭桥。

然后，摘一篮小星星，送给外婆，好吗？

我在森林里仰望银河

我在森林看见银河了。

宽阔的闪动着无数金沙的银河，逶迤横斜，从森林的上空，从我的头顶上，漾漾流过。

从遥远的永恒中来，又漾漾流向永恒和遥远。

此刻，正是夏夜。但是，在高山森林里，夜色确实清凉如水，满天的星星也像被凉水浸泡过清洗过，凉冰冰的，水晶晶的。

仰望着无边无际的星空，思绪也凉津津地飞向辽远。

恍惚中，夜空好像是水面，而我和森林全都沉浸在深深的水底。森林如深海里的水草，而我肯定就是海里的“海人”。

我在森林里仰望银河。

银河边上，会不会有更高级的生命在俯瞰着我呢？

一棵大树突然被伐倒了

一棵大树突然被伐倒了。

那是一棵巴山松。一棵高大的、在森林里生长了好多年的巴山松。

从一棵幼苗开始，它就孕育着许许多多的梦。它最美的梦幻，也许是快快长高长大，一直长到云端里，好让太阳和月亮在它的树枝上歇歇脚，然后，让鸟儿和松鼠也到月亮上的桂花树上去跳跃歌唱。

但是，突然间，它就被呼啦一下伐倒了。

轰然地倒在了它的兄弟姐妹的身旁。

一棵大树突然被伐倒了。

那是一棵巴山松，一棵高大的、在森林里生长了好多年的巴山松。

巴山松的树干上，凝结着许多琥珀色的泪珠一般的松脂。

树枝凸着红褐色的冬芽，孕育着红褐色的梦幻。

褐色的球果像手雷一样挂在树枝上，坚硬的鳞片里藏着黑紫色的种子。

当巴山松一节一节地被肢解时，种子便携带着巴山松黑紫色的希望，悄悄地播撒在巴山松曾经生长过的土壤里。

它们还会被伐倒吗?

童心与散文诗

就像说起散文诗的起源，我们必定要提到波特莱尔，必定要提到他的《巴黎的忧郁》；说起散文诗在中国的出现和传播，便不能不提到泰戈尔，不能不提到《新月集》及其对中国早期散文诗的影响，同时，便不能不提到“童心”。

我们所说的“童心”，不是“儿童心理”的简称。“童心”与散文诗的关系，也不仅仅拘囿于儿童文学，拘囿于儿童文学中的儿童散文诗。我们想要阐述和探讨的，是“童心”与散文诗的天然联系，而且，我们想要强调的是，在20世纪离我们而去的今天，“童心”对于散文诗的创作来说，是多么的重要。

说起“童心”，我们其实并不陌生，中国自古以来，就有“童心”之观念。在古代，“童心”指的是人类童年时期所具有的原始心性：“童子者，人之初也；童心者，心之初也。”这样一种原始心性，其实是一种纯洁纯真的心境，是一种天真无邪的自然心态。

但是，古人对于“童心”的理解，并没有拘囿于“人之初”和“心之初”。在中国古代的典籍中，“童心”常常与“赤子之心”联系在一起，所谓“大人者，不失其赤子之心也”。这里所说的“赤子之心”亦即“童心”，是作为一种至善至美的非常崇高的人格观念提出来的。到了明代，思想家李贽则将“童心”引入文学创作，他说：“天下之至文，未有不出于童心焉者也。”李贽之所以高唱“童心”之赞歌，是因为他还将“童心”作为一种与传统理学相对抗的哲学观念，他对“童心”的歌颂，实际上是对人性的讴歌，是对人类天性、人类性灵的讴歌。李贽的“童心说”，对于提倡“直抒性灵”的“公安三袁”以及袁枚等散文家，应该是有影响的，袁枚也曾大声呼吁，要以“赤子之心”“直抒性情”。从李贽到“公安”“竟陵”到袁枚，他们提倡的“童心说”“直抒性情”，给晚明及清中叶的中国文学，多多少少吹进了一些清新之风。“公安”“竟陵”的小品，其随心所欲、善于发现日常生活的情趣，和蒙田的小品文非常的相似；他们所主张的自由表达情感意蕴的基本精神，他们明确提出的不再“代圣人立言”、不以道德教训为目的，而“不拘格套”“任性而发”，已经基本上接近了散文诗的审美情感和心理内容。

到了“五四”时期，对于“童心”的呼唤，对于“童心”的追求，尤其是“救救孩子”的振聋发聩的呐喊，尤其是对于儿童的热情关注，几乎成为那一时期作家们的普遍共识。在中国漫长的两千年的历史中，从来没有一个时期，像“五四”时期那样，人们对孩子，对“童心”，表现、倾注了这么巨大的、普遍的热情和关注。从来没有一个时期，像“五四”时期那样，有那么多的作家，创作了那么多的献给孩子的赞歌。

发出“救救孩子”的呐喊的鲁迅，不但呼吁“完全解放了我们的孩子”，而且满怀希望地预言：“没有吃过人的孩子，或者还有？”在他的心中，孩子是“将来的‘人’的萌芽”。冰心说：“除了宇宙，最可爱的只有孩子。”叶圣陶说：“文艺家有个未开拓的世界而又是最灵妙的世界，就是童心。”周作人则沉痛地说：“世上许多大人虽然都亲自做过小孩子，却早失了‘赤子之心’，好像‘毛毛虫’的变了蝴蝶，前后完全是两种情状，这是很不幸的。”而王统照更是痛苦地写道：

童心都被恶之华的人间，来玷污了！
真诚都蒙上了虚伪的面幕。
有时我也曾将童心来隐在假面里，

的确，我天真的惭愧！
我狂妄般的咒恚人间，
他们为什么将我的童心来剥夺了？

由此可见，在“五四”新文学运动先驱者的心目中，“童心”是那样的纯洁，那样的率真，那样的质朴，那样的自然，一句话，“童心”是那样的美：那是一种返璞归真的美，一种自然纯洁的美，一种非人工、非雕琢、非虚伪、非矫饰的美，一种散发着生命的人性的健康气息以及勃勃生机的美，一种与封建主义的桎梏、封建社会的陈腐、虚饰根本对立的美。因此，他们满怀激情地创作了大量的赞美童心、怀念童年、关注孩子的作品，而中国的散文诗，正是在这样的历史潮流中，正是在这样的新的审美理想的照耀下，破土而出的。

在这里，我们首先要提到刘半农。他不仅是最早把散文诗介绍到中国来的作家，不仅是第一个运用“散文诗”这一体裁名称的作家，而且，他也是中国现代散文诗的第一个作家。1918 年，刘半农在《新青年》第四卷第五号上，发表了由他翻译的印度歌者拉坦·德维（RATAN DIVI）的《我行雪中》，在他翻译的该文的导言中，便提到这是一篇“结构缜密的散文诗”。这是“散文诗”这一体裁名称第一次在中国出现。而中国现代的第一首散文诗，也是刘半农创作的《晓》(《新青年》1918 年第五卷第二号)。就是在这样的“开山之作”中，“孩子”作为时代的希望和象征出现了，与火车车厢里东倒西歪、鼾鼾沉睡的乘车人相比，“孩子”有如东方破晓的曙光一样，给人以亮丽与希望：

只有我一个 3 岁的女孩，躺在我手臂上，笑弥弥的，两颊像苹果，映着朝阳。

有了一颗朝阳般的童心，刘半农的散文诗中便充满了纯净感人的童稚美。在他著名的散文诗《雨》中，那个朝阳般的女儿小蕙在雨夜十分惦记着窗外叮叮咚咚的雨，在小蕙的心中，夜雨仿佛是她心爱的小朋友，现在，她要睡觉了，可是，夜雨为什么还不回去睡觉呢？“它为什么不靠着它的妈，不早些睡呢？”临睡前，小蕙仍然反复嘱咐妈妈：“你就把我的小雨衣借给雨，不要让雨打湿了雨的衣裳。”读到这里，我们能不被这纯净美丽、明澈如水的童心所深深感动么？

冰心是中国散文诗的另一位开拓者。她的散文诗更是如同繁星一样灿烂的童心世界。从她的散文诗中，我们可以看到泰戈尔及其《新月集》对中国文学尤其是对散文诗的影响。文艺复兴以来，对儿童的热爱，对童心的赞美，始终是西方文学一个重要的特点。“五四”以后，随着外国文学的大量翻译介绍，中国的作家们开始看到了一个清新的美学境界，那就是返璞归真的“童心美”。而洋溢着母爱与童真之美的《新月集》，更是当时最受欢迎的外国散文诗集。郑振铎说：“《新月集》使读者从现实的苦闷的境地里飞翔到美静天真的儿童国里去。”冰心则呼唤道：“万千的天使，要起来歌颂小孩子。”泰戈尔的那一弯新月，带给中国文学的，是“童心的，美的，然而有真实的梦”（鲁迅），是中国文学尤其是散文诗的全新的美学境界。

从中国现代散文诗的萌芽和开拓史中，我们可以强烈地感受到这样一个文学现象：童心不仅是中国现代散文诗的催生剂，而且也是中国现代散文诗的开拓者们所向往、追求的一种全新的美学境界。鲁迅在介绍俄国盲诗人爱罗先柯的童话时就曾说：“我掩卷之后，深感谢人类中有这样的不失赤子之心的人与著作。”冰心在《寄小读者》中甚至这样说道：“我若不是在童心来复的一刹那顷拿起笔来，我决不敢以成人烦杂之心来写这通讯。”在中国现代散文诗的另一位开拓者徐玉诺的作品中，例如《紫罗兰与蜜蜂》等，我们可以看到童话对其作品的影响。因此，我们说

“童心”是中国现代散文诗中一颗美丽的内核，是毫不过分的。

童心也好，儿童也好，童话也好，对于散文诗来说，绝不仅仅是一个题材的概念，或者艺术手法的概念。童心的美学本质，与散文诗的美学本质，在许多方面是一致的。一切文学艺术，其中包括散文诗，其实都是人类的生命的符号形式，如同苏珊·朗格所说，人的感情是一种集中、强化了的生命，是生命激流中最突出的浪峰；而艺术则是一种表现符号，是将人类的情感转化为可见的或者可听的形式的一种符号手段。我们每个人都有过童年，或者说，我们每个人都有过“童心”的生命阶段。对于人类来说，“童心”是一种人类可以普遍相通的生命阶段，一种人类普遍情感，是一种生命原型，是一种情感原型，是一种最接近人类生命本性的情感原型。而散文诗在本质上是属于抒情诗的，它的美学特质，便是应该“创造出更丰富、更美、更接近于人类本性的内在倾向”（乔治·桑塔雅纳）的更新更美的结构来，应该去掉抒情诗的某些夸饰与虚浮，而呈现一种质朴、自然的“裸体美”，如同郭沫若所说：“我相信有裸体的诗，便是不借重于音乐的韵语，而直抒情绪中观念之推移，这便是散文诗。”有趣的是，郭沫若在论述“童心”的时候，也借用了一个“裸体”的近义词：“赤条条”，在他的眼里，童心世界中“有种不可思议的光，窈窕清淡的梦影，一切自然现象于此都成为有生命、有人格的个体，不能以‘理智’的律令相绳，而其中自有赤条条的真理如象才生下地来的婴儿一样”。其实，郭氏所说的“裸体的诗”以及“赤条条的真理”，就是一种朴素、自然的美，一种纯真无邪的美，一种“更接近于人类本性”的美，一种摒弃了诗的外壳、但是却保留了诗的内核的美。“童心”是人类完美人格的基础，同时也是“艺术的态度的基础”（丰子恺）；童心美与散文诗的“裸体美”在本质上是相融和沟通的。

中国的散文诗从破土萌芽至今，已经将近一个世纪了。散文诗在中国的出现，是在世纪之交，今天，我们又面临着一个新的世纪之交了。当我们相聚于美丽的香江研讨散文诗的时候，21世纪的曙光已经辉耀于我们的眼前。一百年就要过去了，今天的散文诗还需要童心吗？童心对于散文诗还有意义吗？我们的回答是肯定的。而且，相对于19世纪与20世纪的世纪之交，我们在今天更需要童心，我们的散文诗更需要一种返璞归真的朴素的自然的童心美。我们即将跨入的世纪，是个高度现代化、高度信息化、高度物质化的世纪，同时也是一个人类生存环境日益恶化、人类心灵世界和人性日益遭受物质挤压并扭曲异化的世纪，是一个诗之精神日益稀缺、日益萎缩的世纪。诞生于近现代的散文诗，实际上是与工业化有着密切联系的。工业化极大地改变、影响了人类的生产方式和生活方式，同时也深刻地影响了人类的思维方式和审美方式。当人类的情感生活和心灵世界日益散文化的时候，散文诗便应运而生，因为人类需要这样一种情感表达方式，来表达日益敏感的心灵对这个世界的感受。今天，当这个世界愈来愈“非诗化”的时候，既是对散文诗生存的挑战，又是散文诗在新的历史条件下获得新的发展的机遇。面临着新的挑战和新的机遇，散文诗更加需要呼唤“童心”。散文诗对“童心”的呼唤，实际上是对人性的呼唤，是对人类天性与爱心的呼唤，是对人类完美人格的呼唤，是对热爱大自然、热爱人类精神家园的呼唤，是对散文诗摒弃虚饰的技巧化，回归质朴、自然的“裸体美”的呼唤。一个优秀的、有着大家气概的散文诗人，必定有着一颗纯净的童心，有着一颗火热的赤子之心。

今天，当21世纪如同新生的婴儿即将呱呱落地时，让我们热切地呼唤“童心”吧！为了散文诗的未来，也为了我们共同直面的世界。

【读写提示】

童心在散文诗中的重要性

在《童心与散文诗》中，作者强调的是散文诗的“裸体美”，也就是去掉抒情诗的某些夸饰与虚浮，如郭沫若所说，“不借重于音乐的韵语”。

但这样还不够，还没有触碰到真正散文诗的“痛点”。

“你就把我的小雨衣借给雨，不要让雨打湿了雨的衣裳。”

或问：怎样写散文诗？回答是：天人合一，万物皆有生命，甚至皆有思维。然后再把上述这段散文诗作为实例，告诉对方：在“我”的悲悯的眼中，雨也是有生命的，在成年人看来，这是一种崇高，而在儿童看来，这是一种跨越了崇高、跨越了功利、跨越了外界一切纷扰一切喧嚣的情感选择，它充盈着善意，或者说它仅仅就是善意，因此就能够以他自己的一种意念，去解决他所认为需要急迫解决的问题。如果这个时候再加上一个跌宕，写他的妈妈没有及时遵命，他会哭喊着要妈妈去遂他的心愿，那么你能说这不是最动人最煽情的情感歌谣吗？

于是我们明白了，散文诗不仅仅“赤条条”，而且在作者眼中，所有的生命无一例外是能够与他同呼吸共命运的，并且能够抵达心灵上的平等对话、形式上的自由神通的高度。

下面我们来看看作者是如何在散文诗中以儿童的视角来表达沸腾的情感的。

《初春》：整体上以排比句式架构，读来有诗的韵味，节奏感强烈。但更为重要的是，作者运用拟人化手法将春打扮成一个小女孩，她有了人的思维，有了情感的温度，有了诗人的思绪，透过她的视角，所有的一切，无论是融化的雪，还是小草和野花；无论是鸟儿的歌声，还是太阳公公，都被作者花儿一样绽放的笔，注入了火一样的情感。

《冬天的雪》：开篇拟人手法的灵活运用我们暂且不论，关于小松鼠高兴得跳起来之后的惊叹，足以让我们在兴奋之余，发现儿童视角的情感移情，以及思维方式的移情。我们感觉到，只有以这样一种“万物皆有情”的情感视角，才能够写活除人类以外的任何一种生命。此外还有，按照生活逻辑，雪花落进狐狸的大尾巴里，早就融化得无影无踪，但儿童不这样看，在儿童眼里，狐狸既然有了善良的思维，那么就一定会觉得自己的尾巴真能成为雪花的围脖，要不然，它怎么会傻乎乎地问雪花是否暖和呢！

《看星星》：千万不要以为这样的散文诗很简单，其实不。它很复杂，当然，应该解释为很厚重、有内涵，这样才算得上艺术解读。在诗的语境中，也就是在儿童的视角里，星星的消失是自然现象，可儿童不这么看，因为在儿童眼里，星星是有生命的个体，而且和自己一样，爱玩，喜欢做游戏，它突然消失了，那么它一定是捉迷藏的时候跑掉了，“躲不见了”。还有奇特的是，在儿童眼里，是不存在什么物理距离的概念的，由于视觉的关系，星星好像很近很近，正因为儿童心中不存在物理距离概念，所以他认为自己一伸手就能把星星摘下来。如果说“月亮是河里的小船”表达了儿童独有的形象化思维特点，那么，我要“摘一颗小星星送给外婆”则凸现了儿童善良的愿望以及情感逻辑的高度发达。至于星星此刻是否又没有了生命（因为它不应该被残忍地采摘），这不是很矛盾吗？但儿童不这样看，因为此刻，在儿童眼里，星星已经没有了生命的特质，所以悲悯与同情暂时不适用于他的思维方式。儿童其实是比较自我的一个个体，世界可以在他的手中被把控，被支配，被统治。明确了这一点，我们就能深刻明了《童心与散文诗》想要表达的主题了。

第17堂课

情　爱

幸福的黄手帕

忘不了看完《幸福的黄手帕》之后的感动与震撼。

忘不了高仓健那寓情感于深沉冷峻之中的表演。

这部日本 20 世纪 70 年代经典的爱情片，是由日本著名的导演山田洋次执导的。一经放映，便成热点，而“黄手帕”也就成为忠贞不渝的恋情的象征。

《幸福的黄手帕》是根据旅日美国作家彼得·咸米尔的一部“公路小说”改编的。

一个叫花田钦的男人（武田铁矢饰演）买了一辆越野汽车，兴致勃勃地去北海道旅行。途中，与一位外出旅游的姑娘小川朱美（桃井熏饰演）邂逅。在鄂霍茨克海岸边，他们请一个冷峻的男人为他们拍照，同时，热情相邀冷峻的男人同行。

男人名叫岛勇作（高仓健饰演），是个杀人犯，刚刚服完刑出狱，正准备回家。可是，勇作不知道妻子是不是改嫁了，如果没有改嫁，会不会仍然守候他，接纳他？他们从前曾经相约，如果妻子还是独身，还在等待他，还在爱着他，就在自家的窗前挂一方黄手帕，作为信号。如果看不见黄手帕，就意味着岛勇作将永远失去深爱的妻子光枝（倍赏千惠子饰演），失去朝思暮想的家。

家乡终于到了。街上风光依旧。汽车开到勇作的家门前了，勇作额上渗出汗珠，忐忑不安地走下车来。当他抬起头来，霍然看见一串黄色的旗帜，在五月的阳光下飘飞——那是从挂鲤鱼旗的高杆上垂下来的、一块接着一块、多达几十块的黄手帕！

钦也万分激动地叫喊起来。

勇作凝视着这串黄手帕，呆如雕塑。

他看见妻子抱着洗完的衣服走了出来。

他含泪走向了黄手帕。

钦和朱美面对此情此景，也泪流满面。他们互相搂抱着、亲吻着，心中也扬起了一方方幸福的黄手帕。

黄手帕使全剧充满了悬念。一大串黄手帕在阳光下飘飞，也使影片的结尾极具冲击力。那是一种奇峰陡起、悬念尽释的结尾，在美国作家欧·亨利的短篇小说《麦琪的礼物》《最后一片绿叶》中，我们便可欣赏到这样的“豹尾”。当然，这不仅仅是结构和技巧的力量和魅力，也是人性美的魅力，是最底层的平民不离不弃、忠贞不渝的爱情的魅力。

人生苦短，真情五价，这样的黄手帕，有一方就够了，何况那飘飞在阳光下的，是一大串幸福的黄手帕呢？

蓝

说实话，我是先看上了电影封套上的朱利叶特·比诺什，才看了《蓝》的，许多人说朱利叶特是大嘴美人，而我却认为，她的美，是深藏在眼中的那种沉静、沉思乃至忧郁，或者说，是眼中钻石般坚硬而明澈的光，无言地显示着一种内心的高贵与力量。朱利叶特无疑是具有古希腊雕塑般的古典美的，但是，她真正的美，是她的气质，是她沉静沉思的力量。

选择朱利叶特来饰演《蓝》中的女主角，真是一种慧眼识“朱”。有时，我甚至怀疑，基耶斯洛夫斯基是不是看上了朱利叶特以后，才为她度身定做了一部《蓝》呢?

朱利叶特所饰演的朱丽叶，曾经是一个幸福的女人。丈夫是一个著名的作曲家，她们有一个可爱的女儿。如果不是一场意外的车祸，朱丽叶会在幸福的感觉中沉浸一辈子。但是车祸不幸来了，丈夫和女儿都死了，朱丽叶的幸福一下子坍塌了。她曾想到过吞药片自杀，但是没有成功。不久，朱丽叶又遭受到了一个更残酷的打击，她意外地发现，自己深爱的丈夫生前居然有情人，而且，情人还怀上了丈夫的孩子，可她却浑然不知!

朱丽叶的幸福彻底坍塌了。如果说，车祸毁灭的是丈夫的肉身，那么，情人则将丈夫的灵魂也毁灭了。

绝望的朱丽叶想到了发泄和报复。她在雨夜叫来了丈夫的助手，那也是个优秀的男人。她知道保罗一直默默爱着她。

在这样残酷的现实面前，朱丽叶渐渐地沉静下来，坦然地直面自己的过去。不管怎么样，那个著名的作曲家已经死了。可是，他的作品，他的交响乐还没有完成，那也是前夫的一部分生命呢。沉静的朱丽叶开始与保罗合作，用长笛和钢琴相互对话，完成了前夫未完成的交响曲。

《蓝》是基耶斯洛夫斯基著名的三部曲《蓝》《白》《红》中的第一部。基耶斯洛夫斯基是波兰最具有国际影响的大导演，他是“道德焦虑电影学派”的主将。他的三部曲，便有机地构成了一个隐喻体，渗透了他“道德焦虑”的理念。蓝、白、红三色，是法国国旗的颜色。在基氏的道德体系中，蓝色代表的是日常道德，而我们日常的生活，日常的人生，并不是非黑即白那样分明的。在基耶斯洛夫斯基的电影叙事中，人生也好，幸福也好，其实都是由一连串的偶然构成的。朱丽叶的幸福，朱丽叶的爱，都是在偶然中成为碎片的。在《蓝》中，我们注意到了朱丽叶所珍爱的东西，那蓝色的珠串。所谓蓝色的道德，便是珍惜那些爱的碎片，爱的零散的珠子，然后将它们串联起来，构成了新的日常的生活。

遭遇不幸的朱丽叶没有沉沦。她勇敢地面对过去的那些爱的碎片，然后，将前夫的珠子连成新的珠串。那珠串，分明是蓝色的，蓝得像大海一样，蓝得像天空一样。

自然最风流

“人怕出名猪怕壮”，这是中国人的经验之谈了。尽管这类老祖宗的箴言不无道理，但是人们仍然渴望出名，仍然崇拜名人。一个人出了名，其举手投足乃至奇癖怪习都富有独特的意味了，所谓“名士自风流”，便是名人效应的有力佐证。

中国古代的魏晋时代，有两个著名的诗人，一个叫阮籍，一个叫嵇康，他们二位可以称得上是中国古代空前绝后的大名士了。他们不但文章写得好，而且长得也漂亮。《晋书》称嵇康之容貌为“龙章凤质，天姿自然”。有了这两条，当然可称得上“风流”了，但最为我所心仪的，倒是在他们被当时的人称之为“怪异”之处。中国的礼教讲究“男女授受不亲”，连叔嫂之间也不能说话，不然便要背上“淫”的恶名。然而阮籍却不理这一套。他的嫂子要回家，他便大大方方地与嫂子话别。邻居家的小媳妇长得漂亮，他便醉后睡在小媳妇的脚边。中国的读书人信奉的是“学而优则仕”，作为大学者的嵇康不但厌恶官场，而且跑到洛阳城外去开了个铁匠铺，不为别的，就因为他喜欢打铁，因为他觉得这样活得自在。看来，他们的“风流”，关键在于“名士自风流”的“自”上，那便是活得真实而自在，追求生命的“天质自然”。他们的醉酒也好，打铁也好，都是“自然”选择的一种生活方式，而不是一种哗众取宠的矫情。他们的“风流”，在于自在而自然。

不由得想起了一些年轻人的“东施效颦”。播放香港电视连续剧《上海滩》时，周润发饰演的许文强堪为一绝，于是一些哥儿们争相效仿剧中许文强的衣着打扮，如头戴礼帽，如披着大衣，如在西装上面的口袋里插一白手绢，甚至模仿许文强用手绢揩嘴时的动作。哥儿们自以为这样就是“风流潇洒”，殊不知这样的乔装模仿，实在是俗不可耐，只不过是只会模仿而无思想的猴子，哪里挨得上“风流”的边呢？

又如一歌星，其成名在于一次演出时突然背对着观众出场。他这一不落俗套的出场方式，博得了一片赞誉，于是声名大振，于是许多做着歌星梦的青年也蜂起效仿，一个个出场的时候，也背对观众。说来好笑，那个幸运的歌星之所以出场时突然背对观众，是因为他正伤风感冒，临上场时突然要揩鼻涕，所以灵机一动，就背对着观众上场了。那么后面的模仿者既然没有鼻涕可揩，为何也留给观众一个脊背呢？

当然，我们所说的“自然”，是一种“清水出芙蓉、天然去雕饰”的境界，是与人的气质、教养、风度交融的。一个蓬头垢面浑身是虱子的乞丐似乎是“自然”的了，且无任何雕饰；但是，这样一种有违于人性人格的反常，恰恰是一种不自然，是一种对自然的扭曲。一个人的魅力，尤其是一个男子汉的魅力，不在于外在的服饰或装扮，而在于他内在的精神气质。法国影星德帕迪约似乎与美男子相去甚远，他的大鼻头与大下巴，在其脸型中过于突出，过于粗大。然而正是又宽又厚的下巴，给人一种力量感。在他出演的《最后一班地铁》《糊涂警官》《难兄难弟》等影片中，他那剽悍、雄劲的男子汉气概，在很大程度上来自那下巴的斩钉截铁的力量感。日本影星高仓健，也是观众喜爱的冷面硬汉。许多女孩子，甚至以此作为男子汉的标准。其实，高仓健的深沉、刚毅以及喜怒不形于色，是他生活的本色，而不是硬装出来的。他曾说过：“我觉得默默地、拼命走自己道路的人，才是最美好的人。”这种“默默”与“拼命走自己的路”，不就是一个铮铮硬汉的最好诠释么？

“自然最风流”，这是一个朴素而永恒的真理。那样一种自然的美，是用皮尔·卡丹、金利来、花花公子、丽花丝宝等名牌堆砌不出来的，当然，也与某些金属无缘，不论它是18K，还是24K。

这样的爱是美丽的

常常想起许多美丽的爱情故事。这些美丽的爱情故事虽然离我们很久很远，但却影响了我们整整一代人的生命旅程。

像迎春花一样开放在早春的，是保尔·柯察金与冬妮亚的故事。小说《钢铁是怎样炼成的》曾是20世纪50年代出生的中国青少年革命与爱情的启蒙经典。多少年后，我还清晰地记得小说中写到的湖边那棵弯曲的柳树，记得冬妮亚身穿白色水兵服和浅灰色的短裙，记得保尔拿钓竿的手轻轻地颤动。一个烧锅炉的穷孩子，一个富有的林务官的女儿，在激烈而残酷的阶级斗争中相爱了。当冬妮亚为了考验保尔，故意激他从陡峭的悬崖跳进湖里时，保尔竟毫不犹豫地跳了下去。我还忘不了保尔被捕后的一个夜晚，美丽的农村少女赫里斯季娜向他倾吐了自己的痛苦：白匪的警备司令看中了她，威胁利诱均遭拒绝后，便咆哮着说明天把她交给哥萨克卫兵们。不甘受辱的姑娘突然紧紧搂住了保尔："亲爱的小伙子，我不能让那个畜生来破身，我把我这姑娘家的身子给你吧。"

书中是这样描写保尔的感情变化的：

> 眼前的一切顿时不见了。牢门上的大锁，红头发的哥萨克，凶恶的警备司令，惨无人道的拷打，以及七个令人窒息的不眠之夜，都从记忆中消失了，这一瞬间只剩下热烈的嘴唇和泪痕未干的脸庞。
>
> 突然，他想起了冬妮亚。
>
> "怎么能把她忘了呢？……那双秀丽的、可爱的眼睛。"
>
> 他终于找到了自制的力量。

这是令人难忘的一幕。我们同情并理解可怜的赫里斯季娜。警备司令和哥萨克该会怎样蹂躏这个姑娘，是完全可以想象得到的。但是我们不能不钦佩保尔对爱情的忠贞。同情虽然是爱情萌生的雨水，但毕竟还不是爱情。面对热吻与真诚的拥抱，一个男人的自制的力量，最终来源于爱情本身。

保尔与冬妮亚虽然最终还是分了手，但他们毕竟真诚地相爱过。爱情有时会结下歪歪扭扭的苦果，但爱情之花却是美丽的。

在这个广袤的世界上，爱情的花儿是千姿百态的。每一种花，都有它得以开放的土壤。保尔们的爱情之花，便在追求理想的征程中开得崇高而圣洁。匈牙利著名爱国诗人裴多菲的一首爱情诗，便成为一代人爱情的座右铭：“生命诚可贵，爱情价更高。若为自由故，两者皆可抛。”法国大作家雨果曾经说过：“人生是花，而爱是花的蜜。”不错的，但我以为，花粉是不会自动变成蜜的。香甜的蜜，需要的是酿造。生活在和平安宁之中的青少年，是很难体味前辈的爱情故事了。战争变成了游戏机里的程序，血腥的屠杀已化为太空的虚幻，血与火的历史早已被当今的青少年所厌倦，似乎为真理与信仰而献身的崇高也变为一纸苍白。于是，爱情便日益丧失古典的诗意，丧失信仰般的崇高感，被流行音乐中浅薄无聊的唱词剥得一丝不挂。尤其可怕的是，这些赤裸裸的唱词，正潜移默化为当今青少年的爱情观念。譬如，“让我一次爱个够”，仿佛爱情仅仅只是一次性消费的易拉罐。当今青年对爱情的轻率和不负责任，将朝秦暮楚勾引玩弄视为“潇洒”，莫不与爱情的美丽与崇高被玷污了有关。贝多芬说：“没有爱情的肉体结合，这是连动物也会做的。”

在这道德沦丧的浊流中，我是多么珍视那些美丽的爱情故事。在我生命的原野上，它们是永不枯萎的鲜花。

【读写提示】

写作需要悲悯的情怀和震撼的细节

（一）

伊朗电影大师马基迪执导的电影作品《小鞋子》（1999年奥斯卡最佳外语片提名）想要表达的主题是，以爱的名义奔跑，以爱的名义生活。故事讲述的是：哥哥阿里弄丢了妹妹的鞋子，只得把自己的破球鞋给她穿。妹妹上的是女校，每次下课放学便拼命地往回跑，哥哥穿上这同一双球鞋又飞奔着跑向学校。就这样，兄妹之间进行着一双球鞋的接力赛。哥哥准备参加一次长跑比赛，如果获得季军可以有一双球鞋，他的理想就是要争得第三名。因为每天上学时一路飞奔的锻炼，哥哥在比赛中超过了所有的对手，可命运捉弄人，哥哥最后得到的是冠军。对此他并不高兴，妹妹的球鞋又泡汤了，虽然冠军的待遇是可以参加三周的夏令营。《小鞋子》之所以赢得高度赞誉，不仅因为导演善于制造戏剧性高潮，更是由于影片对人物的细腻敏感的细节刻画。

我们阅读文学作品，我们欣赏电影作品，我们在艺术的河流中徜徉。我们要想有所收获，不仅仅限于适时的欣赏，更重要的是要弄明白：这部作品给我留下的深刻印象究竟是什么？也许是一个人物，也许是一个场景，也许是一个细节，也许是一个道具，我想，只要属于经典佳作，无论你如何不认真地、随意地阅读，你总会有一定程度上的收获。《小鞋子》中有很多有魅力的细节征服了众多观众，导演将描写底层生活的一般化题材，推举到了人性的高度，也就是说，影片以人性的视角来扫描一些细节、一些人物，最终获得的是悲悯的情怀与向善崇美的洗涤。

（二）

我们这一课，主要讨论如下三种作品：《这样的爱是美丽的》《幸福的黄手帕》《蓝》。

按照顺序，应该先讨论第一种，但是我想先说说《幸福的黄手帕》，这实在是因为，那些串成一大串的黄色手帕，给我们的印象太深刻了，它所拥有的、蕴含的内在的因素，实在是太丰富了，丰富得当我们一旦闭上眼睛，就会想起那个飘飞的黄色，想起支撑起那个黄手帕的绳索，还有拥有绳索的主人，等等。

事实上，真正让观众惊心动魄的，是影片结尾部分一大串在阳光下飘飞的黄手帕。黄色象征着什么？象征着希望和活力。关于这一道具所蕴含的深刻意义已经毋庸置疑，我们当然也会深刻领悟其间的厚重的内涵，并且将与它相关的一些细节融会贯通于我们对这个故事的思考与启悟当中，从而增强我们的艺术感悟能力以及对于生活细节的敏锐的观察与提炼的能力。除此以外，我们还应该看到，影片的讲述并不是单线条的，而是有着两条线索，一条是勇作的回归，另一条线索是旅行途中的花田钦与小川朱美相爱的情节，他们的出现，不仅仅连接了勇作的回家之路，更使故事多了一个层次，多了一个对比的对象，也就是说，当勇作和妻子久别重逢之际，正是花田钦和小川朱美拥抱之时，他们的拥抱，有正衬的作用，更多的是营造幸福的氛围，渲染快乐的气氛，正如作者所说，能使影片充盈着人性美的魅力以及忠贞不渝的爱情的魅力。

由此可见，当我们构思一个故事或者一段情节时，不要拘泥于生活本身的窄小范畴，可以通过增加故事中人物关系的复杂化来丰富故事情节，故事一旦被丰富，其内涵就立即变得厚重，变得耐人寻味，观众可思考的空间就会更加寥廓，更加深远，那些原本很孤独的细节也会附着上丰富的内涵与力量。

（三）

第二个要讨论的是《这样的爱是美丽的》。这是一部书评，主要讨论的是小说《钢铁是怎样炼成的》中的保尔形象。所谓书评或者类似文章，面面俱到不是正道，抓一两个细节才能抓捕读者眼球并深刻地感动读者。书评中，作者写了好几个细节，这些细节均与小说的重要情节密切相关，但在此处，它的作用还是在于隆重地表达深刻的人性，比如保尔坚守了自己的爱情防线，比如在坚守的那一瞬间的细节描写等等，这些都能深刻地揭示出保尔内心世界里的底色，从而由衷歌赞了作品对于人性的挖掘以及对人性之美的推崇。这一细节的铺垫稍稍有些复杂，但正是它的复杂，文章结尾部分才得以与它遥相呼应，从而有力地支撑了文章结尾对那种"一次性爱"的猛烈抨击。

第三部作品是美国影片《蓝》。影片前半部分无异于一个普通电影故事，但谁也不知道，影片中的这个情节其实是为后面高潮的掀起而设置的情节铺垫及背景交代。丈夫死后，妻子才发现他曾有过情人，这一情节的突然出现使故事多了一个情节层次，在复杂的基础上更显丰富与厚重，但更为重要的、也最为感人的是，"沉静的朱丽叶与保罗合作，用长笛和钢琴相互对话，完成了前夫未完成的交响曲。"这一细节的出现，完全颠覆了影片中间部分的情节指向，而将人性之美推向了一个新的高度，这个高度建立在破碎的、灵魂毁灭的婚姻关系之上，则更见出向善崇美的人性的力量。

所以作者有理由以如下这一段文字结尾：

"遭遇不幸的朱丽叶没有沉沦，她勇敢地面对过去那些爱的碎片，然后，将前夫的珠子连成新的珠串。那珠串，分明是蓝色的，蓝得像大海一样，蓝得像天空一样。"

影片结尾对蓝色的浓墨重彩的描写，其象征意义与故事前半部分的情节讲述形成情感勾连，这对于我们的写作，具有极其重要的借鉴意义。

第18堂课

世　相

苕货

“苕货”是武汉的方言。苕，就是红薯；像红薯一样实在的人、老实的人，本来应该是好人，结果被当成了实心眼的傻瓜，也就是“苕货”。

许多经商的人，做生意的人，应该都是聪明人。但是，如今做生意，是越来越难了。其中的原因之一，当然是做生意的人越来越多了，用一句汉口的俗话说，是“棒槌雕个眼睛，也在当老板做生意”。老板一多，而且泛滥成灾，竞争自然就激烈。“同行是冤家”，你今天做了“初一”，杀了我的价，坏了我的生意，那好，伙计，我明天就还你一个“十五”，常常就杀了个两败俱伤。因此，做生意也是一个“围城效应”，未下海的人想进去，以为那汉正街只要弯腰就可捡到人民币；而下海后呛了水的，翻了船的，又常常怀念“大锅饭”，怀念看病拿药不要钱的公费医疗。尤其是那些做小本生意的，哪里敢害病呢？一盒消炎的药，就得花上几十块钱，那些在冬夜里冒着寒风流着清鼻涕偷偷摸摸炸藕元的婆婆爹爹们，消得起这个炎么？

俗话说：“条条蛇咬人。”这的确是人生的经验之谈。

但生意难做的原因中，有一点似乎没引起老板们的注意，那就是促销手段的单调雷同，把顾客当成了“苕货”。一搞“巨奖酬宾”，满世界都挂起了巨奖的横幅。去年的春节，我们单位就买了几大箱某某话梅，想让大家碰个运气，结果一个奖毛也没摸着，从此以后就不再相信诱惑人的什么“巨奖”。

大老板们腰围粗，赚也好，亏也好，尚有进退的余地，“破船也有三千钉”呢。那些“苗条”的小老板们，尤其是个体户们，倘若不注意研究顾客心理，不讲究促销手段，人云亦云，则非吃亏不可。

例如“大放血”。只要哪家挂出“大放血”的牌子，一条街便“鲜血淋漓”了，有的还用红颜色将“血”写得“鲜血”直流。结果吓得顾客不敢进门。

又例如“厂价销售”，这是如今小店铺最时髦的诱饵。但我在一条街上看到家家门前都歪歪扭扭地写着“厂价销售”，便不禁哑然失笑了。草原上有句谚语：“如果每个人都是你的朋友，你便没有朋友。”同样的道理，如果一条街的商品都是“厂价”，又有什么“厂价”可言呢？这样的“厂价”，实际上就是“零售价”。这样的道理，是“棒槌雕个眼睛”也明白的。

望着一街一街的“厂价”，我常常哭笑不得。

茅盾先生有篇著名的小说《林家铺子》，其中便写到某江南小镇上的林家铺子，仿照上海商店的做法，在年关前贴出“大廉价照码九折”“大放盘照码九折”的红绿纸条，结果生意依然清淡。而唯一的一次好生意，则是发的“国难财”，当上海发生战事，许多上海人逃难到小镇上时，林家铺子独具一格，将脸盆、毛巾、牙刷等日用品搭配在一起，打出了“一元货”的广告。结果，“新开市第一天就只林家铺子生意很好，到下午四点钟，居然卖了一百多元，是这镇上十年来未有的新纪录”。以至于到了晚上，林老板“添了两碟荤菜，酬劳他的店员”。

当然，那些标榜“厂价”的，还算是懂得顾客最爱便宜的心理的。至于那些标榜“不赚钱”的，则是在“捏着鼻子哄眼睛”了。那些将顾客当“苕货”的老板，自己才是真正的“苕货”。即使是评“学雷锋”的“标兵”，也评不到这些自欺欺人的“苕货”头上。

武汉“贼文化”批判

“贼”者，武汉方言也，仅借普通话中“贼”字之读音，而非指穿墙打洞之盗贼也。

武汉人所说的“贼”，含有“聪明精明”的意思，但这种聪明，往往是一种圆滑、狡黠的小聪明，即武汉人所说的“小贼”。“小贼”乘公共汽车爱混票；做生意爱玩秤，或者卖水货；“小贼”用公款请客时，往往多开几盒烟揣进腰包，但决不会开一条——心太贪容易露馅，那便不是“小贼”，而是“贼狠了”“贼过了性”，走向了“贼”的反面，变成了“苕”，即傻瓜。由此看来，所谓“小贼”，便是爱占小便宜，贪小利，损人利己而不露痕迹。

武汉的“贼人”滑得像泥鳅，精得像兔子。兔子没别的本领，就是见势不妙跑得快。做生意也好，干事业也好，“贼人”多的是见风使舵和有奶便是娘的心眼，少的是执着的追求、敢冒风险的闯劲和气魄。武汉的“贼人”欺善怕恶，欺民怕官。“贼人”一般都有一张油嘴，一副善于拉关系、走后门、套近乎、善于贴近和“照护”现任领导的好手段，“贼人”的口袋里往往装着两种烟，一种是“群众烟”，一种是“干部烟”。“贼人”最善于紧跟形势，搞花架子。今天刮东风他便是东风派，明天刮西风他马上是西风派。上级喜欢高潮，一夜间就白浪滔天，到处莺歌燕舞；上级要反腐倡廉，马上就四菜一汤，不过那菜盘子的型号便胖了许多。

由此可见，武汉人所说的“贼”，便含油滑、世故、势利、狡诈以及短视、实用主义等内涵。正如林语堂先生在《中国人》一书中所说：“在汉口的南北，所谓华中地区，是信誓旦旦却又喜欢搞点阴谋的湖北人。”

带一脚

武汉人的说话，其实是很幽默的。与京味的调侃相比，汉味的“局子话”更多地借助了生动形象的借代等修辞手法。例如乘公共汽车，人多而拥挤，便说“硬像筑咸菜坛子”；汽车急刹，别人一下靠在你身上，便骂人家“没带肉架子”；倘若挨骂的人不服气，双方吵起来，旁边的人则幽默地劝解道：“伙计们，是不是萝卜吃少了哇？”萝卜是“清火”的，吵架的人“火气”大，不就是“萝卜吃少了”么？在乘车难的年月里，公共汽车犹如皇帝的姑娘，俏得很，只要挤一回公共汽车，这样的“局子话”就可以装满一箩筐。

如今，乘车难的问题已是明日黄花了。除了公共汽车以外，专线汽车、巴士、的士还有戏称为“麻木的士”的三轮车，以及戏称为“电麻木”的电动三轮车，争相拉客，现在倒是坐车的人俏了。在诸多车辆中，巴士（本文特指“中巴”“小巴”等小型公共汽车）曾经是最受欢迎的，除了有固定线路外，还可招手即停，想在哪儿下，只要说一声“带一脚”就行了，而且价钱也不贵，花个一二块钱，买个舒服，何乐而不为呢？

但是现在，坐巴士的人渐渐地少了。人们宁愿再去坐公共汽车，或者花高价坐“的士”，也不愿再去挤巴士了。究其原因，问题出在车主和乘客两个方面。

其一，车主为了赚钱，不顾有关规定，拼命拉客，口口声声说有位子，结果一上车，车内拥挤不堪，成了“咸菜坛子”。巴士车型小，个子高一点还得弯腰挨挤，花钱去“筑咸菜”，划得来吗？

其二，车主为了赚钱，人不挤满不开车，等得你毛焦火辣，他又将车慢悠悠地开，沿途招徕乘客。你急他不急，赚钱是第一。从汉口的王家巷码头到唐家墩，坐公共汽车只要半小时，可是有一次坐巴士，一个钟头还到不了家。你叫司机快一点，他还嘲讽道："想快点？想快点你花钱去坐的士沙！"结果时间耽搁了，还花钱着急受气，划得来吗？

其三，巴士本来是"小公共汽车"，但乘客却"惜脚如金"，动不动就叫司机"带一脚"。"带一脚"本是公汽行业里的行话，即叫司机带刹停车。不叫"停车"而叫"带一脚"，便是武汉人的幽默。可是乘客却视巴士为的士，动不动就喊"带一脚"。明明只有几步的路，偏不下车，偏要等车刚刚发动，便叫"带一脚"，以示潇洒。9路公共汽车，沿途只有十余个站点，可是有一次坐9路巴士，沿途却带了29脚！差一点将我的心脏病带发作！

就像一首顺口溜说的：

车主拉客带一把，乘客"潇洒"带一脚，带来带去熄了火，巴士成了乌龟壳。

注：文中的巴士、三轮车以及电动三轮车等交通工具已取缔，现在的公共汽车一律到站停车，"带一脚"的说法已成为老武汉文化记忆中的一部分。

【读写提示】

知晓人性的优点和弱点对写作大有裨益

这一组散文中，我们来说一说《武汉“贼文化”批判》。

为什么说？因为阅读之后我想到了一个关键词语：人性。我们的文学所关注的，正是人的生活、心灵、性格、思想、命运、情感等等关于人性所涉及的这些因素。所谓人性，就隐藏在这里面，它并不抽象，往往现身于具体而微的细节之中，期待着作家去捕捉。

《武汉“贼文化”批判》这篇文章透射出来的关于武汉人的性格特点的抓取，十分精准地见出了作家观察与思考的真功夫。它通过一些细节的捕捉，刻画出在一些人的灵魂深处所隐藏着的人性的弱点。

这些弱点一般情况下是潜伏着的，不动声色的，但是在某一个此刻，在遇到了人际交往的互动过程当中，本来就蠢蠢欲动的人性的弱点，可能就会冲将出来，从而毫无顾忌地表达出他的内心最为隐秘的一种欲求。

我举一些小细节，来说明“贼人”们的个性特征，他们有着自身的特点和典型性，他们也许就表现在我们平常的生活当中，但我们往往会忽略了他们的存在，却将关注的重点，投注于一些无关紧要的焦点上，以为这些焦点才是我们作文的素材。实际上，当我们了解了这些细节，并不是说马上就要写进我们的作文中，而是通过这些细节的捕捉，我们发现了人作为人的复杂性，发现了文学写作紧紧依靠以前那种对表层现象的摹写是不够的，是非常清浅的。

实际上，我们通过对人性的透彻分析，应该知道的是，我们所知的人和生活，充满了未知，充满了悬念，充满了一些无限性，也就是说，当你认识一个人的时候，你当真能够穿越到他的心底里去探求到某一种真相吗？唯一的办法就是观察细节，透过细节来探查人性的优点和弱点，人性的多个侧面。

比如，“贼人”口袋里往往装着两种烟，一种是“群众烟”，一种是“干部烟”。这样的细节，你心里有底吗？或者说你曾经观察过吗？如果你乍一见面，是断然不知道这样的细节的存在的，而只有跟踪观察，才能够发现他的真实表现，也就是说，你才能够终于观察到他的与众不同的情感表达。与此同时，我们发现，这也就是细节的魅力。这两种烟在不同情境下的出手，真实地表达了此人内心世界的种种思考，如果用文字描述出来，就会非常繁复，而作家只用一个细节（“群众烟”和“干部烟”在不同环境下的露面），即可表达这个人物的内心想法，而这些想法都是读者通过阅读细节悟出来的，不是作家絮叨出来的，由此可见细节的巨大的魅力之所在。

如何观察人性？阅读是一个方面，在生活中悉心观察、揣摩、提炼、思考，更是不可偏废。

如何才能将你的观察所得，运用到你的文章当中？正面的直接的回答是没有的，也并没有什么益处，侧面回答倒是有两个字，而且非常管用：积淀。当然，应该是在方法得当的前提下。

第19堂课

男子汉

男子汉之歌

夜夜在我梦中，见到你，
感受你，我的心仍为你悸动
穿越层层时空，随着风入我梦
你的心从未曾不同
你我尽在不言中

——《我心永恒》

相信你已经看过美国影片《泰坦尼克号》了，相信你已经熟悉这部影片的主题歌《我心永恒》了，相信露依丝和杰克那短暂、浪漫、惊心动魄的生死恋已经感动你了。在泰坦尼克号即将沉没之际，露依丝冒着生命危险，返回船舱救出了杰克；而在寒冷刺骨的冰海里，杰克用自己的生命之火温暖着露依丝，守护着露依丝，最后鼓励露依丝好好地活下去，自己却冻僵沉入了大海深处。

你的爱，伴我航行，
始终飞翔，如风般自由
你让我无忧无虑
永远地活在爱中

这是爱情的光辉。

这是人性的光辉。

而在我的眼里，《泰坦尼克号》还是一曲悲壮的男子汉之歌。

我一直有一个偏激而固执的观点：这个世界之所以需要男人，是因为在关键时刻，需要他们挺身而出。一个真正的男人，一个真正的男子汉，最重要的品格，就是责任感。上帝给予男人一幅宽阔的肩膀，粗壮的筋骨，雄性的气魄和力量，就是要男人去承担责任、担当大任的，就是要男人在“危难时刻显身手”的。男人不仅仅是女人身边的“护花使者”，而且应该是这个世界的卫士，是国与家的铁的脊梁。

在泰坦尼克号即将沉没之际，每个男人不但面临着灭顶之灾与生死抉择，还面临着男子汉品格和责任感的检验。

是的，我们看到了这样卑劣的男人：露依丝的未婚夫，那个腰缠万贯的富家公子，在沉船的关键时刻，不但抛下了露依丝，不但企图杀害杰克，而且用别人的孩子作为掩护，假冒孩子的父亲，挤进救生船。这样的男人，只能算是一个雄性动物罢了。也许，连真正的雄性动物也会对我有意见，因为在森林里和原野上，雄性动物是会拼死保护自己种群中的“妇女和儿童”的。

《泰坦尼克号》使我感动的，是那么多的男人，包括船员和普通的乘客，面对着大难，首先想到的，是将生还的希望让给妇女和儿童。白发苍苍的老船长在恪尽职守后，选择了与船同归于尽；一位老神父面对着死亡，还在带领着绝望的乘客祈祷，给这些即将沉入海底的人们最后一丝慰藉；在整部影片中，最终冲破我情感的闸门、使我热泪盈眶的，是那些在甲板上一直镇定自若地演奏乐曲的艺术家们。他们大气磅礴、轻松自如的演奏，与甲板上惊惶绝望的逃命，形成了鲜明的对比、强烈的反差。他们肯定知道船就要沉没了，他们肯定知道用于救生的小船是不可能承载他们的生命了，他们肯定知道在这漆黑的夜里，在这冰冷的海里，等待他们的，只有死亡了，但是，他们仍然坚持将应该演奏的乐曲认认真真地演奏完，好像在辉煌灿烂的大舞台上演奏一样。他们要用自己的演奏，去安慰惊慌失措的逃难者们，他们要用自己的行动，去显示人的尊严和力量，人性的崇高和力量，显示生命在消逝前夕惊人的瑰丽与辉煌。最使我感动的，是他们演奏完以后，仍然那么彬彬有礼地互相道别，虽然这样的道别其实是永别。而当有人不愿走，继续留在甲板上时，我们看到，所有的艺术家们都不约而同地又走了回来，又拿起了乐器，以非凡的勇气和视死如归的气概，共同奏响了他们生命中最后的乐章，当然，也是最辉煌的乐章。就是在这个时候，我的眼泪终于夺眶而出了。也许在泰坦尼克号上，他们不过是普通的遇难者，但是，在我的心中，他们却是顶天立地的英雄，是铁骨铮铮的男子汉。

《泰坦尼克号》是惊心动魄的，杰克和露依丝的爱情是令人难忘的，《我心永恒》的主题歌是扣人心弦的，而令我满含热泪的，是这些无名英雄们用生命演奏的“男子汉之歌”。

钢铁是怎样炼成的

我从小是在长江边长大的。那时，我住在汉口滨江公园的附近，我家的对门，就是码头。我从小就十分喜欢看书，可是，我家的生活非常清贫，花钱买书简直就是一种奢侈。那时学生的学习负担远远没有现在的孩子这么重，每天放学以后，我常常就到新华书店去看书。当然是假装着要买书，然后赶快一目十行地翻着看，一边看一边用眼角的余光偷偷地观察书店营业员的脸色。我这个人，从小就脸皮薄，一旦发现营业员的眼光瞟了过来，我就做贼似的心虚心慌，赶快把书放在柜台上，头也不回地跑出了书店。

一个偶然的机会，我在汉口江汉路的古旧书店发现了一个“新大陆”：这里的书几乎都是开架的，而且可以自由地挑选和浏览。由于是古旧书店，来的人要么是儒雅的先生，要么就是穷学生，店里很清净，那些上了年纪的营业员，对穷学生们也十分宽容，有时我站着看久了，一位老先生还主动地要我坐在书梯上，说，慢慢看，慢慢看。

就是在这个书店里，我第一次看到了《钢铁是怎样炼成的》。

我看到的那本书，没有封面，只见一个瘦削的苏联红军骑兵，高举着马刀，正策马冲锋。是不是男孩子都喜欢看打仗的书呢？反正我是一看就入迷了。一开头，就是调皮的保尔·柯察金在神甫的发面里撒了烟末，然后，出现了美丽的冬妮亚，做苦工的穷孩子保尔和林务官的女儿冬妮亚相爱了；然后，就是革命、战争、流血、牺牲……对于一个出身于20世纪50年代的男孩来说，还有什么比这些更具有吸引力呢？我们这一代人，是伴随着新中国长大的，是在俄罗斯文学和苏联文学的熏陶下长大的，我们从小看的是《卓亚和舒拉的故事》，我们从小唱的，是《莫斯科郊外的晚上》，是《红莓花儿开》，是《山楂树》，是《共青团员之歌》。我们遗憾的，是没有出生在战争年代，没有机会像父兄那样去冲锋陷阵，建功立业；我们向往的，是为了理想，像英雄和先烈那样去生活和战斗。而对于我来说，一个在码头上长大的既聪明又有些调皮的穷孩子，一个生活在自己的诗意和理想中的男孩子，保尔的故事无疑使我产生了强烈的共鸣。我决心把这本书买下来。这是我第一次下决心买一本书。

买下《钢铁是怎样炼成的》促使我走向了码头。我说的是，我下决心像码头上的小伙伴一样，去帮人家拉板车。

20世纪五六十年代的码头，板车尚是运送货物的主要工具。有时板车载物过重，“车老板”一般都雇一个小孩子在旁边帮忙拉。我家里虽然没有父亲，生活非常的拮据，但是，我的母亲却一直不让我去拉板车。我母亲是怕自己的儿子太小，拉车伤了身子骨，因为我那时才9岁。

但是，为了《钢铁是怎样炼成的》，9岁的我要走向码头去拉板车了。

我是码头上最小的小车夫。

第一次拉车的经历对于我来说是刻骨铭心的。那是一个酷热的夏天，被称为中国的“火炉”的武汉，酷夏的温度往往高达40多摄氏度。临江的柏油马路被晒成了柔软的面团，而我就是在这样的夏天，开始了我的拉车生涯。

我拿着一根带铁钩的麻绳，站在码头的出口。小伙伴们一个个都被雇走了，唯独剩下了我一个人。正在我失望的时候，一个佝偻着腰的老头向我招了招手。

我就这样用一根麻绳拉着小山一样的板车，走进了火一样的炎热之中。那时我9岁，瘦骨伶仃的，穿一条短裤，打着赤膊。天气太热，老头太弱，而我又太小，板车就是走不动。我拉车的麻绳，没有经过处理的，在肩头一拉一扯，肩头就磨破了皮，汗水一浸，火辣辣地疼。老头见我拉不动，就要我把鞋脱下来，打着赤脚拉。这真是一个绝招。柏油马路被晒得像铁板一样滚烫，赤脚一踩，就烫起了泡；脚上又烫又疼，就赶快拉车赶快走，恨不得一步就到了目的地。

从汉口的13码头到江汉关，现在乘车只要两站路。而我那时好像经历了一次最最漫长的长征。肩头磨破了，脚上烫起泡了，浑身上下汗水淋淋。我的劳动，换来了5分钱。现在的5分钱，算得了什么呢？有的孩子在路上见了5分钱恐怕连腰也不会弯。但是，那是我第一次用自己的汗水挣来的钱。激励我的，不仅仅因为要买一本书，而且还因为受了书中保尔的影响，那就是苦行僧似的磨炼自己，像一个真正的男子汉那样活着。明知山有虎，偏向虎山行。愈是艰苦，愈觉得愉快。这是现在的孩子或许不能理解的。而那时的男孩，特别是码头上的男孩，比的就是谁敢吃旁人不敢吃的苦，谁的意志更加坚强。如果说，码头上的江湖好汉的习气给了我一个男子汉的品质，那么，《钢铁是怎样炼成的》则告诉了我，一个人活着究竟是为了什么，一个人生命的价值究竟是什么。

后来，我硬是凭自己的汗水挣的钱，买下了《钢铁是怎样炼成的》。我一直把它带在身边，而且将保尔的内心独白作为自己的座右铭："人最宝贵的东西是生命，生命属于每个人只有一次。一个人的一生应当这样度过，当他回首往事的时候，他不因虚度年华而悔恨，也不会因为卑鄙庸俗而羞愧，这样，在他临死的时候，他就能够说：'我的整个生命和全部精力，都献给了世界上最壮丽的事业——为人类的解放而斗争'。"

这段座右铭，成为我生命的支撑点，成为我在逆境和磨难中顽强掘进的动力。当我初中毕业下乡的时候，这段座右铭就贴在我的床头。炎炎酷夏，在最艰苦最繁重的双抢劳动之余，在蚊虫叮咬的深夜，我仍然将腿浸在水桶里，看书，写诗。凛冽的寒冬，穿着短裤在水利工地上冒着雪花挑堤，也有一种生命被炼成钢的崇高感和愉悦感。

后来，在我遭受挫折和磨难的时候，在我生病住院的时候，我都爱将这段话贴在我的床头。这本书的作者奥斯特洛夫斯基就是保尔的原型，他是在双目失明、全身瘫痪的绝境中，以顽强的毅力，写完这本书的。我常常想，世界上竟然还有这样的男人，我也是一个男人，而且是一个健全的男人，我为什么就不能写一本大家喜欢看的书呢？因此，我从小就选择了写作这样一条路，和该书的影响不无关系。当我长大了以后，我舍弃了许许多多的东西，选择了清贫而寂寞的写作生涯，尤其是儿童文学的写作。每当我在深夜面对一盏孤灯写作时，我都有一种保尔冒着严寒修铁路的感觉。长长的铁路伸向远方，许许多多的人为了修铁路而献出了自己最宝贵的青春和生命。当列车隆隆地在铁路上飞驰时，坐车的人有谁会想到有人曾为这条路而倒下了呢？然而，正是这种默默无闻的牺牲和奉献，使我感动，而终生难忘，而默默地加入到新的修路的洪流之中。

是的，保尔的时代离我们已经很遥远了，保尔为之流血奋斗的那个“苏联”，也解体而不复存在了。从我的少年时代到现在，这个世界已经发生了翻天覆地的变化。我们面对的，是一个物质的世界，是一个流行的时代，一个“方便面”的时代。现在的流行趋势，是羞于谈理想，羞于谈崇高，羞于谈英雄主义。似乎愈鄙俗，愈市侩，愈自我，愈及时行乐，就愈时尚。但是，《钢铁是怎样炼成的》一书中最闪光的东西没有过时，保尔的精神并没有过时，保尔的英雄主义也没有过时，为了理想、为了祖国而不畏艰险、顽强奋斗的精神没有过时。一个男子汉应该像钢铁一样坚强、应该像战士一样活着的男子汉精神更没有过时。每一代人都有自己别无选择的成长背景。每一代人都有自己生命的支撑点。我尊重现在孩子们的喜好和选择，尊重他们喜爱的书，喜爱的歌，喜爱的偶像；同时，我们也希望孩子们尊重我们少年时代的喜好和选择，尊重我们喜爱的书和歌。我能理解有的孩子花高价去听张惠妹的演唱会，同时，我也希望他们能够理解我用一个暑假的劳动去买一本书，去买《钢铁是怎样炼成的》。在浩如烟海的书籍中，有的书可以给人解闷，有的书可以给人取乐，有的书可以给人以审美的愉悦，有的书则可以影响一个人的一生，乃至影响整整一代人。而《钢铁是怎样炼成的》就是影响了整整一代人的书。

现在，我的书柜里，仍然有着不同版本的《钢铁是怎样炼成的》，我常常翻翻它，常常看看它，不是为了怀旧，而是为了前进。

老人与海

一个名叫桑提亚哥的老渔夫已经连续八十四天没有捕到鱼了。八十四天，这可不是一个短暂的时间。这个名叫桑提亚哥的老人每天都划着空荡荡的小船出海，天快黑了的时候，又划着空荡荡的小船回来。他的小船的桅杆上挂着一面风帆，“那一面帆上补了一些面粉袋，收起来的时候，看去真像一面标志着永远失败的旗帜。”

桑提亚哥确实是老了。他的后颈上凝聚了深刻的皱纹，显得又瘦又憔悴。他身上的每一部分都显得老迈，除了那一双眼睛。那双眼睛跟海水一样蓝，是愉快的，毫不沮丧的。

就是这样一个老渔夫，在八十四天没有捕到鱼以后，仍然满怀信心地希望捕到一条大鱼。

他果然就钓到了一条大鱼。那是在阳光灿烂的中午，他钓到了一条好大好大的鱼。这条大鱼竟然拖着他和小船，不慌不忙地在大海里漫游。大鱼吞下了老人下的鱼钩，是跑不脱的了。老人单枪匹马，年老体衰，不但一时制服不了这条大鱼，而且连大鱼是个什么模样，也没见到。大鱼拿他没有办法，他也拿大鱼没有办法。大鱼拼命想甩脱他，他也雄心勃勃地想制服大鱼。老人与大鱼就在大海上周旋开来。

这是一场比力量更比意志和毅力的竞赛，这是一场你死我活的残酷的搏斗。这场殊死搏斗一直持续了三天。在浩瀚无边的大海上，不甘心束手就擒的大鱼想出了种种办法，忍着剧痛不知疲倦地日夜游动，企图拖垮老人。而老人忍着饥渴，忍着疲乏，双手紧握钓丝，坚决不放弃大鱼。到了第三天，大鱼终于坚持不住了，它的肚子里吞下了鱼钩，身上还插着渔叉。它拖着小船和老人在大海上狂游了三天，它终于失败了。但是，即使是在临死之前，大鱼仍然是充满着英雄气概的。它生气勃勃地做了一次临死之前的最后抗争，也是最漂亮的一次表演："它从水里一跳跳到了天上，把它的长、宽、威力和美，都显示了出来。它仿佛悬在空中，悬在船里老头儿的头上。"

大鱼终于死了，老人终于胜利了。但是，对于桑提亚哥来说，这场战斗远远没有结束。因为他还得将这条大鱼拖回去，而他已被大鱼拖到了大海的深处，而他已经精疲力竭。如果他不能将大鱼完整地拖回去，那么，他就会前功尽弃，他仍然是个失败者。

桑提亚哥不愧是个真正的男子汉。他驾着小船，又开始了艰难而充满危险的航程。这么一条大鱼，比他的小船还大两倍。对于那些专门在大海上捕猎的大鲨鱼来说，他拖着的是无比诱人的美味佳肴。

大鲨鱼说来就来了。"它游得那么快，什么也不放在眼里。"这是一条巨大的鲭鲨，在大海中，它是游得最快的大鱼，它的八排牙齿全都像锋利的剃刀一样，以致再厉害的大鱼，游得再快的大鱼，都不是它的对手。现在，它要吃一条已经死去的大鱼，谁还能阻止它呢？

精疲力竭的老人又面临着新的挑战。

要么就放弃大鱼，让鲭鲨饱餐一顿，自己则抓紧时间赶快摆脱鲭鲨，平安返航；

要么就冒着被鲭鲨掀翻小船、被鲭鲨一口吞掉的危险，再与鲭鲨搏斗，坚决保卫自己的胜利果实。

在茫茫无边的大海里，即使是再强壮的水手和渔夫，在单枪匹马的困境下，也会躲避着巨大的鲭鲨的，何况是一个势单力薄的老人呢？

但是桑提亚哥毫不犹豫地选择了再次搏斗。

不仅仅因为要保护千辛万苦获得的胜利果实。

不仅仅因为他已经八十四天没有捕到鱼了。

还因为他是个男人。

还因为他是个宁折不弯的男子汉。

一场惊心动魄的战斗就这样打响了。

大鲨鱼飞快地逼近了，它那吓人的牙齿咬得咯咯响。它张开大口，去咬那大鱼。老人手持渔叉，鼓起全身的力量，向鲭鲨的头上扎了下去。

他向它扎去的时候并没有抱什么希望。但是，他却抱有无比坚决的意志。

鲭鲨受到了致命的打击。但是，它仍然在大海里翻滚，将那条死鱼咬得残缺不全。

大鱼和鲭鲨的血染红了海水。更多的鲨鱼被这血腥吸引而来。这次向他和小船扑来的，是两头星鲨。这是两条凶残嗜杀的鲨鱼，饥饿的时候，它们会去咬桨和船舵，甚至会咬在水里游泳的人。

而老人手里已经没有渔叉了。他的手中，只有一把刀。

他把刀绑在桨上，制成了一把长刀。当一条星鲨张口撕扯死鱼的时候，他将长刀一下插进了星鲨脑子和脊髓相连的地方。第二条星鲨又扑了过来，他又如法炮制。他不但有勇气，而且有智慧，有经验，他就用一把长刀，打败了两条凶残的星鲨。

而他那残缺不全的胜利果实，又被星鲨撕扯了不少。

紧接着，又一头大鲨鱼扑来了。这是一头犁头鲨。老人仍然先让它去咬那死鱼肉，然后，瞄准了它的头部，猛地将长刀插了进去。长刀是插准了，但是，犁头鲨猛地一挣扎，将他的长刀一下就折断了。

老人手中只剩下一根木棍了。

而鲨鱼仍然不断地扑来。

在汹涌的波涛里，在鲨鱼的围攻下，老人与鲨鱼展开了搏斗。这样的搏斗从白天一直持续到晚上，老人已经疲惫不堪了。他的伤口和一切用力过度的地方，都因为夜里的寒冷而疼痛起来。他想，我希望再也不和它们斗了。可是到了半夜，当鲨鱼开始袭击死鱼时，他又奋起和它们斗了起来。这是一群大鲨鱼。它们展开了围攻和集团冲锋。老人左打右砍，到了最后，连木棍也被鲨鱼们咬跑了。他就用桨来战斗。他就用木桨击退了最后一条大鲨鱼。

而他辛辛苦苦捕获的那条大鱼，已经被鲨鱼们吃光了。当他历经艰辛将小船靠岸的时候，他拖上岸的，只是一条又粗又长的雪白的鱼的脊梁，以及一条庞大无比的尾巴。

作为一个渔夫，他仍然没有捕获一条完整的鱼回来，他似乎是失败了。

但是，这个从来就不曾被打败过的老人，这个倔强的桑提亚哥，他真的失败了吗？

我第一次看到《老人与海》的时候，还是个初中生。我第一次记住了它的作者，一个美国人：厄内斯特·海明威。作为一个在长江边长大的男孩子，我被桑提亚哥的故事震撼了。我感到它好像是一个寓言，但是，海明威却又将这个故事叙述得那么生动，那么引人入胜，那么令人难忘。后来我终于“见到了”海明威，我看到了他的照片。那是一张宽阔而棱角分明的脸庞，满脸倔强的络腮胡子，显示着一个男子汉的坚毅和刚强。

这是一个真正的男子汉。海明威和他所创造的世界，充满了男性的魅力，在20世纪的作家中，从来没有一个作家像海明威那样，将男子汉的魅力展现得那么淋漓尽致，将男子汉的品格表达得那么充分而形象。

海明威1899年出生在美国芝加哥一个医生家庭里。他做过新闻记者，参加过第一次世界大战。1918年，他在意大利前线身负重伤，浑身上下嵌进了数不清的弹片。他奇迹般地活了下来。他的战斗生涯为他的创造提供了丰富的素材。伤愈后，海明威侨居在法国巴黎，从此开始了创作生涯。海明威的生活总是富有传奇色彩的，他老是喜欢冒险，他喜欢到西班牙去斗牛，喜欢到非洲去打猎，而且喜欢猎非洲的狮子。他喜欢酗酒，喜欢浪漫的生活，他浑身好像有使不完的劲儿，连写作也是站着写。他以不同凡响的生活方式展示着男子汉的强健和高傲的思想。在他的笔下，我们看到的，是战场上无所畏惧的战士，是在炮火中奋不顾身救助战友的士兵，是从不怕死的勇猛的斗牛士，是非洲丛林里与猛兽搏斗的猎手。海明威为我们创造的，是一个男子汉的世界，是一个英雄的世界。海明威的小说总是充满了生命的激情，就像他自己体验和触摸到的一样。读着他的作品，我们的心中便充盈着男子汉的阳刚之气，我们的血管便鼓胀，便奔涌着男子汉滚烫的血液，奔涌着生命的激情。在《老人与海》中，海明威塑造了一个敢于接受命运的挑战，从来不畏惧失败的男子汉形象。虽然桑提亚哥是一个老迈的老头儿，虽然他八十四天没有捕到鱼，而其好容易捕到的一条大鱼，又被鲨鱼吃得精光。就是在《老人与海》中，海明威写下了这样掷地有声的句子：“人生不是用来被击败的。人可以被毁灭，但不能被击败。”桑提亚哥孤身一人在茫茫的大海上，与大鱼、与鲨鱼搏斗了几天几夜，他从来就没有退却，即使面对着失败，他从来就没有想到妥协和放弃。他的大鱼是被鲨鱼吃光了，但是，他的男子汉精神，他拼死也要维护一个男人的尊严，却让我们肃然起敬。这样的非凡的毅力和坚强的决心，这样的永不言败和勇敢坚韧，正是男子汉魅力的核心所在。海明威和他的小说，尤其是《老人与海》，便成为 20 世纪男人的经典，成为“男子汉”最好的诠释。

1954 年，海明威荣获了诺贝尔文学奖。在授奖的原因中，专门提到了《老人与海》：“因为他精通与叙事艺术，突出地表现在他的近著《老人与海》中。”

海明威最后是开枪自杀的。这个一生都保持男子汉尊严的人，甚至不能容忍年老体衰和疾病的折磨，不能容忍自己的创作激情的衰减。这个骄傲的男人，将自己最心爱的猎枪含在嘴里，然后，用脚趾扣动了扳机，用这样一种不可思议的方式，结束了自己的生命。

海明威的自杀并不是逃避，也不是放弃。在他的思想里，他用子弹毁灭的，不是自己的生命，而是向他发起挑战的疾病，就像桑提亚哥与大鲨鱼搏斗一样，他消灭的，是“疾病”，而不是“海明威”。恰恰相反，他用这种残酷的方式维护的，正是一个男子汉的尊严。就像他在《老人与海》中所说的：“人可以被毁灭，但是不能被击败。”

不论是生存还是毁灭，海明威都生气勃勃地活在每个男子汉的心中。

【读写提示】

文章产生共鸣的必要条件

（一）

我们先来读懂“共鸣”这个概念吧！

所谓共鸣，是指由别人的某种思想感情引起自己相同的思想感情，它的基本意思是，物体因共振而发声。

把共鸣的概念这么一说，我们就能明了，你要想引起读者的共鸣，就必须在情感上、情绪上有一个相互感染的过程，只有感染了，才能够产生共振！

（二）

话说到此，我们当然就要提到董宏猷的散文作品《钢铁是怎样炼成的》。

文章讲述的是作者少年时代艰难求学的过程，不是正儿八经的上学故事，而是课外阅读的艰辛历程。

阅读之后，我们心中就会掠过战栗的感觉。我们惊叹作者少年时代生活的艰难，我们惊叹作者少年时代挣钱的艰难，我们还惊叹作者少年时代买书的艰难，当然，还有更多的艰难在作者笔下如小溪流水汩汩流淌。

在阅读过程中，我们的心会不时地颤动一下，或者目光倏忽间停顿一下，为什么会这样？因为我们发现细节了，发现那些使我们的心颤动的细节了。

比如：“当然是假装着要买书，然后赶快一目十行地翻着看，一边看一边用眼角的余光偷偷地观察书店营业员的脸色。”请注意“余光”二字，这样来写那种场面，那种心理活动，是多么惊心动魄！

再比如，“一旦发现营业员的眼光瞟了过来，我就做贼似的心虚心慌，赶快把书放在柜台上，头也不回地跑出了书店。”一种做贼似的现场感，扑面而来，一种正在干坏事的心理，折射到读者的内心，使读者也跟着加快了心跳。

就是这样来激活读者的情感闸门，就是这样来掀起读者心河里的浪花。

如果说上述动态细节仅仅关涉我们的内心，那么，下面的一个细节则具有了场面的空间效果：“我拿着一根带铁钩的麻绳，站在码头的出口。小伙伴们一个个都被雇走了，唯独剩下了我一个人。正在我失望的时候，一个佝偻着腰的老头向我招了招手。”有了场面和空间，自然就能将读者代入现场，从而增强了读者的现场感。

在这个基础上，每一个细节的凸显，都会使读者的心战栗起来，共鸣由此产生：“老头见我拉不动，就要我把鞋脱下来，打着赤脚拉。这真是一个绝招。柏油马路被晒得像铁板一样滚烫，赤脚一踩，就烫起了泡；脚上又烫又疼，就赶快拉车赶快走，恨不得一步就到了目的地。”那种痛感，那种经久不息的跳跃感，是怎样让读者的心，一次次地被触动。

（三）

上述三个动态细节中，“我”的所作所为，均以挣钱为目的，但并非为了填饱肚子，而是为了买书。这样的以精神需求为指向的生存状态，就比仅为温饱而干更加感人肺腑了。所以当作者下乡之后，“在蚊虫叮咬的深夜，我仍然将腿浸在水桶里，看书，写诗。凛冽的寒冬，穿着短裤在水利工地上冒着雪花挑堤，也有一种生命被炼成钢的崇高感和愉悦感。”请注意，此处的崇高感和愉悦感就像一面镜子，照亮了过去所有的屈辱和苦痛，而使那些隐晦的感觉，逐步变得富有了存在的价值以及积淀的意义。

那么，仅仅如此讲述过去时光的艰辛求学求书过程就万事大吉了吗？当然不是，那样写，不仅没有个性，千人一面，千部一腔，而且还很难将文章立意的高度提升起来。

（四）

我们再来分析，作者在文章中究竟添加了什么道具。

如文章标题所示，那就是小说《钢铁是怎样炼成的》。

如果我们机械性地进行数据统计，就会发现这本书在文章中出现的频率高达十次之多（注意，不是集中在一块，而是散在多处。看上去似乎很随机）。它的作用，首先是呼应，使文章前后勾连，强化感情色彩，引发读者共鸣。其次是复沓作用，使文章或字里行间隐隐地游走着一种音乐的旋律和顿挫的节奏感。第三是渲染烘托，我们注意到，在多个关键时刻，作者常常要将这本书荡出画面，如浪花般绽放，以便渲染它的作用，或烘托主人公的情怀，或营造如饥似渴的读书氛围。最后一点，是最为重要的，这就是这本书对那样一个时代给我们的少年带来的对崇高理想的憧憬，以及这种憧憬是怎样照亮了少年的成长之路。

这样，这篇散文不仅因为少年艰辛的生活细节引发读者共鸣，更为重要的是，因为《钢铁是怎样炼成的》这本书的多次穿插、点染，而使原本单薄的故事变得厚重，原本瘦弱的故事变得丰满，原本欠缺层次感的情节变得丰润丰满。

于是，文章就在这娓娓的讲述中引发了我们强烈的情感共鸣。

著名文艺评论家秦牧说过：“一切艺术所以能够感动人，只是因为被感动的人从这种艺术里面引起某种程度的思想上的共鸣。”这句话看似一般，却道出了产生共鸣的可能性和必要性。

第20堂课

人　生

迎着太阳唱起歌

龙年正月初一。早晨。大街小巷，宁静人稀。地面上，到处是鞭炮放过的红红纸屑。整座城市，突然变得格外的空旷。

我照例来到曾卓先生的家，给曾卓先生拜年，给薛阿姨拜年。

几十年了。从20世纪的80年代，然后跨越两千年，一直到今天，每年大年初一的早晨，我都会准时来到这里，给曾卓先生拜年。生死无碍，风雨无阻。

先生居住的，是20世纪80年代的“高知楼”。如今已经破旧了。但是，比破旧更令人感慨的，也许是寂寞。记得先生在世的时候，每逢大年初一，前来拜年的各级领导以及朋友学生，络绎不绝。先生家的小客厅里，花团锦簇，春意盎然。曾卓先生身穿他喜欢的大红的毛衣，白发如霜，谈笑风生，不时发出爽朗的大笑。我常常是和宏量一起来，常常会在这里遇到许多文学界的老师和朋友们，先生家就无形中成为朋友们新年聚会的场所。我们喜欢和曾卓先生一起唱歌。常常是薛阿姨弹起钢琴，我们一起放声高唱。曾卓先生最爱唱的，是《青春舞曲》，我和发云最爱唱的，是《伏尔加船夫曲》，伐林有时从外地回汉，他喜欢唱的，是《草原上升起不落的太阳》……琴声叮咚，歌声飞扬，农历的大年初一，就在这样的歌声中，显得喜庆而吉祥。

先生远行，一晃十年。每年的大年初一，我照例手捧鲜花，来到这里。清冷的客厅里，只有薛阿姨一人接待我。前几年，客厅里似乎还有狗在活动，后来，是几只猫，薛阿姨一边和我说话，一边和猫对话。今年来时，客厅里狗和猫都不见了。唯一不变的，是曾卓先生手持烟斗的油画，以及爽朗大笑的摄影。

曾老，我来了。

宏猷给你拜年来了。

曾老果然就来了。我分明听见了他爽朗的笑声。

第一次被曾卓先生爽朗的笑声所感染，是20世纪80年代。有一次，电视台为先生做一个专访节目，先生便请了几位青年作家，一起去家里聊天。我记得有周翼南、胡发云、方方，还有一位华工的青年诗人。面对着摄像机的镜头，先生轻松自如地和我们交谈，不时发出爽朗的大笑。先生的仰头大笑，童真，率性，痛快淋漓，常常使我想起乔冠华先生在联合国通过恢复中国席位的提案时，那样兴高采烈的经典的大笑。在这样的笑声中，一切的障碍，例如年龄、身份、地位、代沟，等等，全都消融得无影无踪，在以后的几十年中，我们和曾卓先生全都成了忘年交，坐在一起，就像同龄人那样，就像少年时代的老同学那样，无拘无束地自由地交谈。先生常常说他爱哭，爱流泪，不止一次地对我说，他是一个含着泪水前进的战士。而他最欣赏的诗句，也和泪水有关，那是艾青的名句："为什么我的眼中常含泪水，只因对这片土地爱的深沉。"先生坦率的自白，我是相信的。在他的诗中，也多次出现过"泪"的意象。他在《凝望》中写过"泪水模糊了我的双眼"，也曾在《是谁呢》中满含深情地设问过："当我被钉在十字架上，受尽众人的嘲笑凌辱，而仍不舍弃我，用含着泪、充满爱的眼凝望着我，并为我祝福的，是谁呢？"在他的人生的词典里，"泪"不是软弱，不是脆弱，更不是懦弱，而是感动，是激情，是诗情与真情的迸发，是真善美的象征。作为一个诗人，曾卓先生是喜欢用"泪水"这样的意象的。在生活中，他也是容易被许多细小的事情所感动的。遗憾的是，我很少见过先生流泪，相反地，我却经常见到的，是先生爽朗的大笑，那样的率真的开心的阳光的仰头大笑。

在这样开朗纯真的大笑中，我们看到的不是一个曾遭受二十多年不白之冤的“受难者”，而是一个历经炼狱、饱经风霜、仍然向往着大海、向往着暴风雨的洗礼的“老水手”，或者，是一只高飞的鹰，“翅膀有时牵引着狂风暴雨，有时托负着白云阳光”；或者，是一只老海鸥，“呼啸着穿越暴风雨”“一生都在浩瀚中飞翔”。我最感钦佩的，是先生很少谈及自己受难的经历，很少谈及当年由胡风案所引发的深刻影响中国当代历史的“暴风雨”。但是，我们都知道，1955年，曾卓先生含冤被捕的时候，才33岁。然后，是剥夺自由，单独监禁；下放农村，劳动改造；“文革”冲击，打入牛棚……一直到1976年，平反昭雪，他已经54岁了。人生中最美好的二十年，作家的创作生涯中最重要的二十年，就这么消逝在一直不停的暴风雨中。在湖北武汉老一辈的作家中，曾卓先生是受难时间最长的。甚至可以这样说，打倒“四人帮”以后，虽然曾卓先生以及整个胡风案都已经公开平反，但是，并不是所有的人，尤其是受极“左”思潮影响极深的人，会在心灵深处消除对这些无辜受难者的偏见。在某些人的心目中，曾卓仍然是一个“另类”。也就是说，对于曾卓先生来说，他生命中的暴风雨似乎一直没有停息。他似乎永远处于暴风雨的中央。虽然在相当长的一段时间内，暴风雨是以无形的游荡的幽灵的形式出现的。对这样游荡在现代化历史进程中的幽灵，曾卓先生始终是保持着清醒的警惕的。他的超然，并不是遗忘，也不是毫无原则地淡化血痕。他只是不想让过去的经历成为一种负担，更不愿将此作为一枚勋章，挂在胸前。相反地，他常常站在历史的高度，审视、反思那段不堪回首的岁月，常常追问，这样的历史悲剧为什么会发生？还会不会发生？应该怎么去规避？他常常毫不留情地解剖自己，他的解剖刀常常剖进生命的深处、灵魂的深处、历史的深处；他甚至允许年轻的一代学者、作家将自己当作一个活的标本，去解剖，去考察，去分析，这样的解剖和分析是那样的严肃，那样的尖锐，常常就触及灵魂的痛点。先生也会激动起来，也会解释，也会参入讨论，但是，先生始终是以开放的、虚怀若谷的心态，认真听取年轻一代的批评。因为他知道，这样的反思、审视与批评，针对的不是他的个人，而是和他一样的，怀着诗一般的激情投身到民族解放的暴风雨中的整整一代人。同时，这样的反思、审视与批评，着眼的不是沉痛的过去，而是风云激荡的当下，以及充满希望的将来。

因此，曾卓先生的可敬与可爱之处，就在于他虽然遭受那样的苦难与冤屈，但是，从不沉溺纠结于过去，从不将自己拘囿于受难者的范畴里，而是以青春般的激情，甚至是孩子般的童心，去拥抱世界，拥抱未来，去创作，去创造，去建设，呼啸着前进。一旦摆脱历史的羁绊，他便像矫健的海燕一样，飞向大海。他的诗歌《悬崖边的树》一下子就传遍全国，成为一个时代的象征，一代中国知识分子人格的象征。他的散文集《听笛人手记》在《文汇》月刊上连载后，以其诗意的品读，独特的审美，深厚的人文情怀，打动了千千万万读者的心，与那个文学时代、那个思想解放的时代涌现出来的许多名作一道，汇成了呼唤思想解放、呼唤文学复兴的历史大潮。他以坚实的创作实绩证明着自己，诠释着“诗人”的内涵与价值。这个大写的人，这个勇敢的老水手，在他的生前，从不伸手要求过什么，也从不刻意装饰过自己，完全以他的作品，他的人品与人格魅力，感召着影响着许许多多的文学青年，尤其是武汉的青年朋友，成为一面文学的大纛，成为这个城市一口清澈的纯净的永不干涸的泉眼。他年轻的时候，就是这个城市文学界的领导之一，新时期以来，他重新回到武汉市文联以及武汉作家协会的领导岗位上，做了许多实实在在的工作，为武汉地区文学艺术的繁荣发展，付出了真情、远见、心血与贡献。他深深地爱着文学与文学事业，深深地爱着他的战斗岗位，爱着这座城市，爱着他的战友与朋友们，爱着春天的每一株新芽，爱着大江上的每一朵浪花。他的战友们和朋友们也深深地爱着他，爱着这位平凡而伟大的老水手。在他的生前，我和朋友们曾经为他举办过七十岁与八十岁的贺寿活动。这些活动都是自发的，是敬重与喜爱他的朋友们的友情雅集。我这一辈子组织过无数的活动，但是，像为曾卓先生贺寿的活动，能够来那么多的朋友，而且，大部分是闻风而来，而且，那么的真诚、自然、热烈、亲切，真的是少见。大家是发自内心地由衷地敬爱这位老水手。这样的敬爱，超越了级别、职位、年龄以及一切外在的东西，它是那样的真实，那样的有力量，这样真实而有力量的，就是人心。

曾卓先生去世的时候，我正在福建开会。虽然此前已经带许多朋友到医院探望，也在先生的病床前为他唱歌，给他祝贺了最后一个生日，听先生平静地冷静地谈起生死，谈起身后的事情；但是，听闻到先生仙逝的噩耗，我仍然忍不住号啕大哭。我知道，那个给我许多温暖、许多支持、许多力量的老水手，这次是真的远航了。我立即设法以最快的速度赶回了武汉。先生是一个异常爱惜自己羽毛的老海鸥，他曾告诉我，当他被病痛折磨得无法忍受的时候，为了不让身边的亲人担心，自己就端个小板凳，走到大街边的棋摊，弯着腰，用手顶着剧痛的腹部，装着看那些退休的老人下棋。在他生命的最后时刻，他常常因剧痛而咬牙，当我们去探望他时，疼痛来袭，他还不忘幽默地说："我又要做鬼脸了。"因此，他平静地交代后事的时候，就提出不设灵堂、不搞遗体告别、不开追悼会，他希望留给大家的，永远是健康达观而有尊严的形象。他留给这个世界的最后一行诗，是颤抖着写下的："我终于没有被打败。"因此，为他送别的那天，除了亲人以外，只有我和市文联的蓝厚祥先生陪伴着曾卓先生，一直到最后。当先生走向永恒的那一刹那，我突然感到先生微笑了。我似乎感到了他的体温，他的脉跳。他微笑着纵身一跃，化着海鸥，张开翅膀，飞向他一辈子向往的图腾：无边无际的大海。

曾卓先生去世后，我们在长江日报社的大会议室，为他举办了一个史无前例的追思会。曾卓先生的去世，成为那几天武汉地区报纸密集关注的新闻，成为一个文化事件。据我所知，从来没有哪一位作家或者艺术家，像曾卓先生去世那样，被一个城市的报纸的头版，甚至是整版予以报道。《楚天金报》用头版整版的篇幅刊登了我和先生一起唱歌的照片，以及我怀念的文章。那天的追思会，没有哀乐，只有鲜花与诗歌，那么大的会场，坐满了从各地赶来的朋友们。曾卓先生的大幅照片一直在微笑着。他是重情重义的男子汉，看到这么多的朋友汇聚在一起，他是多么高兴呢。我们用诗与他对话，用歌声表达共同的心声。“哎嗨哟嚯！哎嗨哟嚯！迎着太阳唱起歌！”当我们再次唱起《伏尔加船夫曲》的时候，肩并肩地上来了十位作家。不，准确地说，是十一位。那位白发红衣爽朗地笑着高声地唱着的，不正是曾卓先生吗？

曾卓先生写给这个世界的最后一首诗，是在病床上写的《没有我不坐的火车》：“在病中多次梦想着 / 坐着火车去作长途旅行 / 一如少年时喜爱的那句诗：/‘没有我不肯坐的火车 / 也不管它往哪里开’。”先生对生命的热爱和达观，跃然纸上。一晃眼，先生坐着火车去远行，已经十年了。但是我的感觉，好像他明天就会回来一样。十年了。车轮滚滚。许多和曾卓先生同时代的老前辈作家，一个一个地离开了我们。二十年前，我到作家协会工作的时候，每逢清明春节，我都会给去世的作家朋友们烧纸钱，以表怀念之情。武汉的风俗，是用粉笔在地上为每一位故人画一个圆圈，给他的纸钱就在这个圈里烧。刚开始的时候，圆圈还不算太多，但是岁月的车轮滚滚，我在地上画的圆圈也越来越多。有一次，我画的圆圈一直延伸到很远，而远处的院墙之外，正是京广线。当给曾卓先生烧纸钱的时候，恰逢一列火车开过，轰隆隆的车轮声震动大地，我眼前的那些圆圈，忽然间就变成了滚滚前进的车轮。我突然就想起了曾卓先生最后的诗句："没有我不肯坐的火车 / 也不管它往哪里开。"我的感觉，是先生坐着火车回来了，回来过年了。

今年的除夕夜，武汉上空的烟花格外地灿烂。当一朵烟花在夜空绽放的时候，我忽然感到特别像先生的笑脸。噢。曾老，你好！我知道你回来了！我知道，你是舍不得武汉三镇这片热土的。噢，曾老，我要告诉你，已经有一百多位朋友写了怀念你的文章了。文联和作家协会正和薛阿姨一道，在组织编撰这部大书了。我们没有忘记你。亲人与朋友们都没有忘记你。长江汉水没有忘记你。海内外的作家与诗友们没有忘记你。诗坛与文学史更没有忘记你。现在，这部大书已经呈现在读者的面前，呈现在这个世界的地平线上。你听，那是谁呢，在朗诵你的诗，迎接新的春天：

老水手在歌声中
怀念他真正的故乡
夜来了
海上星星闪烁
涛声应和着歌声
白发的老水手坐在岩石上，面向大海，
敞开衣襟
像敞开他的心

2012年3月5日 于汉口

今天是曾卓先生的生日

激情燃烧的一生

——悼念莎蕻先生

于是，我看见了，
那支歌——
已化成一团烈火。

——莎蕻：《寻歌》

莎蕻先生病重的时候，我和武汉作家协会的朋友们曾多次去看望他。每次去，我都无法相信他已身患绝症，且已到晚期。因为他一如既往地那么乐观，一如既往地那么精神矍铄，一如既往地关心着他人，一如既往地洋溢着诗情。而我们也已经习惯了他的诗人性格，诗人气质；习惯了他神采飞扬的谈话，爽朗的笑声；习惯了他说着说着就激情迸发，说话也像即兴朗诵诗歌；当然，更习惯了他在朗诵诗歌时，那种大江东去的气势，那种将整个生命化着一支火把熊熊燃烧的激情。因此，每当我走出病房时，我都感觉自己好像充了一次电，有一种如沐春阳的温暖的感觉。这样一位生命力旺盛如火的老诗人，谁会想到他竟然这么快就离开了我们呢？

去年五月，武汉作家协会诗歌创作委员会在东西湖举办诗歌音乐会，莎蕻先生带病参加了，而且登台朗诵了自己的新诗。莎蕻先生非常喜欢朗诵诗歌，而且深谙朗诵鼓动之奥妙。他的朗诵，极富感染力，一开口，就像喷火器一样呼啦啦喷火，一下就使现场的空气也燃烧起来。他的文学创作之路，也是首先从朗诵开始的。1937 年，他就开始从事抗日救国的宣传组织工作，他的初期作品，便是在街头宣传鼓动时即兴朗诵的“街头诗”，例如《太行山》，就曾在群众中广泛流传。那时，他只有15岁。1940年，17岁的莎蕻奔赴延安参加革命，迎来了他诗歌创作生涯中的第一个高峰。《塞外诗草》《燃烧的延河》等一大批诗歌，均是他在陕甘宁边区文协工作时创作的。抗战胜利后，他又转战东北，先后任热河军区胜利剧社创作组长，冀察热辽军区文工团编辑部主任，鲁迅艺术文学院文学教员。《红旗、红马、红缨枪》，便是在解放战争的炮火硝烟中写成。可以这样说，莎蕻首先是一个战士，是一个奋不顾身地呐喊着冲锋陷阵的战士；其次，他又是一个诗人，一个充满崇高理想的并一辈子为之献身的诗人。在他的诗集中，出现最多的意象是"火"，是"燃烧"，即使是水，即使是延河以及黄河，在他的眼里，都是"燃烧的河"。他的诗歌的底色，是"红色"。红天、红地、红山、红水、红旗、红马、红灯、红霞……红色与火，不仅成为他诗歌的基调，而且成为他生命的基调与底色。当他南下武汉，并开始为新中国而歌唱时，他的《南国恋歌》诗风一变，那么清新秀丽，飘荡着水淋淋的雾气与花香，但是，我们听到的，仍然是鼓点一般的激昂明亮的心声。

一个为自己的理想与信仰而表里如一矢志不渝地追求、歌唱的人，是值得尊敬、尊重的。莎蕻先生就是这样的人。我最后一次看望他的时候，他已消瘦得不成样子了，我第一次也是最后一次看见他躺在床上没有气力说话了。我陡然感到那支熊熊燃烧的火把正在狂风中倔强地抖动。我说，莎老，我就为您唱一支歌吧。我就为莎老唱起了《延安颂》。唱着唱着，莎老的眼睛突然睁开了，他紧紧握着我的手，干枯的嘴唇翕动着，手指打着拍子，也唱了起来。他的眼睛又是那么亮晶晶的了，那是朝阳一样的眸子，朝阳一样火红、朝阳一样温暖、朝阳一样生机勃勃的眸子啊。我们就这样手握着手，一起唱完了这首歌。

是的，歌声最后成了永诀。但在战士的词典里，永诀又何尝不是一次新的出征。

【读写提示】

回忆性散文中的人物性格描写

回忆性散文大多是写人的，既然是写人，那么文章材料就必须紧紧围绕着人物性格来展开，应该是多角度多侧面地去进行选择，以期达到深刻刻画人物性格的目的。而散文的最大特点是“形散神不散”，所谓形散，是说取材广泛，不受时间和空间的限制；所谓“神不散”，是说无论你的笔游走得多么自由，你都不能游离于文章主题之外。

《迎着太阳唱起歌》这篇散文，即是一篇回忆性文章，它的特点在于紧紧抓住曾卓先生的几个特点，多侧面多角度地刻画他的个性特征，并将作者对曾卓先生的个人的情感与时代的动荡连接在一起，因而就有了抒发情感的突破口以及深刻的哲理性感悟，从而使文章整体具有了深邃的意蕴以及磅礴的气势。

贯穿文章首尾的一条线索是曾卓先生坚毅刚强的精神。无论文章的时间和空间如何变化，这一条线索始终游走在字里行间，而成为曾卓先生性格特点的鲜明的血脉。

文章开篇写“我”来到高知楼给曾卓先生拜年，作者强调高知楼的破旧，并以这个破旧衬托出寂寞，再由寂寞进入虚写语境，回想曾卓先生在世时的热闹场景，以画面，以声音，作强力渲染，彼时的欢快与喧闹，反衬出此刻的寂寞与无奈。

斯人已去，但笑声依然。作者由寂寞生发幻觉，由幻觉中的笑声过渡到三十年前的时空。人物情感如潮水般涌动之真切，跃然纸上。

于是镜头闪回，多年的笑声涌现出来。作者以坦然率真的笔触，讲述曾卓先生艰辛的过往，并且强调了曾卓先生虚怀若谷的心态以及宽容大度的情怀。

一个人究竟如何正确面对自己过往的苦难与冤屈呢？曾卓先生如此宽容的态度，如此豁达的情怀，高下立见。

作者还关注到曾卓先生在宽容与豁达之上的反思。他的反思方式异于常人，这就是“认真听取年轻一代的批评”。作者深刻理解这样的反思的意义在于：“着眼的不是沉痛的过去，而是风云激荡的当下，以及充满希望的未来。”

如此描述曾卓先生，就能使我们把握住曾卓先生的人格魅力，实际上，这种魅力的凸显实在是通过对曾卓先生的性格特征的刻画来完成的，说得更细致一些，那是一些燃烧着激情的生命的细节的捕捉，那是生命个体对于滋养自己的土地的深深的眷恋和深刻的领悟。

说到细节，作者对曾卓先生的病中描述，有更多的深切感怀，而这些细节的刻画，都一一沉潜在对于肉体的疼痛，对于自己尊严的极端维护，以及对于身后事的周全考虑之中。

最后，作者写曾卓先生去世后，崇拜者们为他举办了一场追思会，很强烈地表达了人们对曾卓先生深切的怀念之情。

为要表达这种情感，生动描述追思会的现场当然必不可少，但更让读者产生共鸣的，是这样一个细节：“当我们再次唱起《伏尔加船夫曲》的时候，肩并肩地上来了十位作家……”与此同时，作者利用幻觉联想写道：“不，准确地说，是十一位。那位白发红衣爽朗地笑着高声地唱着的，不正是曾卓先生吗？”这一虚写，丰富了实写所表达的情感，也使追思会的语境掀起高潮。

文章结尾有两个细节感人肺腑。是曾卓先生写给这个世界的最后一首诗《没有我不坐的火车》，它所表达的主题的新颖性、意象的可融合性，可与文章中任意的多个细节（道具细节、动作细节、语言细节、心理细节、实写细节、虚写细节）相互勾连，从而有效实现“形散神不散”的宗旨，并且能圆满完成多侧面多角度刻画人物个性特征的写作心愿。这就是，“我终于没有被打败”的男子汉的人格魅力。

第21堂课

写 作

中国孩子的“心灵茶汤”

今年春天，我到浙江与江苏的学校去讲课，许多学生跑来问我：“胖叔叔，你真的有一个茶座吗？”“胖叔叔，你能不能到我们学校也开个茶座啊？”还有的同学在微博上也表达了这样的愿望，江苏常州的一个小学生，网名叫叶雨茶香，特意地问我：“胖叔叔，你什么时候能在常州也开个茶座呀？”

这样天真热情的问候，让我好感动。因为在多年前，就有一个小学生给我写过一封信，那是江西山区的一个小女孩，信用铅笔写在练习本上。她写道：“胖叔叔，你的茶座在哪里呢？你能不能到我们这里来啊？我们这里有很多的茶，很好的茶，你快来（和我们）谈心，好吗？”看着她稚嫩的笔迹，我的眼睛湿润了。我仿佛看到了起伏的群山，青青的茶园，看到了一个长着酒窝背着茶篓的小姑娘，在向我招手微笑。

这封信，以及许多孩子的来信，都是《小星星》杂志社的编辑朋友们转给我的。从他们创意我开设《胖叔叔茶座》至今，不知不觉竟然有十年了！一个专栏开了十年，至今仍然在开，仍然有生命力，仍然有这么多的孩子希望我到他们所在的城市和学校去开茶座，对于我，已经是个奇迹；但是，对于《小星星》，这样的专栏，只是它们浩瀚的星空中的一颗小小的星星。

这些年来，《小星星》由一本变成了三本，由许多小星星，变成了一片浩瀚的星空，成为孩子们的良师益友，给了孩子们一片心灵的星空。为什么孩子们喜欢《小星星》？是因为《小星星》紧贴孩子们的现实生活，以及心灵生活。就像“胖叔叔茶座”，每期都是高朋满座，孩子们把我真正地当作了朋友，哥们，心里有什么烦恼、困惑、疑虑，都爱跟我倾吐和倾诉，遇到了什么困难和问题，也爱到茶座来商量和探讨。胖叔叔茶座里，充满了轻松和快乐，充满了争辩和笑声。对于中国的孩子来说，“鸡汤”也许太油了，太腻了，而《小星星》的朋友们与我一起制作的清泉般的“茶汤”，不管是碧绿的绿茶，金黄的黄茶，深红的红茶，以及精制的花茶等等，都凝聚着天地日月的精华，散发着大自然的清香，饱含着清泉的甘甜，茶是中国的“国饮”，更适合做中国孩子的“心灵茶汤”啊。

那么，喜欢胖叔叔的朋友们，喜欢“胖叔叔茶座”的朋友们，也到《小星星》这片浩瀚的星空里，做一颗小小的星星吧。闪烁闪烁的小星星，是我们纯真而闪亮的心灵，是我们面向世界、面向未来的明亮的眼睛。当然，我更希望《小星星》在这个信息时代，拥有更加浩渺的星空，走向世界。同时，也希望能有网络的“胖叔叔茶座”，让孩子们能及时地与作家们面对面地交流与交谈，哪怕是“微博”或者是“QQ”式的。让《小星星》每时每刻都闪耀在孩子们成长的道路上，以及纯真的心灵中。

梦幻者说

——《一百个中国孩子的梦》创作随想

一

在我为孩子写的许多书中，最受孩子欢迎的，就是《一百个中国孩子的梦》了。有一年的“六一”儿童节，我应邀在武汉市最大的一家新华书店签名售书，不到一天，就签了1000多本。有时到某一个学校为孩子们讲课，竟然有许许多多的学生举手说读过《一百个中国孩子的梦》，有的孩子还拿出我当年的签名本，那书已经卷了角，不知有多少孩子辗转读过了。有的孩子说，《一百个中国孩子的梦》一直伴随着他从小学到中学。就在不久前，我到一个小学和孩子们见面，许多孩子都能讲出他们喜欢的一个“梦”来。临走时，孩子们将我团团围住，要我签名；没带本本来的，干脆就伸出一只只小手和胳膊，让我在手背和胳膊上签名。望着眼前一只只肉肉的小手，我的眼睛湿了。《一百个中国孩子的梦》在海内外获过很多奖，但是最使我感动的，莫过于孩子们对《一百个中国孩子的梦》发自内心的真诚的喜欢和热爱。

二

说来有趣，促使我写这本书的最初动因，是我女儿的一个真实的梦。

那是女儿刚上小学一年级的时候。我和妻不无忧虑地看到，天真活泼的女儿成天被作业压得喘不过气来。语文上到第二十课了，生字仍然要从第一课抄起!

有一天晚上九点多钟，女儿实在太疲倦，伏在桌子上睡着了。我生气地推醒她，准备给她讲讲“悬梁刺股”之类的故事时，女儿说她做了一个梦。她梦见自己发明了一台“作业机”，脚一踩，作业就做完了……

就是这么一个小小的梦，在我心灵深处激起了波澜。从那以后，我便开始留心孩子的梦了。我给许多当教师的朋友写信，请他们以《我的梦》为题，组织学生写自己的梦，而且再三强调，一定要真实的梦。孩子们的梦源源不断地汇到我的桌上，有城市的，有农村的；有小学的，有中学的；有重点学校的，有非重点学校的……可是，当我看完所有的梦时，一种奇怪的现象使我震惊了：我困惑而又痛苦地发现，这几百个写在纸上的梦，竟有许多惊人的相似之处：第一，大部分把“梦”写成了“理想”；第二，这些“理想”不但内容相似，而且写成了“决心书”式的“八股”，而且结尾几乎都有豪言壮语……可是当我和孩子们一块儿做游戏，然后了解他们真实的梦时，那些天真、奇瑰、充满童趣的梦，和他们写在纸上的梦，完全是两个样儿。一句话，这些干巴巴的“八股”梦，把真实的“我”严严地掩盖起来。

“纸上的梦”与“真实的梦”之间有一道无形的壁垒。这道壁垒不仅束缚了孩子的童心、天性与创造性，而且将孩子们的内心世界过早地封闭起来。因此，我所痛苦的正是我们的孩子自觉不自觉地用天真换了世故，过早地学会了筑构心中的无形壁垒，过早地学会了做“八股”文章。

从孩子们写的“梦”中搜集素材的努力失败了。但是，这失败却使我清醒地认识到，作为儿童文学作家，应该走进被壁垒所封闭的孩子们的内心世界了，应该真实而艺术地反映孩子们的深层心理了。

三

在写此书的近一年的时间里，我常常有一种奇妙的感觉，我常常觉得自己变成了孩子。万物于我皆有生命，皆有情感，许多奇妙的构思常常不期而至。而且，愈是孩子，所写的“梦”便愈有童趣稚气。

孩子们的梦幻世界，应是童心世界的自然状态的最真实的展现。

而此书想写的，正是“童心的、美的、然而又真实的梦”。

是的，在人生的交响曲中，“童心”只是一曲牧笛；童心世界之于广博的人生境界，犹如一泓清泉。人们总是要走向更加严峻、深刻的人生。但是，在人类离自己的童年愈来愈遥远的今天，在更高的程度上保持和再现童心，对于人类来说，是愈来愈显得至关重要了。马克思就曾在《政治经济学批判导言》中说过：“成人不能再成为儿童，否则，他就稚气了。但是儿童的天真难道不使他感到愉快吗？他自己不该努力在更高的程度上使儿童的纯朴的本质再现吗？”

诚如是，我们紧接着就要说：既然连成人都需要“童心”，更何况儿童本身呢？更何况中国儿童本身呢？——在中国，对于童心“一概抹杀，无人理会”是曾有两千年悠久的传统的啊！

——保护和解放孩子们的童心与自由的天性！

——保护和解放孩子的梦幻与想象力！

——不要让孩子们童心与梦幻过早地萎缩、过早地扭曲、过早地凋谢以至泯灭啊！

四

当然，《一百个孩子的梦》并不是一本睡眠实验室的梦境报告，也不是弗洛伊德、荣格、艾德勒等心理学家关于梦的学说的客观例证。但是，它们确确实实是“梦”，是中国孩子——从4岁到15岁——曾经做过的、正在做着的以及将要做的“梦”，是中国孩子的人生之“梦”。

同时，这部40万字的梦幻体儿童小说不是一部“梦”的汇编，也不是一百篇短篇小说的结集，虽然每一个“梦”都可以独立成篇。《一百个中国孩子的梦》是一个整体，犹如一座大楼，每一个“梦”只是筑构这座大楼的有机的一砖一石；每一个“年龄段”只是这座大楼顺序上的楼层和空间上的构架。它又像孩子们喜爱的魔方，有许多小小的色块，可以随心所欲地拧出各种不同的图案。但是，魔方只有一个。同时，不同色块的组合也有其内在的规律，那是一种“最美丽的杂乱无章”，一种“潜在的秩序”。我所追求的，正是这样一种“魔方效应”。在我最初的构想中，它应该是一部更真实地从整体上宏观地反映中国孩子的生存状态、人生意识、深层心理的长篇小说；一部以梦幻为双翼，更充分、更自由地展示中国孩子的心灵空间、心灵生活的梦幻体长篇小说；一部在儿童小说特别是长篇儿童小说的创作上进行形式与文体探索的梦幻体长篇儿童小说。

《一百个中国孩子的梦》并不是一盒“酒心巧克力”。因为孩子们的梦并不是一盒“酒心巧克力”，因为孩子们的梦赖以生发的现实人生不是一盒“酒心巧克力”。

儿童文学特别是儿童小说应该直面人生，应该更真实地反映孩子们的生存状态及人生意识，应该在更宽泛的人生意义上让孩子去品尝人生的况味，应该给孩子们更广阔的人生视野以及更多层、更立体的人生画图。未来的世界是孩子们的，应该让孩子们从梦中醒来以后，像一个真正的水手那样，去搏击风浪，扬帆远航。

五

在中国，在中国当代文学的领域里，搞儿童文学创作，无疑是一种艰难的选择、寂寞的选择。将儿童文学作为“另类”而漠视，是中国当代文学的短视和悲哀，亦是一个民族漠视自己未来的素质的短视和悲哀。

但是，中国当代的儿童文学并没有因此而降低自己的文学品格。相反地，寂寞与漠视过滤了许许多多的文学泡沫，沉淀着更加纯净的美；寂寞与漠视还减少了许多非文学的干扰，儿童文学因此比起某些“成人文学”来，能够更加自由地开放真正的文学之花。

在披红挂彩的喧嚣与热闹之外，我们为未来而默默耕耘。历史的风雨会冲刷掉许多炫目的油彩，却滋润着平凡而高贵的稻谷、小麦、大豆和高粱。

《长江的童话》日译本序

刚刚从长江三峡采风回来，就接到了家野四郎先生的信，说《长江的童话》已经翻译完了，即将在日本出版。我的高兴，是可想而知的。就在今年的四月，我应邀到日本做演讲和访问，亲身感受了扶桑之美，感受了日本朋友热情而含蓄、礼貌而真诚的友谊。冈山后乐园的夕阳，濑户大桥下的碧海，京都清水寺的樱花，静冈富士山的积雪，东京上野的春雨，横滨中华街的乡情……美丽的日本，给我留下了深刻的印象。那是川端康成的日本，是夏目漱石的日本，是宫泽贤治的日本，是东山魁一的日本，是黑泽明的日本，是将古典与现代、东方与西洋之美水乳融合的日本。虽然是匆匆一瞥，但对于一颗美的种子来说，促其发芽的不是时间堆积，而是心的领悟、缘的接通。

有了这样一个经历，再想到自己的著作即将以日文呈现在日本读者的面前，除了高兴，便是亲切了。

《长江的童话》是我的一本短篇小说集。在此之前，家野四郎先生还翻译了我的长篇小说《十四岁的森林》，以及梦幻体小说《一百个中国孩子的梦》。《十四岁的森林》，也是由文芸社出版的。对于我的作品，大家谈论得最多的，是我的长篇小说；对于短篇小说，我自己却有着一种自恋式的偏爱。

这些小说，不论是校园题材，还是以长江为背景的故事，都和我的经历密切相关。尤其是后者，几乎就是我童年和少年生活的写照。我出生在中国的长江边，我的家乡武汉市，江河纵横，湖泊密布，是长江与汉江两条大江交汇的地方。唐朝的诗人李白，常在武汉吟诗，在黄鹤楼送别友人。发生在武昌的辛亥革命，推翻了清朝的最后一个皇帝，同时也推翻了中国几千年的封建帝制。我从小就生活在长江边，由于家中没有父亲，生活异常清贫，酷爱读书的我，为了读书、买书，从 9 岁开始，就在江边的码头上，帮助码头工人拉板车，出苦力。长江边多的是码头，像我这样拉板车打工挣钱的孩子多得很。生活在粗犷的码头工人中间，生活在船员、水手、洗衣妇、小贩、江湖医生、民间艺人中间，生活在社会的最底层，我用我稚嫩的肩膀和汗水，用一颗缺乏爱因而渴望爱、自尊自卑而敏感的心，实实在在地感受了人世间没有遮掩的情感，实实在在地触摸到了活生生的人性，有血有肉的人生。曾经有无数的读者好奇地问我，像你这么一个满脸大胡子的彪悍的男人，天生应该去写金戈铁马、大气磅礴的作品，怎么会去写孩子们看的儿童文学，写那么细腻的感情呢？他们不知道，一个人的童年，对其一生的影响有多大。正因为我懂得真善美是多么的珍贵，所以，我愿意用我全部的生命，包括我的作品，去种植它，培育它。我愿意我的每一篇作品，都是一个爱的果实、爱的种子，献给正在成长的孩子们，尤其是像我一样，从小就缺乏爱的孩子，从小就生活在清贫之中的孩子。

曾经有人问我，你写的这些生活，现在的孩子们读得懂吗？我便反问他，唐诗与宋词，《三国演义》和《红楼梦》，离我们很远很远了，现在的孩子，难道就不需要读吗？还有古希腊的神话，巴尔扎克的小说，莎士比亚的戏剧，那时的生活形态，与现在也完全不同了，现在的孩子，难道就不需要读吗？因此，我一直固执地认为，古今中外所有优秀的文学作品，当时当地具体的生活形态的描写，是文本最表层的东西；而穿越时间和空间、拨动读者心弦、引起读者共鸣的，是永恒的生命，永恒的成长，永恒的爱，永恒的恨，永恒的人性美，永恒的人情美。如果日本的读者能够从我的小说中，看到生活在一条世界闻名的大江边的孩子们的生活，体味到他们的悲欢离合，并且从中感受到人性美的脉脉温情，我就感到非常的欣慰了。

《长江的童话》中的小说，大多写于20世纪的80年代。在中国当代文学的历史上，那是一个激动人心的时代，也是一个文学时代。当时的中国，刚刚结束了“文化大革命”，迎来了一个新的历史时期。思想解放的大潮，冲刷着涤荡着阻碍历史进程的残垣，中国的文学，包括儿童文学，也正在奋力摆脱种种桎梏，而回归文学的正道。一大批思想敏锐、有着新的儿童文学观的青年作家，像一匹匹“黑马”，趁着思想解放和文学解放的浪潮，闯进了儿童文学自我封闭的庄园。在他们摇动的旗帜上，有一面写着“少年小说”。他们充满生机与个性的探索，突破了种种阻碍儿童文学健康发展的禁区，从理论上和创作实践上极大地拓宽了、开掘了儿童文学的审美观照与美学内涵。那时，我正从师范大学中文系毕业，在一所中学教书。我的儿童文学的创作，便是携带着校园的钟声、孩子们的笑声，携带着栀子花的清香和湖面淡蓝色的晨雾，从校园起步的。这些校园小说，以及后来的“长江的童话”系列小说，虽然从一开始就引起了儿童文学界的注意和重视，但在相当长的一段时间内，这些力倡回归文学正道的创作实践，被“主流”与“正统”视为“黑马”，视为“新潮派”和“探索派”，而冷落，忽略了。这批短篇小说的审美价值，以及对于中国新时期儿童文学发展的意义，就这样默默地被遮蔽了。这批“中国少年小说”崛起时期的创作实践，现在看来，有的还显得稚嫩而不成熟，有的带有明显的探索实践的履痕。但是，有一点却是最宝贵的，那就是洋溢在这些小说中强烈的探索精神，充沛的创作激情，饱满的生活气息，生动的人物形象，感人的人性美和人情美。一个作家成熟期的作品，往往在技巧上圆熟有余，看不出什么破绽，但也缺乏了青春的朝气与生命的冲动。在这个意义上，将这些小说介绍给日本的读者，我想是有益的。

最后，我要感谢家野四郎先生，感谢他的一家。是他十多年来，一直坚持翻译我的作品。他的认真与执着，使我十分感动，也促使我不敢有丝毫的懈怠，认真地创作，为读者写出更好的作品来。借此机会，也衷心感谢文芸社第二次出版我的作品，感谢杨汝贤先生为此书的翻译所做的默默奉献，感谢在我访日期间给予我热情的帮助和支持的师长、朋友们，这本小说集，就当作我呈谢给您们的一瓣心香吧。

【读写提示】

梦也是一种优美写法

著名儿童文学作家董宏猷以他瑰丽神奇的想象，创造了一个五彩斑斓的世界，但这个斑斓的世界并非理想世界，而是充盈着孩子们的幸福与苦难、憧憬与磨难、美丽与丑恶、成熟与稚拙的非理性世界，也就是我们脚底下的现实世界。

没有“吱溜”的声响，也没有号称“门童”的小小少年稚嫩的笑脸——我们自在自如地，但又是蹑手蹑脚地进入梦幻般的世界，来领略和咀嚼生命是如何通过梦幻般的描述，来抵达我们新鲜的、形象的、逼真的、有故事的情感空间。

这样说，也许你会觉得有点矫情。事实上，正是这样一种所谓的“矫情”，才能使得我们每一个获准进入董宏猷世界的孩子们，会在冥冥之中欣然接受《一百个中国孩子的梦》这本书的深刻感染。

于是我有理由说，这应该是一本美书。

因为她的独特的梦幻体结构——就像我们深入自己所创造的梦乡，既具有清晰可辨的人物形象以及跌宕起伏的故事情节，又拥有那么多近在咫尺的遗憾以及遥不可及的憧憬。

因为她的独特的现实描述与梦幻手法相互交织而融为一体的布局谋篇——我们作为读者，在阅读过程中，竟然因故事情节的深切感人与人物刻画的精致细腻，而分不清哪是现实哪是身在梦中。

因为她独特的悲悯情怀而使我们深切地感受到情感的沉甸甸、心灵深处的戚戚然，而不得不对现实生活做一番入木三分的考量。

如果说有的时候，某一作家的书赢得掌声靠的是名望，那么，

《一百个中国孩子的梦》依靠的，却是艺术的审美的浸染——每一个孩子都会发现，这本书能带给他们关于生命关于成长的故事，如梦如幻，如泣如诉，并且还能带给他们精密度极高的望远镜或放大镜，来看清现实生活中的美与丑、幸福与苦难、憧憬与回忆，当然还有通往成长之路的天梯——究竟有多么坎坷有多么璀璨辉煌，他们还未可知。

法国著名儿童文学作家圣·埃克苏佩里在《小王子》里描述了这样一种情境：

小王子在驯养狐狸后的第二天又去看望它。

狐狸说："你每天最好在相同的时间来。比如说，你下午四点钟来，那么从三点钟起，我就开始感到幸福。时间越临近，我就越感到幸福。到了四点钟的时候，我就会坐立不安；我就会发现幸福的代价。但是，如果你随便什么时候来，我就不知道在什么时候该准备好我的心情……应当有一定的仪式。"

"仪式是什么？"小王子问道。

"这也是经常被遗忘的事情，"狐狸说，"它就是使某一天与其他日子不同，是某一时刻与其他时刻不同。"

是的，我们每一个孩子，都应该有一种仪式感。当我们阅读《一百个中国孩子的梦》的时候，应该有一种"时间越临近，我就越感到幸福"的等待希望的时刻，一种"某一时刻与其他时刻不同"的辉煌的仪式感。

现在，请打开书，让我们来亲近《一百个中国孩子的梦》中的第一个故事《奇妙的"作业机"》——

"那天妈妈在缝纫机上做衣服。缝纫机哒哒哒哒地响着，衣料上顿时走出了一条齐整整的线。看见那针头像笔尖似的在衣料上'写字'，他忍不住想，要是有一台'作业机'就好了，把铅笔像装针头似的装上，然后把作业本像衣料似的铺在下面，然后再像踩缝纫机似的，铅笔自动地在纸上写字，那不就不怕老师罚字了吗？……想不到妈妈真的给他买了'作业机'。"

第22堂课

生　命

春蚕、蝌蚪和孩子们的梦

天刚蒙蒙亮，我便被女儿惊喜的笑声摇醒了：“爸爸！爸爸！蚕又结茧了！”

女儿双手捧着一个长方形纸盒，激动地跑到我的床前，仿佛捧着整个阿拉斯加的金矿。

纸盒里，已有两个蚕茧，一个金黄，一个银白。女儿曾说，一个是太阳，一个是月亮。她所惊喜的是第三个茧，那是她所钟爱的“白雪公主”结的茧。茧为金黄色，薄如蝉翼，隐隐可见蜷于其中的“白雪公主”正在吐丝。

蚕结茧了。女儿的梦也结茧了。这几条蚕是她亲手喂大的。她学过《蚕姑娘》这一课，这几条蚕，也是从“又黑又小”开始喂起的。热爱这可爱的小生命，也许是孩子的天性吧，女儿和蚕儿“同甘苦，共患难”了。她做过许多梦，梦见蚕儿长大了；梦见桑叶未揩干，蚕儿吃了拉肚子了；梦见桑叶没有了，蚕儿饿得哭了起来，她也哭了起来，正好“济公”来了，平地种了一株桑树，解了燃眉之急……这“济公种桑树”一梦，便被我写进了《一百个中国孩子的梦》中。如今，蚕儿终于结茧了。她怎能不高兴呢?

女儿的情绪感染了我，我突然想到了蝌蚪，那墨色的小蝌蚪。

小蝌蚪和蚕儿一样，也是女儿喂养的。开始蝌蚪们装在玻璃罐头瓶子里，水清瓶明，于是墨色的小蝌蚪便显得愈加活泼，这些拖着小尾巴的小东西，似乎没有闲着的时候，一刻不停地在水中游动。我和女儿是它们最热心的观众，看着它们抖着小尾巴活泼泼的样子，我的心中也充满了春意，充满了生命的活力。

小蝌蚪渐渐长大了，我便为它们安排了一个新居。那是一个旧脸盆，我将历年旅游收集的各种石子放了进去，盛了清水，于是蝌蚪们便有了一泓铺满彩石的“山溪”。

家中有了蚕儿和蝌蚪，便吸引了不少好奇的孩子，其中的常客是女儿的同学们。她们一来，就说啊笑啊议论不休。于是，这蚕儿和蝌蚪便无形中为我这个儿童文学作家和孩子们做了“媒”。

蚕儿结茧了，小蝌蚪们又怎么样了呢?

于是，我有所预感地走上阳台。金色的阳光洒下来，水盆里彩石漾动，金斑闪烁。突然，我发现一个小蝌蚪长了后腿儿！那就是说，小蝌蚪变成了四条腿儿的青蛙！

我情不自禁地敲了敲水盆的边沿。立刻，从彩石的缝隙中，惊出了不少的小青蛙！有的拖着一丁点小尾巴，有的则彻底甩掉了尾巴，蹲在凸出的鹅卵石上，好奇地望着我。

今天，一群甩掉了或即将甩掉“小辫子”的小青蛙获得了或即将获得水陆两栖的自由、跳跃的自由，获得了在比水盆广阔得多的天地里捍卫绿色和讴歌金秋的自由。

整整一天，我都浸在一种不可名状的彩色情绪中。我在写孩子们的“梦”，我在为孩子们写“梦”。我觉得自己沉浸在梦境之中，灵感如蚕丝一样绵绵不断地抽出：

“……她看见那小提琴声像一群群活泼的小蝌蚪，从琴弓下摇着尾巴欢快地游了出来。她听见了墨色的小蝌蚪们欢快的笑声。她看见琴声像叮咚的山泉一样从大山深处沁了出来。绿幽幽的大山沉浸在绿色的静默中。石壁上贴着湿润的绿茸茸的苔藓。清冽的山泉便从这苔藓中咕嘟咕嘟沁了出来，然后饱满，然后像一粒成熟的葡萄，悬挂在山壁上；然后像孩子恋恋不舍地拉着母亲的手紧紧不放。终于，叮咚，叮咚，泉水便滴落、汇聚在清冽的山泉中……”

这是我今天“放牧”于稿纸上的“一群小蝌蚪”。

它们也会变成青蛙么?

放学了。女儿领着一群孩子涌进屋来。我听见她们围着蚕茧惊喜了好久，围着小青蛙惊喜了好久。

然后。女儿似乎是作为“代表”走进了我的书房，我瞥见门外有好多期待的眼睛了。

“爸爸，小蝌蚪变成了青蛙了……”女儿似乎在考虑怎么说服我，“老师说，青蛙是益虫，它吃蚊子，还吃害虫……”

哦，我明白了，我的孩子，你们是想把青蛙送回大自然中去，送回比水盆更加广阔的世界里去，是吗?

我笑着点了点头。女儿欢呼起来。门外欢呼起来。

孩子们小心翼翼地端着水盆走出校门了。

孩子们和青蛙们一同走进金色的晚霞中去了。

在他们的后面，跟着一个长满络腮胡子的“大孩子”——那个“大孩子”，就是我……

救护中华鲟

已经记不清是在什么杂志上看到这样的故事了：一群老鼠不知为什么要离开大陆，朝海洋走去。它们越过高山，越过平原，不畏艰险，向着海洋前进。沿路的老鼠也纷纷加入了这支长征的队伍，形成了浩浩荡荡的大军。它们究竟要干什么？它们到海洋去干什么？沿途的动物和人类都非常的疑惑，但是，谁也阻挡不了老鼠前进的脚步。

经过无比艰险的长征，老鼠大军终于来到大海边了。长征似乎可以结束了。可是，一个令人不可思议的情况发生了：所有的老鼠竟然排着长长的队伍，一个接一个的，投入了波涛滚滚的大海之中！

老鼠历经千辛万苦，难道就是为了到大海来自杀吗？

所有的老鼠，一个接一个的，义无反顾的，全部投入到浩瀚的大海之中，消失在无边的大海之中。

多少年后，科学家们为困惑不解的世界揭开了这个谜底：原来，老鼠投海的那个地方，是老鼠最原始的家园。那时，大海还没有淹没老鼠原始的家园，老鼠也经常要回到家园去寻根，并且繁衍自己的后代。这样一种基因，经过了千百年，仍然遗传给了现在的老鼠，于是，它们来到了大海边，向自己古老的家园奋不顾身地奔去。

它们的肉身也许消失了，但是，我宁愿相信，它们的灵魂一定是到达了海底那个美丽的老鼠家园的。

当我想起这个传说的时候，自然而然就想起了古老的中华鲟。

中华鲟是世界最著名的大型江海洄游性鱼类之一。这种亿万年前就生存在地球上的长达3米多的大鱼，是我国的珍稀鱼种，国家一级重点保护野生动物。据史书记载，周朝时，中华鲟曾沿黄河上溯至西安，是周朝祭祀祖庙的主要鱼类，它们生活在长江、钱塘江、黄河以及沿海各地。到了秋季，中华鲟就要溯江而上，从大海，从江河的下游，朝着长江的上游洄游，一直游到长江的上游金沙江的一处河段，开始产卵。小鱼孵化出来后，又到长江的下游和大海去生活。长大了，成熟了，便又回到自己的出生地，自己的老家，去繁衍下一代。这样一种回到古老的家园去产卵的习性，亿万年来，没有改变。它们就这样自由自在地生存繁衍到今天。

但近百年来，黄河已经极少见到中华鲟了。中华鲟主要洄游于长江，每年的十月至十一月间，数以万计的成熟个体沿江溯河而上，直达金沙江产卵，那浩浩荡荡回老家的场面，十分的壮观。

但是，由于葛洲坝的建立，彻底拦截了长江，也彻底切断了中华鲟的洄游之路，切断了中华鲟回归家园产卵繁衍的生存之路。

怎么办？

人类有什么权利去决断一种古老物种的生存之路？

中国人有什么权利为了自己的利益去灭绝在地球上生存了一亿四千万年的珍稀动物？

地球上最早的生命是在三十多亿年前出现的。鱼类的诞生，大约在四亿年前，鸟类的诞生，在一亿五千万年前；哺乳动物的鼎盛时期，是七千万年前，而我们人类的诞生，大约只在三百万年前。

是的，人类的诞生，无疑是地球生命发展史上的一个飞跃。然而，随着人类的诞生，地球上生物物种的灭绝过程是大大加快了。在恐龙灭绝的那个时期，平均一千年才有一种生物物种从地球上消失；19世纪前的三百年里，平均每四年就有一种鸟兽灭绝；而在20世纪，一个物种灭绝的时间已缩短到一年。

曾几何时，美洲旅鸽在群飞时，会遮黑半个天空；而到了1914年，饲养在美国辛辛那提动物园里的最后一只旅鸽死了，于是，这个物种终于被“开除了”“球籍”。

物种的灭绝或濒临灭绝，是大自然的悲剧，更是人类的悲剧。

中国人应该是有着爱护生物的古老而悠久传统的。中国人“天人合一”的自然观，至今仍然闪耀着人性与哲理的光辉。早在春秋战国时期，中国古代的哲学家荀子就说过，每当江河里的大型动物，例如鼋啊，鼍啊，包括中华鲟啊，到了产卵孕育的时候，当时的政府就会下达命令，禁止捕捞，禁止往江河里下毒去毒死鱼类。

现在，我们要修建大坝了，中华鲟的洄游之路被堵死了，直接威胁到了中华鲟的生存。

怎么办？我们怎样做到大坝发电和中华鲟顺利产卵两不误呢？

关于救护中华鲟的方案之争，已经持续了好多好多年了。这场“马拉松”式的争论时间之长，争论双方的层次级别之高，争论程度之激烈，在我国水利工程史上，生态环境资源保护史上，都是空前的。

争论的焦点在于救护的具体方案。

一种意见主张修建过鱼设施，鱼道、升鱼机，或者集运鱼船。简言之，就是帮助中华鲟“上楼梯”，让它越过大坝，到金沙江去产卵，天然繁殖以维系种群。

一种意见主张人工繁殖。持这种意见的同志认为，在长江干流上，葛洲坝以及三峡枢纽工程的修建，已使中华鲟的产卵场遭到破坏，而且上游还规划修一系列梯级大坝，这样一来，过去的流水性河道，将变成一个人工湖泊，中华鲟的产卵场，均将完全淹没而不复存在。即使花大气力帮它过了坝，也失去了天然繁殖的可能。另外，对于大型的底层生活的中华鲟，这种长达数里、漫长的鱼道能否有实际效果，也是个问题。

因此，他们认为，救护中华鲟的根本办法，是人工繁殖。

中华鲟人工繁殖研究所就是这样的背景下，成立的。

研究所建立在宜昌小溪塔的一个小岛上，研究所里的研究人员亲切地昵称这个河心小岛为“鲟鱼岛”，这个绿树成荫、彩色卵石遍地的小岛，当年曾是一片荒滩。岛上只有一棵皂角树。如今，这棵树已经淹没在绿海之中了。

很多年前，我正在一家杂志当记者，看到了中华鲟人工繁殖成功的消息。出生、成长在长江边的我，与中华鲟共一条母亲河的我，顿时激动了。我迫不及待地来到宜昌市，来到中华鲟研究所，对那些年轻的科研人员进行了采访，向世界介绍了他们的成功，介绍了中国人保护古老物种的成功。

一晃眼，很多年过去了。

我一直默默地关心着中华鲟的命运。

其实，就“三峡大坝蓄水后，陆上及水下动物的命运”这一问题，我国数以千计的生态与环境科学家已经进行了长达数十年的研究。从目前情况来看，结论不是太乐观。三峡现有陆生动物中，有国家一级保护动物 4 种，二级保护动物 22 种；而在水生动物中，有 6 种国家珍稀濒危水生生物：白鳍豚、白鲟、中华鲟、长江鲟、江豚和胭脂鱼。近年来，白鳍豚、白鲟、江豚种群密度下降，白鳍豚仅存约 100 只；中华鲟雌雄比例失调；胭脂鱼繁殖群体的规模逐渐变小，个体也有逐渐变小的趋势。

对于中华鲟来说，葛洲坝的修建，已经阻断了它们的洄游路线，其结果，是直接导致了中华鲟数量的锐减。而且，大坝蓄水后，水文条件变了，三峡大坝上下游的流速、水温、河势、泥沙等条件的变化，将改变鱼类的栖息环境、繁殖条件和饵料条件，对其生存带来冲击， 这样的冲击，当然包括中华鲟。

从保护鱼类的角度看，能保持鱼类的原始生存环境，当然是最好了，长江有190种特有鱼类，其中90%在上游。三峡形成水库后，可能会使某些种类增加，但是，会侵害特有种类，不利于生物多样性的保持。对于下游的鱼类，有的专家提出，为了保证大坝与河流的和谐共存，在水电站设计中，应该考虑“生态水闸”，即在不同的时间，下放不同的水流，以保证下游河段主要或关键生物类群的正常生存繁衍，或保证河流生态系统服务功能的正常发挥。

但是，对于像三峡工程这样的大型水库，生态水闸还不能解决问题。因为水库对水流的调节，正好和正常的节律相反。长江在自然情况下，是冬天枯水，夏天丰水，但是出于防洪的目的，大坝却要冬天放水，夏天蓄水。对这样的节律改变，生物需要一定时间去适应。而定期放水，对水流水温同样有影响。这样的影响，当然包括了只能在大坝下游活动的中华鲟。就在我写这篇文章的时候，我特意查找了中华鲟今年的资料。有资料表明，今年中华鲟的正常产卵季节已过，但是仍然没有观察到产卵，专家们估计，是受到了放水水温的影响。

因此，我再次为中华鲟祈祷，祈祷它能够尽快地适应大坝放水水温的变化，在长江母亲河中健康地繁衍生长起来。当然，也祈祷长江下游所有的鱼类，真正地做到“万类霜天竞自由”，成为长江中最美丽的生命，最美丽的鲜花。

鱼面桃花

一次次来到香溪，一次次见到香溪。在神农架的群山中，见过香溪的源头；在昭君临溪浣洗的宝坪村下，下水捡过香溪中的彩石；在香溪汇入长江之口，惊叹过溪水于江水泾渭分明的奇观；唯一遗憾的，是没有见过香溪中美丽的桃花鱼。

“桃花鱼”并不是鱼，而是一种水母，主体如伞，透明而微带乳白，触手繁多，学术界称之为“桃花水母”，它们不仅因观赏性闻名世界，而且极具科研价值。这一地球上最原始最低等的无脊椎动物，约有15亿年的生存史，是名副其实的“活化石”。

桃花鱼名曰“桃花”，是因为它不仅形似桃花，艳如桃花，而且，每年随桃花盛开而出生，又随桃花谢落而消失。这种与桃花共生死的习性，古人早有发现。《宜昌府志》就有诗文描述，说它“以桃花为生死。……质甚微，视之，仅有形，或取著盆中，大如桃花。……桃花既尽，则是物亦无矣”。

桃花鱼的传说，也与昭君有关。传说昭君出塞前，正是桃花盛开之时。她乘船顺流而下，一路泪如雨下。昭君的泪珠，落于溪中，和水中的桃花飘洒在一起，竟化作了美丽的桃花鱼。

除了香溪以外，桃花鱼的家乡，还有长江三峡的“归州三潭”，即秭归县归州镇的鸭子潭、天音潭和牛卧潭。鸭子潭在归州西门的“九龙奔江”侧畔，长江枯水季节，那里便留下一个偌大的碧水潭，俗称“鸭子潭”。生长于鸭子潭的桃花水母，是极为稀有的品种，具有极高的科学研究和观赏价值。科学家们对归州潭水中的桃花鱼进行研究后发现，桃花鱼并不只在桃花开时才出现，桃花谢了就消失，而是一年四季都在归州的几个水潭里存在，只是由于夏天阳光强烈，水面温度较高，又有洪水的冲击，而冬天水面温度较低，没有它们所需要的浮游生物，所以桃花鱼在水下和石头缝隙里觅食。只有在春暖花开的时节，水面食物丰富，桃花鱼才浮到水面来。

桃花鱼是如此的珍稀，便有了“水中大熊猫”之称。迄今为止，桃花水母在全世界其他一些国家时有发现，在我国湖北、四川、浙江、江西等省的一些地区，也不定期地偶尔出现，只有产于秭归归州镇的特有种——归州桃花水母数量较多，且时常可见。

三峡大坝修建蓄水后，连归州古城都要全部淹没，桃花鱼原来栖息的“三潭”，自然会全消失了。专家认为，如果能赶在桃花鱼水潭被淹没之前，及时移植，并掌握其繁殖技术，为自然界保存一个动物基因库，将对发展生物工程、基因工程、水生生物学、水环境生态学等都具有重要的意义。

为了抢救这一濒危物种，中国科学院水生生物研究所等单位多年来致力于桃花鱼异地繁衍生殖的研究，最终选择了秭归的永乐水库、黄家淌水库和茅坪泗溪，作为桃花鱼的搬迁地。

美丽而珍稀的桃花鱼，也要移民了。

桃花鱼的“移民新村”都在风景优美的山水之间，科研人员从桃花鱼的老家采集了很多桃花鱼，将寄生在岩石上的桃花水母的水螅体（“童年”水母）投放在“移民新村”中，使水螅体得以自然生息繁衍。仅黄家淌水库一处，中科院武汉水生所就分5次在这里放养了2万尾桃花鱼。

站在即将消失的香溪之畔，望着碧绿如玉的溪水下，那些如桃花鱼般美丽的彩石，想起明年桃花盛开的时候，有着数亿年以上历史的珍稀物种桃花鱼仍然活泼在三峡的山水之间，盛开在“移民新家”中，心中便有了春天的期待。遂打油一首，以赠桃花鱼：

去年归州水潭中，
鱼面桃花相映红。
但愿春江水暖日，
花鱼依旧笑东风。

【读写提示】

作品好看与不好看的区别在哪里

（一）

首先我们要搞清楚什么是美。词典上说，美是能够引起人们心情愉悦、舒畅、振奋的东西，或使人感到和谐、圆满、轻松、快慰、满足与爱的东西，还有享受感、心旷神怡感、想象与联想等等。

当我们阅读一篇或一部优秀文学作品时，你会跟随着故事主人公的情绪变化而喜怒哀乐，而欢呼雀跃，而忧郁哀怨，甚至，你会为主人公的悲剧命运而茶饭不思，而彻夜难眠……所有这些，正是文学美的魅力。

现在，当我们阅读《春蚕、蝌蚪和孩子们的梦》这篇作品时，我们的心中，是不是也会跟随着故事情节的往前推进而一忽儿兴奋，一忽儿揪心，一忽儿叹息呢？如果答案是肯定的，那么我们的阅读就基本达到目的了。也就是说，它是好看的，是很美的。

我们现在来做一个小实验。我们和作者的思路相悖而行，把故事中大部分的和美有关的东西抽离出来，看看读者是不是还觉得美呢？

（二）

我们从以下几个方面来“动手术”。

叙述与描写、抽象与具象、现实与想象、虚写与实写等等。

首先来看叙述与描写。所谓叙述，简单地说是：某某人在干什么；所谓描写，是说某人在怎么干。比如本文开篇写“女儿双手捧着一个长方形纸盒，激动地跑到我的床前，仿佛捧着整个阿拉斯加的金矿”。如果你抽离了描写的成分，就只剩下：“女儿把一个纸盒递到我的床前。”接下来，作者写小蝌蚪在玻璃罐头瓶子里的状况：“……于是墨色的小蝌蚪便显得愈加活泼，这些拖着小尾巴的小东西，似乎没有闲着的时候，一刻不停地在水中游动。”这句话换作叙述，就变成了这样：“黑色的小蝌蚪在水中游动。”干巴巴的，没有了动感。故事中，当“我”走向阳台时，作者这样描写目光所见：“金色的阳光洒下来，水盆里彩石漾动，金斑闪烁。”如果舍弃描写，那么就会是这样的效果：“太阳照进来，照在水盆里，水盆里有光。”如此没有一点美感的叙述，你能接受吗？

我们再来审视抽象与具象。所谓抽象，是指用语言、符号、理论和概念作为表现形式；所谓具象，是指用具体形象来表达，有空间感和立体感。本文中，当“我”沉浸在梦境之中时，“灵感如蚕丝一样绵绵不断地抽出”。这段描写，即是化抽象为形象，作者将抽象的文字“灵感”，化为绵绵不断抽出的蚕丝，亦即把抽象概念当作物来写，也就是“拟物”，使抽象的灵感形象逼真，使其变得富有艺术的魅力。当然，在这句话中，作者借助了比喻的修辞手法，化抽象为具象才得以实现，可见修辞手法的重要作用。

（三）

再说现实与想象。想象的作用，大家都深有体会，所谓光彩照人，所谓生动形象，所谓能引发人的美好的情绪和情感等等。本文中，作者的想象不仅能深化主题，而且还能让读者感受到愉悦的美和舒适的美。例如，“……她看见那小提琴声……像孩子恋恋不舍地拉着母亲的手紧紧不放……”这样的想象描写，就能使作者的情感表达更生动，更丰富，更富有内涵，更富有文学色彩。

最后要说的是虚写与实写。写作中，我们往往会忽略一个问题，这就是虚写，虚写是什么，就是用具体之物表现抽象之物，借虚拟之笔映衬客观实体，虚写可以给读者留下充分的想象空间，使文章更加含蓄，更具有可读价值。古人说，“春之精神写不出，以小草见之；山之精神写不出，以烟霞写之。”意思是，春之精神山之精神是抽象的，难以捉摸，只有借助有形的小草和烟霞来侧面刻画了。回忆、想象、背景、联想、梦境、幻觉、心理、独白等等，都属虚写。本文中，当作者看到小蝌蚪们活泼泼的样子时，这样表达内心：“我的心中也充满了春意，充满了生命的活力。”而当孩子们就要走出门去放生小青蛙时，作者说，“哦，我明白了，我的孩子，你们是想把青蛙送回大自然中去，送回比水盆更加广阔的世界里去，是吗？”此处作者利用虚写手法即心理活动来表达，就比直接讲述更加含蓄，更加耐人寻味了，并且，它还能给人一种浮想联翩的美的意境。

本文中修辞手法的灵活运用，就不一一列举，因为我们已经通过美之有无的对比而清晰地发现，在作品中注入美的成分，必须要有文学技巧，必须要摒弃直白，必须要有优美的规划，必须要有艺术家的独创精神和新颖性，必须要告别模仿与按部就班。

读到这里，你终于明白了作品好看与不好看的根本区别了吧？

附录

答《文艺报》记者问

1. 少年报告文学的受欢迎程度如何?

董宏猷：非常遗憾，我对这个问题无法回答。因为没有更多的文本分析，没有更多的真实的调查，便没有发言权。我说的遗憾，还包括这些年来，少年报告文学已经处于“濒危文体”的边缘，少年报告文学作品，少年报告文学作家，已是“珍稀品种”。从我个人的体验来看，少年报告文学应该是受孩子们欢迎的。我曾经在20世纪80年代写过少年报告文学《王江旋风》，写的是当年吴官正同志在武汉当市长时，华师一附中的初二女生王江，给吴官正市长写了一封信：《假如我来当市长》，对武汉的改革开放提出了自己的见解。这封信见诸媒体后，在武汉，在全国都产生了很大的影响。我的报告文学发表在上海《少年文艺》上，结果，许许多多的学生纷纷给王江写信，表达对她的支持，同时，在全国许多城市、许多学校，开始盛行“假如我来当……”的热潮。我就亲自参加了王江班上的班会，有的说“假如我来当校长”，有的还说“假如我当联合国秘书长”，各种假设，各种建议，非常热闹。因此，我认为，少年报告文学受欢迎的程度，和其反映少年所关注的热点，所存在的现实问题，是成正比的。

2. 对当下的少年报告文学创作您有些什么看法?

董宏猷：谢谢《文艺报》组织了关于少年报告文学的讨论。这个问题，点到了当下儿童文学以及少年报告文学的痛处。我认为，少年报告文学曾经走进两个狭隘的山谷：其一，写社会问题，尤其是成人社会关注的问题；其二，写小名人，甚至沦为一般性的“表扬稿”。这两个峡谷，都使少年报告文学越走越窄。

少年报告文学当然要反映社会问题，但是，这个社会问题必须是和少年儿童的现实生活紧密联系的，是孩子们也关注的，也关心的，也感兴趣的。少年报告文学当然要写“小名人”，但是，所选择的典型必须是有代表性的，有针对性的，其成长历程和成功经验是有普遍启迪意义的。少年报告文学不仅仅是“听诊器”，不仅仅是“光荣榜”，更应该是孩子们的好伙伴，好向导，良师益友。

今天，少年报告文学应该进一步扩大自己的领域，由“社会、学校、家庭”扩展到“孩子们感兴趣的”“对孩子身心健康成长有益的”更加广阔的领域。此外，少年报告文学还应该向内使劲，要注意走进孩子们的心灵，走进他们心灵的世界，关注他们人格的成长，个性的成长，情感的成长，尤其是灵魂的成长。最后，少年报告文学最主要的，就是要有独特的、童趣的、孩子们喜闻乐见的叙述方式。给孩子们讲真实的故事，还真的要下番功夫。不能用成人报告文学的标准来套少年报告文学。

至于少年报告文学发表的阵地，尤其是中长篇报告文学发表的阵地，那是另外一个非常重要的问题了。没有阵地，没有平台，一切都是空谈。